成都市哲学社会科学重点研究基地资助项目

全面体现新发展理念的城市竞争力比较研究

汪灏 等 著

A COMPARATIVE STUDY OF THE URBAN COMPETITIVENESS OF THE NEW CONCEPT OF DEVELOPMENT

社会科学文献出版社
SSAP
SOCIAL SCIENCES ACADEMIC PRESS (CHINA)

序　言

党的十八大以来，习近平总书记坚持以人民为中心的发展思想，鲜明提出要坚定不移贯彻创新、协调、绿色、开放、共享的新发展理念。新发展理念深刻揭示了实现更高质量、更有效率、更加公平、更可持续发展的必由之路，是引领我国发展全局深刻变革的科学指引，对于进一步转变发展方式、优化经济结构、转换增长动力，推动我国经济实现高质量发展具有重大指导意义。我国物质基础雄厚、人力资本丰富、市场空间广阔、发展潜力巨大，经济发展方式加快转变，新的增长动力正在孕育形成，经济长期向好基本面没有改变。同时，发展不平衡不充分的一些突出问题尚未解决，发展质量和效益还不高，创新能力不够强，实体经济水平有待提高，生态环境保护任重道远；民生领域还有不少短板，脱贫攻坚任务艰巨，城乡区域发展和收入分配差距依然较大，群众在就业、教育、医疗、居住、养老等方面面临不少难题，等等。这些问题，必须着力加以解决。新发展理念就是针对这些问题提出的。创新发展注重解决发展动力问题，协调发展注重解决发展不平衡问题，绿色发展注重解决人与自然和谐共生问题，开放发展注重解决发展内外联动问题，共享发展注重解决社会公平正义问题。新发展理念集中体现了我国发展思路、发展方向、发展着力点，具有很强的战略性、纲领性、引领性。

贯彻落实新发展理念，涉及思维方式、行为方式、工作方式的变革，涉及社会关系、利益关系、工作关系的调整，必须全面创新发展体制、重塑发展生态，在解决发展动力问题，增强发展的整体性、协调性、平衡性、包容性等方面破难题、建机制，形成推动改革的思想自觉和行动自觉，使各项改革举措落地生根，确保新理念转化为新实践、新行动，形成有利于创新发展、协调发展、绿色发展、开放发展、共享发展的体制机制。习近平总书记2018年春节前亲临四川视察指导，明确支持成都建设全面体现新发展理念的城市。把新发展理念贯穿城市规划建设管理和改革发展的各方面、全过程，着力推动城市高质量发展，是运用习近平中国特色社会主义思想指导城市工作的具体体现，是把新发展理念转化为谋划发展的具体思路、落实发展任务的工作举措、推动科学发展的实际成效的具体体现。

《全面体现新发展理念的城市竞争力比较研究》是研究把新发展理念贯穿城市规划建设管理和改革发展的各方面工作，着力推动城市高质量发展的一部著作。该书是中共成都市委党校2016年度重点学科研究项目的最终成果，通过梳理习总书记关于新发展理念的重要论述，在充分吸收国内外研究成果的基础上，运用了层次分析法、综合评价法等研究方法，科学构建了全面体现新发展理念的城市竞争力指标体系，并采集中国20个主要城市（9个国家中心城市和11个副省级城市）2015年的截面数据，创新性地探索了对中国城市贯彻落实新发展理念成效进行的监测评价和比较研究。这一研究科学地反映了中国城市发展中的新常态、新理念、新发展成果，为各城市体现新发展理念、推动高质量发展提供了有益的借鉴和参考。

课题组
2018 年 10 月

目录

CONTENTS

第一章
总　论

党的十八届五中全会提出“创新、协调、绿色、开放、共享”五大发展理念，为解决经济新常态下的一些根本性问题提供了思想指引和理论指导。围绕贯彻落实习近平新时代中国特色社会主义思想，党的十九大报告提出了新时代中国特色社会主义基本方略，并概括为“十四个坚持”，其中第四个坚持即“坚持新发展理念”，强调“发展是解决我国一切问题的基础和关键，发展必须是科学发展，必须坚定不移贯彻创新、协调、绿色、开放、共享的发展理念”。[①] 进行全面体现新发展理念的城市综合竞争力比较研究，能够深入贯彻落实习近平新时代中国特色社会主义思想和党的十九大精神，充分发挥新发展理念在中国城市规划建设管理和改革发展各方面工作中的指导作用。

第一节　研究背景和研究意义

一　研究背景

城市竞争力始终是学术界研究的一个热点，其中的核心问

① 《习近平：决胜全面建成小康社会　夺取新时代中国特色社会主义伟大胜利——在中国共产党第十九次全国代表大会上的报告》，http：//www.12371.cn/2017/10/27/ARTI1509103656574313.shtml，最后访问日期：2018 年 9 月 17 日。

题就是如何科学系统地评价城市竞争力，包括城市竞争力的概念内涵、评价模型、指标体系、衡量方法等。围绕这一问题，学术界涌现出大量经典研究成果。[①] 适应和引领经济发展新常态，更加要求以提高经济发展质量和效益为中心，实现有质量可持续的发展，贯彻落实新发展理念成为必然选择。习近平总书记2018年春节前亲临四川视察指导，明确支持成都建设全面体现新发展理念的城市。[②] 把新发展理念贯穿城市规划建设管理和改革发展的各方面、全过程，着力推动城市高质量发展，是运用习近平中国特色社会主义思想指导城市工作的具体体现。如何评价实践效果，关键是构建一套能够体现五大发展理念的指标体系来科学系统地评价城市竞争力。本书通过梳理习总书记关于新发展理念的重要论述，构建全面体现新发展理念的城市竞争力指标体系，并采集中国20个主要城市2015年的截面数据，对中国城市贯彻落实新发展理念成效进行监测评价和比较研究，在全国属于首创。

二 研究意义

《中华人民共和国国民经济和社会发展第十三个五年规划纲要》在第八篇“推进新型城镇化”第三十三章“优化城镇化布局和形态”中明确提出：“加快构建以路桥通道、沿长江通道为

① 董旭、吴传清：《城市竞争力评价的理论模型、体系与方法——一个文献综述》，《湖北经济学院学报》2017年第1期。

② 《蓉平：以“全面落实”为主线 奋力实现新时代成都“三步走”》，人民网—四川频道，http://cpc.people.com.cn/n1/2018/0820/c389394-30238864.html，最后访问日期：2018年9月17日。

横轴，以沿海、京哈京广、包昆通道为纵轴，大中小城市和小城镇合理分布、协调发展的‘两横三纵’城市化战略格局”。本书选择国家已经明确的9个国家中心城市（北京、上海、天津、广州、重庆、成都、武汉、郑州、西安）① 和有希望进入国家中心城市的11个副省级城市（深圳、南京、厦门、杭州、宁波、青岛、济南、沈阳、大连、长春、哈尔滨）② 作为研究对象，这

① “国家中心城市”这个概念最早由住房和城乡建设部在2005年编制的《全国城镇体系规划（2006—2020年）》中提出，将国家中心城市定义为全国城镇体系的核心城市。在2010年2月，住房和城乡建设部发布的《全国城镇体系规划（草案）》中明确提出，将北京、天津、上海、广州、重庆5个城市定位为国家中心城市。随后，国家发改委于2016年4月发布了《成渝城市群发展规划》，将成都定位为国家中心城市，2016年12月发布了《促进中部地区崛起“十三五”规划》，将武汉和郑州定位为国家中心城市，2018年1月发布了《关中平原城市群发展规划》，将西安定位为国家中心城市。至此，全国有9个城市被明确定位为国家中心城市。本书成稿后，2018年11月《中共中央　国务院关于建立更加有效的区域协调发展新机制的意见》又明确深圳为国家中心城市，特此说明。

② 副省级城市是从计划单列市演化而来的。计划单列市出现在20世纪80年代改革开放初期，是让一些特大城市尤其是在经济方面有特别重要作用的城市在国家计划中实行单列，享有省级的经济管理权限，而不是省级行政级别。设立计划单列市之初，并未对行政级别做明确解释。当时符合计划单列条件的城市必须具有雄厚的工商业基础和科技力量，社会总产值150亿元以上，人口100万人以上，在开放搞活中具有重要地位，是在中国经济发展中有特别作用的特大城市。计划单列市在国家计划中单列户头，由国家直接下达计划，在经济上享有相当于省级的计划决策权和经济管理权。设立计划单列市的目的是要解决条块分割、城乡分割问题，逐步探索以大城市为依托的经济区通过政治与经济适当分开来发展经济的路子。1983年2月，国务院批准重庆市试行计划单列市。随后，武汉市、沈阳市、大连市、哈尔滨市、西安市、广州市、青岛市、宁波市、厦门市、深圳市、南京市、成都市、长春市、济南市、杭州市等相继试行计划单列市。1993年，国务院决定撤销省会城市的计划单列，计划单列市只剩6个。1994年2月25日，中央机构编制委员会发文（中编〔1994〕1号），经中共中央、国务院同意，原来16个计划单列市行政级别为副省级，包括10个副省级省会城市和6个计划单列市，而这些城市统称副省级城市。1997年，重庆设立直辖市，不再是计划单列市。现在全国共有15个副省级城市，其中，10个副省级省会城市为沈阳、长春、哈尔滨、南京、杭州、济南、武汉、广州、成都、西安，5个计划单列市为深圳、厦门、宁波、青岛、大连。10个副省级省会城市中已经有4个（武汉、广州、成都、西安）被定位为国家中心城市。资料来源：刘江华等著《中国副省级城市竞争力比较研究》，中国经济出版社，2009，第29页。

20个城市是“两横三纵”城市化战略格局中最重要的城市，这20个城市的发展将影响整个国家的发展。本书按照创新、协调、绿色、开放、共享五大发展理念设计出城市竞争力比较的指标体系，进行综合比较，发现各城市竞争力的优劣，为各城市体现新发展理念、继续加快建设提供理论遵循。这一研究能科学反映中国城市发展中的新常态、新理念、新发展成果，发现各城市短板和问题所在，既可为中国城市深入贯彻新发展理念提供参考标准和指标尺度，更有利于促进习近平新时代中国特色社会主义思想和党的十九大精神的贯彻落实，推动中国城市高质量发展。

第二节　理论基础与文献综述

自20世纪80年代以来，伴随着经济全球化发展，贸易壁垒降低和新经济、新产业的诞生，各国及其主要城市面临更多的机会与竞争。始于产品与产业层面的单个要素的竞争逐步演变为涉及国家社会经济各个层面的综合实力的竞争。由此，城市竞争随之产生，且其地位越来越突出、影响越来越深远和广泛。随着竞争态势日渐激烈，城市竞争力问题已经成为关系国家和地区在全球竞争压力下如何生存发展的重大问题。① 对于城市竞争力研究中的核心问题——如何科学系统地评价城市竞争

① Peter Karl Kresl, Balwant Singh, "Competitiveness and Urban Economy: Twenty - four Large US Metropolitan Areas", *Urban Study*, 1999, 36 (5 - 6): 1017 - 1027; Edward J. Malecki, "Hard and Soft Networks for Urban Competitiveness", *Urban Study*, 2002, 39 (5 - 6).

力？国内外学者进行了深入的研究，国内目前对相关经典评价模型的介绍见诸众多综述性文献，[①] 本书在既有文献的基础上，对经典评价模型进行梳理汇总，重点针对一些较新涌现的理论和模型进行介绍并对各个评价模型进行分析评述。

一　国外城市竞争力评价模型评述[②]

有关城市竞争力评价的理论框架大致可归纳为两类：一类是解释性分析框架，另一类是基于量化指标体系的显示性分析框架。前者注重定性分析城市竞争力诸影响要素之间的相互关系，如波特、贝格、索塔罗塔和林纳马、韦伯斯特等模型。后者则侧重建立基于主成分分析法的可量化指标体系，如龙迪内利的模型。也有个别学者的理论兼具这两种分析模型的特征，如克雷斯尔的模型。从竞争力主体上看，波特和 IMD（International Institute for Management Development）的模型侧重于国家层面，克雷斯尔和龙迪内利侧重于大都市区域。从竞争力评价目标设定来看，贝格和加德纳将居民生活质量作为最终目标。从核心要素来看，大多数学者侧重于经济结构要素，而韦伯斯特则强化了对文化与制度的关注，索塔罗塔和林纳马重视城市间的合作性。

---

① 于涛方：《国外城市竞争力研究综述》，《国外城市规划》2004 年第 1 期；袁晓玲、杨万平、李娜：《中外城市竞争力研究进展评析》，《城市发展研究》2006 年第 3 期；王斐波：《城市竞争力理论综述及杭州城市竞争力评析》，《生产力研究》2008 年第 15 期；罗涛等：《中外城市竞争力理论研究综述》，《国际城市规划》2015 年第 S1 期；董旭、吴传清：《城市竞争力评价的理论模型、体系与方法——一个文献综述》，《湖北经济学院学报》2017 年第 1 期。

② 详见罗涛等《中外城市竞争力理论研究综述》，《国际城市规划》2015 年第 S1 期。

（一）克雷斯尔、龙迪内利的双框架模型

克雷斯尔提出的城市竞争力评价模型是显示性框架和解释性框架的结合。

在显示性框架中，他选取一个小型变量系作为反映城市竞争力的指标，将城市竞争力排序（Urban Competitiveness Ranking）表示为三因素的函数。在对美国24个大城市（地区）1977～1992年城市竞争力综合排序中，克雷斯尔的具体计算公式为：

$$C = 0.528RS + 0.388MVA + 0.084BSR$$

其中，C，城市竞争力排序（Urban Competitiveness Ranking）；RS，商品零售额（Retail Sales）；MVA，制造业增加值（Manufacturing Valued Added）；BSR，商业服务收入（Business Service Receipts）。

在解释性框架中，他将城市竞争力决定因素分为两类，其关系表示为：

城市竞争力（UC）= f［经济因素，战略因素］

其中，经济因素 = 生产要素 + 基础设施 + 区位 + 经济结构 + 城市环境；战略因素 = 政府效率 + 城市战略 + 公私部门合作 + 制度弹性。

克雷斯尔开城市竞争力分析之先河。他的理论的特点是从两方面出发，既有定量计算也有定性分析，用多变量对抽象的竞争力进行了量化。这一方式被后来众多学者所继承。同时，他也关注了非经济因素，但是这些因素难以确定和量化。此外，该理论若要广泛运用，合适的数据资料不易获取。

与克雷斯尔显示性框架相似，从事大都市地区国际竞争力研究的龙迪内利的分析框架为：

大都市区国际竞争力(C)=f[U,N,T,F]

其中，C，大都市区国际竞争力；U，当地城市环境；N，国民经济中影响国际竞争力的要素；T，对国际贸易协定的服从；F，大都市当地企业和产业的竞争力。

龙迪内利在此框架上分别设计指标体系加以表现。其中，N大量使用世界经济论坛关于国家竞争力的指标及数据，然后运用数学方法将其综合起来。与克雷斯尔相比，龙迪内利所采用的数据比较全面。可以看出，这两位学者都侧重于从要素中设计指标以对城市竞争力进行测评，而较少分析各个要素之间的相互关系，并且都聚焦于经济因素的测评，而忽视了对非经济因素影响的关注。后来的许多学者正是在此基础上，通过对非经济因素的分析，提出许多新的观点。

（二）波特的“钻石理论”模型

波特的“钻石理论”模型的关键特征是，强调要素之间的相互影响和相互依赖，即整个模型是一个双向强化系统。作为一个互动体系，它内部的每个因素都会强化或改变其他因素的表现，任何一项的效果都是建立在与其他条件的配合上。波特的理论模型重在微观结构的分析。在完整的钻石模型中，波特没有忽视各层级政府通过公共政策对整个体系起到的正面或负面的作用。此外，波特还特别提到，发展环境是一国生产力水平的真正决定因素（主要指人为环境，如制度、文化等）。波特对于宏观层面的注重对后继学者的研究较具启发性并被深入发掘和阐释。

此外，波特的模型在宏观层面（国家）和微观层面（企业、产业）之间架起了一座桥梁。产业和企业竞争力必然是区域或城市竞争力的微观基础，它的影响是自下而上的。而国家的宏观调控与政策则自上而下地影响城市的规划和发展，从而影响城市竞争力。波特的重要贡献在于系统研究了影响竞争力的诸要素和提升竞争力的战略方法，从而对城市竞争力的研究具有重要的启示和参考价值。他的一些重要概念甚至可以引入城市竞争力的研究分析中。但若直接把波特的模型不加取舍地移植到城市竞争力模型之中并不合适，因为城市作为中观层面有其自身特点，城市竞争力除产业以外还受其他一些特殊因素的影响，如城市地理、基础设施等。

（三）韦伯斯特、索塔罗塔和林纳马的理论模型

对制度的影响明确予以肯定的是韦伯斯特。他将竞争力分解为四要素：经济结构、区域禀赋、人力资源、制度环境。在韦伯斯特的理论模型中，制度成为与经济结构并列的四要素之一。此外，区域禀赋也得到重视和体现。这都是先前经济因素分析中不曾有的要素。

与韦伯斯特相似，索塔罗塔和林纳马将城市竞争力决定要素分解为平行等立的六部分：基础设施、网络成员、制度和高效政策网络、企业、人力资源、生活环境。制度和政策是六要

素之一。与韦伯斯特不同，索塔罗塔和林纳马非常强调网络合作并以此为其突出特征，亦即，从片面关注竞争转向对竞争与合作的双向关注。此外，生活环境也首次被提到，这一点对后来一些学者的研究很有启发。

二 国内城市竞争力评价模型①

（一）上海市社会科学院、北京国际城市发展研究院的理论模型

上海市社会科学院的测度指标体系的核心是体现城市经济的集聚和扩散功能，涵盖总量、质量、流量 3 个一级指标，下面又设 14 个二级指标和 79 个三级指标，其中一级指标各有权重，但其赋值有一定主观性。

北京国际城市发展研究院的评价系统是“城市价值链模型”，包括价值活动和价值流，强调城市各自价值链之间的竞争，进而提出需要定位城市角色、扬长避短、重塑价值链体系的发展策略。其指标体系含 5 个方面 23 个层次 140 多个指标，采取定性与定量相结合、理论分析和数据处理相统一的动态分析方法，但是其中大量的定性指标难以合理量化。

（二）倪鹏飞的弓弦模型和飞轮模型

中国社会科学院财经战略研究院倪鹏飞的体系框架和国外的克雷斯尔的理论相似，从两方面支撑其体系。例如，倪

① 详见罗涛等《中外城市竞争力理论研究综述》，《国际城市规划》2015 年第 S1 期。

鹏飞将城市价值收益分解为货币收益和非货币收益，将城市竞争力分为显示性指标体系和解释性指标体系两方面来理解和把握。作为解释性框架的弓弦模型，其两翼（硬实力和软实力）类似克雷斯尔解释性框架中的经济因素和战略因素。显示性框架则包含决定城市综合竞争力的五要素（市场占有率、经济增长速度等）。该体系比较全面完整，但是由于指标众多，数据整理分析尤其是软实力指标数据的获取比较困难。《中国城市竞争力研究报告（2009）》提出了“地均地区生产总值及其增长是测度城市竞争力的适合指标”的重要假设，这有利于模型的简化。《中国城市竞争力蓝皮书》中，以倪鹏飞为组长的课题研究组在城市竞争力解释框架构建中使用了飞轮模型，把竞争力分成整体竞争力和环境竞争力两方面。然后从内到外详细分析每个方面的情况，确定了由市民本体竞争力、企业本体竞争力、产业竞争力、商业环境竞争力、创新环境竞争力、社会环境竞争力等构成的评价框架。在这个框架的基础上确立指标体系，对中国（包括港澳台）200多个城市进行了比较。飞轮模型以竞争主体划分内外层次，在详细分析影响各主体竞争力要素时，可能产生要素重叠和各个层次之间的交叠，因为各个主体的竞争并不是孤立的，而是相互依赖和相互影响的。

（三）沈建法的理论模型

香港中文大学沈建法（Jianfa Shen）测度2000年中国253个城市的竞争力时，设计了一个包含4个级别57项指标的指标体系。在这个体系中，沈建法强调城市竞争力的测度不应总以经济视角为主而忽视其他因素的重要性，而应该从社会因素、环境尺度方面去平衡，从而提出了经济—社会—环境三个维度整合在一起的理论。在另一篇文章中，他又增加了全体社会成员的良好存在和发展。指标方面，他采用相对指标而不是绝对指标，避免受到城市尺度和研究区域的影响。

沈建法理论的第二个重要特点是对城市管理和城市竞争力之间关系的重视。他首先深入分析企业竞争、行业竞争、城市竞争、国家竞争四者之间的差别和联系，指出城市不像企业仅仅聚焦于利润和市场占有，还要关注生活质量等更广泛的领域，进而批评了以往以克雷斯尔为代表的学者对经济和企业的过分关注，指出城市和国家竞争力不仅应关注企业经济绩效，还应解决诸如政府管理和商业的联系、环境保护和经济发展等关键问题，重视长期可持续发展等方面。基于这些探讨，他提出管理在城市结构中扮演着重要角色，与城市竞争力存在内在联系。他以香港遭遇亚洲金融危机和“非典”等事件为例，阐释对竞争力的追求需要城市管理不断进步。他的这一观点，与汉布尔顿的理论正好相呼应。

沈建法的理论考虑到了目前国内大多数学者研究的盲点，即对社会、环境、宏观管理方面的重视。但是，他提出的对社会方面的测度涉及客观和主观因素两方面，因此难以确定合适的标准。而城市管理涉及很多方面，要深入研究其与城市竞争力之间的具体关系以及有效刻画和量度城市管理并不容易。

三　城市竞争力评价方法①

目前学术界评价城市竞争力的方法主要基于统计分析中的权重确定思想，对评价指标体系进行加权得分计算，得出总的城市竞争力水平。这些方法主要包括德尔菲法、层次分析法、主成分分析法、熵值法和模糊综合评价法等。

此外，近年来有学者另辟蹊径，立足非权重的结构方程模型（Structural Equation Modeling，SEM）和数据包络分析法（Data Envelopment Analysis，DEA）评价城市竞争力，在很大程度上规避了上述方法权重确定中存在的主客观偏差，但存在的问题是这些方法能否直接用于评价城市竞争力、需要哪些先决条件，尚未得到实践检验。城市竞争力评价是一个复杂的系统性工程，具有结构性和层次性并存的显著特点，单纯的主观赋权和客观赋权都会导致一定的偏差，多维竞争叠加下的城市竞争力评价尤其如此。

鉴于城市竞争力评价指标体系具有显著的层次结构特点，有学者认为当下比较前沿的分层线性模型（Hierarchical Linear Model，HLM）可能比单纯的指标加权求和更能准确地得出评价结论。相比于传统评价方法，该理论模型可以很好地处理指标层与准则层之间的嵌套关系，也能通过估算组间效应和组内效应反映不同准则层下指标之间的相互关系。然而，HLM 本质上仍然是多元线性回归，在评价城市竞争力时面临的一个问题就

① 详见董旭、吴传清《城市竞争力评价的理论模型、体系与方法——一个文献综述》，《湖北经济学院学报》2017 年第 1 期。

是因变量指标的确定。由于当前仅有指标体系，也就相当于有了一组自变量，如何处理因变量是 HLM 模型在评价城市竞争力方面需要进一步解决的问题。当然，一种可能的方法是将 HLM 与 SEM 结合使用。

第三节　研究框架、研究方法和研究结论

一　研究框架和研究方法

全书分为六章，第一章为总论，第二章至第六章为分论，分别从创新发展竞争力、协调发展竞争力、绿色发展竞争力、开放发展竞争力、共享发展竞争力五个方面进行研究。

本书为科学地评估所选的中国 20 个城市全面体现新发展理念的城市竞争力，采用了定量分析方法来进行比较：第一步，将城市竞争力分为创新发展竞争力、协调发展竞争力、绿色发展竞争力、开放发展竞争力、共享发展竞争力五个维度，然后采取德尔菲法科学确定每个维度的评价指标；第二步，根据每个评价指标从各个城市 2016 年统计年鉴及 2015 年国民经济和社会发展统计公报中选取 2015 年度截面数据，然后采取层次分析法确定每个评价指标的权重；第三步，采取综合评价法通过一定的数学模型，将每个维度中若干个评价指标值“合成”为一个整体性的综合评价值，形成创新发展竞争力、协调发展竞争力、绿色发展竞争力、开放发展竞争力、共享发展竞争力每个维度的综合平均值；第四步，计算出创新发展竞争力、协调发展竞争力、绿色发展竞争力、

开放发展竞争力、共享发展竞争力每个维度的综合平均值，最后形成每个城市竞争力的评分并进行排序。

（一）德尔菲法确定评价指标体系

德尔菲法（Delphi Method）[①] 也称专家评价法，是在20世纪40年代由O. 赫尔姆和N. 达尔克首创，经过T. J. 戈尔登和兰德公司进一步发展而成的。德尔菲法适用于在定性分析中需要相当程度的主观判断时，为避免研究人员判断偏差而采用多专家问卷函询方式来提出更具科学性、完整性的意见。

德尔菲法的一般步骤如图1－1所示。

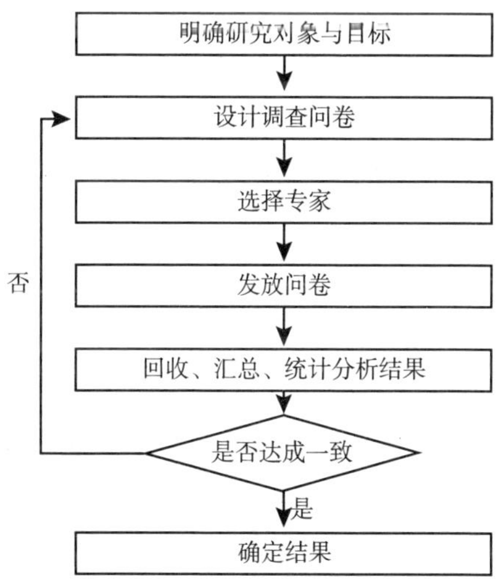

图1－1 德尔菲法流程

① Jon Strand, Richard T. Carson, Stale Navrud, Ariel Ortiz-Bobea, Jeffrey R. Vincent, "Using the Delphi Method to Value Protection of the Amazon Rainforest", *Ecological Economics*, 2016 (2).

第一步，明确研究对象与目标。本书以国家确认的 9 个国家中心城市和有希望成为国家中心城市的 11 个副省级城市为研究对象，以评估这些城市的创新发展竞争力、协调发展竞争力、绿色发展竞争力、开放发展竞争力、共享发展竞争力为目标。

第二步，设计调查问卷。本书根据创新发展竞争力、协调发展竞争力、绿色发展竞争力、开放发展竞争力、共享发展竞争力的内容设计相关指标的调查问卷并结合每个维度的实际设计下级指标，并附指标含义。

第三步，选择专家。选择在相关领域有研究深度或实践经验的专家学者或一线工作人员，人数一般为 5～15 人。

第四步，发放问卷。寄送问卷并提供相关背景资料。

第五步，回收、汇总、统计分析结果。回收所有专家的调查问卷并进行汇总、统计分析。

第六步，判断专家意见是否达成一致，如达成一致，则可确定结果；如未达成一致，则重复步骤二至步骤五。若经过三轮以上，仍未达成一致，则需考虑调查问卷设计是否合理。

第七步，确定结果。

德尔菲法能吸收不同的专家与预测，充分利用了专家的经验和学识，且由于采用匿名或背靠背的方式，能使每一位专家独立地做出自己的判断，不会受到其他繁杂因素的影响，最后经过几轮的反馈，使专家的意见趋同。

根据德尔菲法，可以为城市竞争力所包含的创新发展竞争力、协调发展竞争力、绿色发展竞争力、开放发展竞争力、共享发展竞争力五个维度确定科学的评价指标体系。

1. 创新发展竞争力

深入学习领会习近平总书记关于创新发展的重大要求，坚持把创新摆在发展全局的首要位置，重点对城市培育新动能、要素配置效率、城市转型发展等方面进行观察。在创新发展竞争力的总体目标下可以形成三个评价维度：创新投入、创新成果、创新动力。在每个评价维度下选择相关指标进行定量分析，其中，创新投入维度下选择国家级高新技术企业数量、“十二五”期间新认定高新技术企业数量、科研经费投入情况（R&D 经费支出）、R&D 经费支出占地区生产总值比重等指标；创新成果维度下选择每万人专利申请量、每万人专利授权量、科技技术成果数、实用新型专利数等指标；创新动力维度下选择社会消费品零售总额、固定资产投资、居民用电量、工业用电量等指标。

2. 协调发展竞争力

深入学习领会习近平总书记关于协调发展的重大要求，重点对城市发展空间、产业经济地理、乡村振兴战略实施、区域协同水平、城乡融合发展层次等进行观察。在协调发展竞争力的总体目标下可以形成四个评价维度：收入水平、经济结构、城镇化水平、文明城市建设。在每个评价维度下选择相关指标进行定量分析，其中，收入水平维度下，选择城镇居民人均可支配收入、农村居民人均纯收入、城乡居民人均可支配收入比等指标；经济结构维度下，选择地区生产总值、第三产业增加值占地区生产总值比重、人均地区生产总值等指标；城镇化水平维度下，选择人口密度、城镇化率、户籍人口与常住人口比例、城市建成区面积等指标；文明城市建设维度下，选择被评为文明城市次数、文明城区数量等指标。

3. 绿色发展竞争力

深入学习领会习近平总书记关于绿色发展的重大要求，坚持把生态文明建设放在更加突出的位置，重点对城市生态环境、绿色发展、循环发展、低碳发展等进行观察。在绿色发展竞争力的总体目标下可以形成四个评价维度：绿化水平、环境质量、循环利用、绿色交通。在每个评价维度下选择相关指标进行定量分析，其中，绿化水平维度下，选择建成区绿化覆盖率、人均公园绿化面积、森林覆盖率等指标；环境质量维度下，选择空气质量优良天数比例、环境噪声等效声级、城市日照时间、公共厕所数量等指标；循环利用维度下，选择城市污水处理率、城市燃气普及率、单位地区生产总值能耗、供水能力、降水量等指标；绿色交通维度下，选择人均公共汽车数量、人均出租车数量、人均轨道交通里程和每百常住人口日均绿色交通客运量等指标。

4. 开放发展竞争力

深入学习领会习近平总书记关于开放发展的重大要求，重点对城市抢抓国家开放格局调整重大机遇、主动融入和服务“一带一路”建设、构建多向度战略通道、建设高能级开放平台、创造国际化营商环境等进行观察。在开放发展竞争力的总体目标下可以形成四个评价维度：经济外向依存度、金融发展水平、国际交往、外向通道建设。在每个评价维度下选择相关指标进行定量分析，其中，经济外向依存度选择进出口总额、实际到位外商投资金额、旅游业创汇收入等指标；金融发展水平选择金融机构存款余额、金融机构贷款余额、保费收入等指标；国际交往选择外国使领馆数量、国际友好城市数量等指标；外向通道建设选择铁路客运量、公路客运量、民航吞吐量、货运量、民航货邮吞吐量、人均高速公路里程等指标。

5. 共享发展竞争力

深入学习领会习近平总书记关于共享发展的重大要求，重点对城市顺应市民美好生活需要趋势性变化进行观察。在共享发展竞争力的总体目标下可以形成四个评价维度：教育发展、医疗服务、文化建设、就业保障。在每个评价维度下选择相关指标来进行定量分析，其中，教育发展选择普通中学数、普通中学在校人数、普通中学专任教师数、普通高等学校数、普通高等学校在校人数、普通高等学校专任教师数、一流大学建设高校数、一流学科建设高校数、“双一流”建设学科数量等指标；医疗服务选择医疗床位数、医疗技术人员数、每万人卫生技术人员数、每万人床位数等指标；文化建设选择文化馆及群众艺术馆数、博物馆数、图书馆数、图书馆总藏书量数、档案馆数、艺术表演场馆数等指标；就业保障选择城镇登记失业人数、失业率、就业总人数等指标。

在创新发展竞争力、协调发展竞争力、绿色发展竞争力、开放发展竞争力、共享发展竞争力五个方面中，一个城市如果具有其他城市不具备或者不可复制的能力，那么这个城市就具有了核心竞争力（具体分析详见第二章至第六章）。

（二）层次分析法确定指标权重

根据第一步德尔菲法所列每个评价指标从各个城市 2016 年统计年鉴及 2015 年国民经济和社会发展统计公报中选取 2015 年度截面数据，再通过层次分析法确定每个指标的权重。

层次分析法（Analytic Hierarchy Process，AHP）[①] 是美国匹兹堡大学的萨蒂教授于 20 世纪 70 年代初，在为美国国防部研究“根据各个工业部门对国家福利的贡献大小而进行电力分配”课题时，应用网络系统理论和多目标综合评价方法，提出的一种层次权重决策分析方法。它是将与决策总是有关的元素分解成目标、准则、方案等层次，在此基础之上进行定性和定量分析的决策方法。

层次分析法是将决策问题按总目标、各层子目标、评价准则直至具体的备择方案的顺序分解为不同的层次结构，然后用求解判断矩阵特征向量的办法，求得每一层次的各元素对上一层次某元素的优先权重，最后再用加权的方法递阶归并各备择方案对总目标的最终权重，此最终权重最大者即为最优方案。这里所谓“优先权重”是一种相对的量度，它表明各备择方案在某一特点的评价准则或子目标下优越程度的相对量度，以及各子目标对上一层目标而言重要程度的相对量度。层次分析法比较适合具有分层交错评价指标的目标系统且目标值难以定量描述的决策问题。其用法是构造判断矩阵，求出其最大特征值

① Jun Liu，Qianli Dong，Kaihong Xiao，“Benefit Evaluation of Government Emergency Procurement Based on AHP Method”，*Advanced Materials Research*，2011（219）.

及其所对应的特征向量 W，归一化后，即为某一层次指标对于上一层次某相关指标的相对重要性权值。

这种方法最重要的目的是用来做权重分析，尤其是在分析复杂问题时，可以通过把复杂问题分解为多项子问题，然后运用专家评分、社会调查等手段，通过两两比较的方式确定各个子问题的相对重要性，形成判断矩阵，最后在满足一致性条件的前提下，得出各个子问题所占的权重。

层次分析法的具体步骤如下。

第一步，建立层次结构模型，将所要分析的问题分解为三个层次：目标层、准则层、方案层，然后把具体要分析的对象及涉及的指标依次代入这三个层次中，形成完整的层次模型。

第二步，构造两两比较的判断矩阵（见表 1－1），即在同层次的指标之间两两比较相对重要性，可以用比例、分数等方式来标示。对各个指标进行两两比较，1 代表同样重要；3 代表两个指标相比，一个指标比另一个指标稍微重要；5 代表两个指标相比，一个指标比另一个指标明显重要；7 代表两个指标相比，一个指标比另一个指标重要得多；9 代表两个指标相比，一

表 1－1 层次分析法两两比较判断标度含义

标度	第 i 指标与第 j 指标比较结果	说明
1	k_i 与 k_j 重要性相等	两者对评价对象重要性相同
3	k_i 稍微重要于 k_j	两者之间判断差异轻微
5	k_i 明显重要于 k_j	两者之间判断差异明显
7	k_i 很重要于 k_j	两者之间判断差异较大
9	k_i 特别重要于 k_j	两者之间判断差异巨大
2、4、6、8	重要性在上述表述之间	判断属于上述两者之间

注：如 k_i 与 k_j 比较判断的结果为 k_{ij}，则 k_j 与 k_i 比较判断的结果为 $k_{ji}=1/k_{ij}$。

个指标比另一个指标极端重要；2、4、6、8 表示在上述两个标准间需要折中时的标度。反之，就是上述数字的倒数。

第三步，计算判断矩阵的特征向量和最大特征值。先将判断矩阵的每一列向量进行归一化处理，接下来将归一化后的向量矩阵各行求和并除以行数得到一列特征向量矩阵，最后用判断矩阵与特征向量矩阵相乘，得到一列结果矩阵，将结果矩阵与特征向量矩阵相除后加总，再除以判断矩阵阶数即为判断矩阵的最大特征值 λ。

第四步，进行矩阵的一致性检验。首先计算一致性指标 CI（Consistency Index），即 $CI = (\lambda - n) / (n - 1)$，$n$ 为矩阵阶数；其次查表得到矩阵的平均随机一致性指标 RI（见表 1－2），计算一致性比率 $CR = CI / RI$；最后比较 CR 值的大小，如果 $0 \leqslant CR \leqslant 0.1$，表明判断矩阵具有满意的一致性，判断矩阵有效。

表 1－2　平均随机一致性指标

矩阵阶数 n	1	2	3	4	5	6	7	8	9
RI	0.00	0.00	0.58	0.90	1.12	1.24	1.32	1.41	1.45

（三）综合评价法形成城市竞争力各维度的综合评价值

采取综合评价法，通过数学模型将每个维度中若干个评价指标值“合成”为一个整体性的综合评价值，形成创新发展竞争力、协调发展竞争力、绿色发展竞争力、开放发展竞争力、共享发展竞争力每个维度的综合平均值。

综合评价法是指通过一定的数学模型将多个评价指标值

“合成”为一个整体性的综合评价值，是由美国加州大学伯克利分校自动控制专家查德（L. A. Zadeh）教授于1965年发表的《模糊集》中提出的。该综合评价法根据模糊数学的隶属度理论把定性评价转化为定量评价（精确的数字手段），即用模糊数学对受到多种因素制约的事物或对象做出一个总体的评价。它具有结构清晰、系统性强的特点，能较好地解决模糊的、难以量化的问题，适合各种非确定性问题的解决。

综合评价法[①]的一般步骤如下。

第一步，构建综合评价指标体系。综合评价指标体系是进行综合评价的基础，评价指标的选取是否完备、适宜是影响综合评价准确性的关键，因此，建立评价指标时除了应深度了解与该评价指标体系有关的研究资料和法律法规外，还要征求对应领域专家学者的意见，尽量达成广泛共识。

第二步，构建权重向量。一般采用的方法有专家经验法、德尔菲法（Delphi）、特征值法、层次分析法。权重对最终的评价结果会产生很大的影响，不同的权重有时会得到完全不同的结果。

第三步，进行单因素模糊评价，确定模糊评价矩阵。单独从一个因素出发进行评价，以确定评价对象对评价集合的隶属程度，进而建立适合的隶属函数，构建好评价关系矩阵。

第四步，评价矩阵和权重的合成。采用适合的合成因子对其进行合成并对结果向量进行解释。

① 万蓓蕾：《基于AHP模糊综合评价模型的上海城市社区风险评价研究》，复旦大学硕士学位论文，2011，第57～58页。

在数据分析之前，由于原始数据的量纲不统一，我们通常需要先将数据标准化（Normalization）[1]，利用标准化后的数据进行分析。数据标准化也就是统计数据的指数化。数据标准化处理主要包括数据趋同化处理和无量纲化处理两个方面。数据同趋化处理主要解决不同性质数据问题，对不同性质指标直接加总不能正确反映不同作用力的综合结果，须先考虑改变逆指标数据性质，使所有指标对测评方案的作用力趋同化，再加总才能得出正确结果。数据无量纲化处理主要解决数据的可比性。经过标准化处理，原始数据均转换为无量纲化指标测评值，即各指标值都处于同一个数量级别，可以进行综合测评分析。本章采用 Z-score 标准化方法（SPSS 默认的标准化方法）。

这种方法基于原始数据的均值（mean）和标准差（standard deviation）进行数据的标准化。将 A 的原始值 x 使用 Z-score 标准化到 x'。

Z-score 标准化方法适用于属性 A 的最大值和最小值未知的情况，或有超出取值范围的离群数据的情况，即：

$$新数据=(原数据-均值)/标准差$$

在 Excel 中没有现成的函数，但也可以对数据进行 Z-score 标准化，需要分步计算，具体如下。

（1）求出各变量（指标）的算术平均值（数学期望）x_i 和标准差 s_i。

---

① CSDN 常用的数据标准化方法参见 http：//blog. csdn. net/huangfei711/article/details/51657645，最后访问日期：2018 年 10 月 3 日。

（2）进行标准化处理：

$$z_{ij} = (x_{ij} - x_i)/s_i$$

其中，z_{ij}为标准化后的变量值，x_{ij}为实际变量值。

（3）将逆指标前的正负号对调。

标准化后的变量值围绕0波动，大于0，说明高于平均水平；小于0，说明低于平均水平。

根据以上方法，就可以得出创新发展竞争力、协调发展竞争力、绿色发展竞争力、开放发展竞争力、共享发展竞争力每个维度的综合评价值（详见表1－3、表1－4、表1－5、表1－6、表1－7）。

表1－3　20个城市创新发展竞争力指数排名

分类	城市	创新发展竞争力	排名
9个国家中心城市	北京	2.049171	1
	上海	1.58807	2
	天津	0.607391	5
	重庆	0.370285	6
	广州	－0.17507	9
	成都	－0.05609	7
	武汉	－0.28287	10
	郑州	－0.40893	13
	西安	－0.49978	14
11个副省级城市（含计划单列市）	深圳	0.637143	4
	杭州	0.707284	3
	南京	－0.30885	11
	沈阳	－0.60663	16
	长春	－0.61497	18
	哈尔滨	－0.61123	17
	济南	－0.60233	15
	青岛	－0.32549	12
	厦门	－0.62917	19
	宁波	－0.14114	8
	大连	－0.6968	20

表 1－4　20 个城市协调发展竞争力指数排名

分类	城市	协调发展竞争力	排名
9 个国家中心城市	北京	0.9248284	2
	上海	1.0451918	1
	天津	0.0436233	11
	重庆	－0.359182	14
	广州	0.1053094	8
	成都	－0.089467	12
	武汉	－0.363307	15
	郑州	－0.305488	13
	西安	－0.646578	18
11 个副省级城市（含计划单列市）	深圳	0.8882101	3
	杭州	0.4666397	5
	南京	0.1623942	7
	沈阳	－0.578241	16
	长春	－0.621892	17
	哈尔滨	－0.726396	19
	济南	－0.924014	20
	青岛	0.0546263	10
	厦门	0.2139367	6
	宁波	0.6125857	4
	大连	0.0972189	9

表 1－5　20 个城市绿色发展竞争力得分排名

分类	城市	绿色发展竞争力	排名
9 个国家中心城市	北京	0.943	1
	上海	0.142	6
	天津	－0.424	17
	重庆	－0.287	15
	广州	0.608	3
	成都	－0.116	12
	武汉	－0.145	13
	西安	－0.020	11
	郑州	－0.628	19

续表

分类	城市	绿色发展竞争力	排名
11 个副省级城市（含计划单列市）	深圳	0.711	2
	杭州	0.139	7
	南京	0.431	4
	沈阳	0.040	9
	长春	-0.434	18
	哈尔滨	-0.662	20
	济南	-0.405	16
	青岛	0.030	10
	厦门	0.054	8
	宁波	-0.263	14
	大连	0.285	5

表 1-6　20 个城市开放发展竞争力得分排名

分类	城市	开放发展竞争力	排名
9 个国家中心城市	北京	1.880905472	2
	上海	2.050377145	1
	天津	0.407765321	5
	重庆	0.214811414	6
	广州	0.658780074	3
	成都	-0.062237790	7
	武汉	-0.267426226	10
	西安	-0.168124468	9
	郑州	-0.596423605	18
11 个副省级城市（含计划单列市）	深圳	0.459808612	4
	杭州	-0.086153044	8
	南京	-0.455991018	14
	沈阳	-0.621577934	19
	长春	-0.684829085	20
	哈尔滨	-0.586230182	17
	济南	-0.580711617	16
	青岛	-0.317320143	12
	厦门	-0.556867860	15
	宁波	-0.385768294	13
	大连	-0.302796749	11

表 1－7　20 个城市共享发展竞争力得分排名

分类	城市	共享发展竞争力	排名
9 个国家中心城市	北京	1.843	1
	上海	0.742	2
	天津	－0.124	11
	重庆	0.515	3
	广州	0.240	5
	成都	0.276	4
	武汉	0.237	6
	西安	0.160	14
	郑州	－0.234	7
11 个副省级城市（含计划单列市）	深圳	－0.691	19
	杭州	0.030	9
	南京	0.041	8
	沈阳	－0.189	12
	长春	－0.288	15
	哈尔滨	－0.213	13
	济南	－0.101	10
	青岛	－0.403	16
	厦门	－0.731	20
	宁波	－0.625	18
	大连	－0.484	17

二　研究结论：对城市综合竞争力进行比较

将创新发展竞争力、协调发展竞争力、绿色发展竞争力、开放发展竞争力、共享发展竞争力每个维度的综合评价值进行加总，最后形成每个城市全面体现新发展理念的城市综合竞争力的评分，进行排序比较。具体排名如表 1－8、表 1－9 所示。

表 1－8　9 个国家中心城市综合竞争力比较

城市	综合竞争力	综合竞争力排名	地区生产总值排名
北京	7.640904872	1	2
上海	5.567638945	2	1
天津	0.510779621	4	4
重庆	0.453914414	5	5
广州	1.437019474	3	3
成都	－0.04779479	6	7
武汉	－0.821603226	8	6
西安	－2.604781605	9	9
郑州	－0.742542468	7	8

表 1－9　20 个城市综合竞争力比较

城市	综合竞争力	综合竞争力排名	地区生产总值排名
北京	7.640904872	1	2
上海	5.567638945	2	1
天津	0.510779621	6	5
重庆	0.453914414	7	6
广州	1.437019474	4	3
成都	－0.04779479	8	8
武汉	－0.821603226	12	7
西安	－2.604781605	17	17
郑州	－0.742542	10	14
深圳	2.0051617	3	4
杭州	1.2567707	5	11
南京	－0.130447	9	9
沈阳	－1.955449	16	15
长春	－2.643691	19	19
哈尔滨	－2.798856	20	18
济南	－2.613056	18	16
青岛	－0.961184	13	10
厦门	－1.649101	15	20
宁波	－0.802323	11	12
大连	－1.101378	14	13

（一）形成了梯次分明的三个梯队

在全面体现新发展理念的城市竞争力比较中，北京、上海、深圳、广州、杭州为第一梯队，天津、重庆、成都、南京、郑州为第二梯队，宁波、武汉、青岛、大连、厦门、沈阳、西安、济南、长春、哈尔滨为第三梯队。通过观察，我们发现第一梯队全部位于东部发达地区，特别是北京、上海作为中国城市体系中的两颗明珠，在全面体现新发展理念的城市竞争力评估中遥遥领先于其他城市。而深圳、杭州这两个副省级城市虽然没有进入国家中心城市行列，但是在全面体现新发展理念的城市建设中，处于全国领先的位置，广州则捍卫了自己的传统地位。在第二梯队中有 4 个国家中心城市，而且重庆、成都两个位于西部的国家中心城市占据了两个席位，这体现了在西部大开发战略、“一带一路”建设、长江流域经济带建设等政策的强力推动下，西部城市得到了快速发展，天津、南京两个传统东部发达城市的排名实至名归。在第三梯队中，武汉、西安这两个位于中西部地区的国家中心城市没有进入前十名，而且西安排名位置比较靠后，说明这两个城市的国家中心城市作用尚未充分发挥。而排名最后的长春、哈尔滨都是位于东北地区的城市，特别是东北的四个城市都没有进入前十名，排名靠前的大连也只排第十四名，城市地位侧面反映出东北地区在全国的整体状况。

（二）北京、上海遥遥领先于其他城市

在全面体现新发展理念的城市竞争力比较中，我们发现北

京、上海在综合竞争力上遥遥领先于其他城市。表 1 - 3 至表 1 - 7的数据显示，北京在创新发展竞争力、绿色发展竞争力、共享发展竞争力上排名第一，在协调发展竞争力、开放发展竞争力上排名第二。北京作为首都，各方面发展非常均衡，综合竞争力排名第一实至名归。上海分别在协调发展竞争力、开放发展竞争力上排名第一，在创新发展竞争力、共享发展竞争力上排名第二，稍微较弱的方面是绿色发展竞争力，排名第八，与北京有很大的差距。在其他四个维度上，上海和北京差距不大，正是由于在绿色发展竞争力这个维度上的差距，上海综合排名第二。这也说明，在今后全面体现新发展理念的城市竞争力比较过程中，上海的主要着力点应是绿色发展。

（三）杭州的表现引人注目

杭州的地区生产总值在 20 个城市中只排第十一名，但是在综合竞争力中排名第五。表 1 - 3 至表 1 - 7 的数据显示，杭州创新发展竞争力排名第三、协调发展竞争力排名第五、绿色发展竞争力排名第七、开放发展竞争力排名第八、共享发展竞争力排名第九，从而看出杭州的表现非常均衡，在城市发展中比较好地体现了新发展理念。

（四）成都有很大的潜力

成都的地区生产总值和综合竞争力在 20 个城市中均排第八名。表 1 - 3 至表 1 - 7 的数据显示，成都创新发展竞争力排名第七、协调发展竞争力排名第十二、绿色发展竞争力排名第十

二、开放发展竞争力排名第七、共享发展竞争力排名第四。从而看出，成都创新发展、共享发展、开放发展表现突出，但绿色发展、协调发展还有不足，为了更好地体现新发展理念，在今后的城市发展中要重点加强绿色发展、协调发展。

第二章
创新发展竞争力比较

本章将从创新发展竞争力的视角对比 9 个国家中心城市和 11 个副省级城市各项指标的差异性，然后对这 20 个城市创新发展竞争力进行综合比较，以期分析这些城市创新发展竞争力的水平。通过本章的分析可以清晰地看到各个城市在创新发展竞争力方面的优劣势。只有从本质上看到自己的优势和劣势，才可以在后续的城市发展战略规划中发挥自己的优势并就劣势部分进行改进，为各城市政府加快建设具有竞争力的新发展理念城市提供政策参考。

第一节　创新发展竞争力指标体系构建

一　研究背景

新中国成立以来，中国的经济社会发展取得了辉煌的成就，纵览我国经济发展的历程，“创新”始终贯穿在我国发展的道路上，可以说，我国经济发展的成功很大部分可以归因于我国不断“创新”的努力与奋斗。尤其在改革开放以后，我国进入经济社会高速发展阶段，在很多领域取得了惊人的发展，中国模式的成功使得中国进入世界经济大国的行列。在这一历史进程中，“创新”的作用更加突出，成为我国经济发展的核心推动力。但我们也需要理性地观察我国经济发展之路，虽然我国已经取得了诸多成就，但我国经济社会发展仍然面临一系列问题，“三个没有变”的国情依旧成为我国基本现状，即我国仍处于并将长期处于社会主义初级阶段的基本国情没有变、人民日益增长的物质文化需要同落后的社会生产力之间的矛盾这一社会主要矛盾没有变、我国是世界上最大的发展中国家的国际地位没有变①。

《中共中央关于制定国民经济和社会发展第十三个五年规划的建议》指出，实现“十三五”时期发展目标，破解发展难题，厚植发展优势，必须牢固树立创新、协调、绿色、开放、共享的发展理念。② 其中，创新发展是动力，协调发展是方法，绿色发展是方向，开放发展是战略，共享发展是归宿。贯彻落实党的十八届五中全会精神，最重要的是要深刻把握和坚持全会提出的五大发展理念，用新的发展理念指引正确的发展方向，破解发展难题，增强发展动力，拓展发展空间。

创新发展理念是中国共产党在新的历史时期领导发展的重要指导思想，是居国家发展全局核心位置的重要理念。创新是引领经济社会发展的第一动力。③ 坚持和践行创新理念，

① 王东红：《三个“没有变”的提出、内涵与意义——兼谈与中国特色社会主义道路的关系》，《江汉学术》2013 年第 6 期。

② 《中共中央关于制定国民经济和社会发展第十三个五年规划的建议》，载《党的十八届五中全会〈建议〉学习辅导百问》，党建出版社，2015，第 7 页。

③ 程恩富、谭劲松：《创新是引领发展的第一动力》，《马克思主义与现实》2016 年第 1 期。

就是要以科技创新为动力引领经济社会发展，以体制、机制创新为动力推进国家治理体系现代化，以思维方式、思想观念创新为动力推动思想解放。创新是民族进步的灵魂，不仅带来生产力的大发展，还引发生产关系和社会制度的深刻变革，同时推动人类思维和文化的进步。只有坚持创新发展，实施创新驱动战略，才能避免动力衰退，避免低水平、低效益的发展之路，着力提高发展质量和效益。实践永无止境，创新永无止境。

二　研究的意义

（一）研究的理论意义

正像马克思首先批判了旧唯物主义的实践观，确立了新唯物主义的实践观，从而为新的历史观的建立找到了“立足点”，打下了理论基础一样，创新实践理论的研究也必须自觉地贯彻和运用到社会发展领域的研究。[①] 在这个意义上讲，创新实践就是创新发展理论的哲学前提和基础，创新发展就是创新实践理论在社会历史发展领域的运用。这种运用必将从辩证唯物主义、历史唯物主义和实践唯物主义三个方面推进马克思主义哲学的当代化转换。同时，创新发展理论自觉地以马克思主义哲学为指导，通过对当代社会发展问题的科学诠释和解读，进一步厘清当代发展理论在经济学、政治学、社会学、伦理学等方面向历史唯物主义科学规定性的全方位回归与双向互动的逻辑理路，

① 孙灵燕：《中国共产党的创新发展理念研究》，上海师范大学硕士学位论文，2017。

进一步创造性地回答在创新实践成为社会实践的主导形式、在创新发展成为社会发展的根本动力的历史条件下，经济社会发展如何实现以人为本、全面协调可持续的发展，如何体现经济社会发展的人本取向、创新取向、和谐取向、和平取向等问题，必将进一步促进当代社会发展理论和科学发展观的理论创新和实践创新。[①] 总之，创新发展问题的研究在更深层次上促进马克思主义哲学的当代化，在更高境界上促进当代发展理论的创新，在更大程度上促进科学发展观内容和体系的丰富发展具有重要的理论意义。

（二）研究的现实意义

第一，研究创新发展理念有利于解决当前发展问题。虽然改革开放以来中国经济社会发展取得了巨大成就，但是在很长一段时期仍然存在着不协调、不平衡、不可持续等问题。尤其是最近几年来，在世界经济不景气的大背景下，中国也面临着经济下滑的压力，进入了增长速度放缓的新常态，诸如产业结构老化、产能过剩、缺乏自主创新、严重依赖资源、环境污染严重、地区和城乡发展不平衡等问题日益突出。只有推进创新发展才能提高企业的竞争力、保障经济发展的后劲以及提升国家的整体实力。

第二，研究创新发展理念有利于中国转变发展方式、优化产业结构。2008 年国际金融危机爆发以来，为什么世界经济恢

① 孙灵燕：《中国共产党的创新发展理念研究》，上海师范大学硕士学位论文，2017。

复缓慢、增长脆弱？追根溯源，是因为上一轮科技和产业革命所提供的动能已经接近尾声，传统经济体制和发展模式的潜能趋于消退，一言以蔽之，就是创新乏力。世界经济的长远发展、走出国际金融危机困局，根本动力在于创新。[①] 正是基于这样的认识，我国强力推进创新驱动战略，旨在通过体制机制变革激发创新活力，通过科技进步创造新产业、新业态，形成经济发展新优势。

三　创新发展理念的确立和内涵

总体来看，创新概念经历了一个内涵逐步丰富、视域逐步扩展、层次逐步提升的过程。在这个过程中，逻辑的上升和历史的发展是辩证统一的。马克思主义创新思想站在社会历史发展的高度，生动而具体地体现了这个逻辑和历史的辩证统一过程。

（一）中国共产党的创新发展理念的确立

党的十八届五中全会提出了“创新、协调、绿色、开放、共享”的五大发展理念，集中反映了我们党对经济社会发展规律认识的深化，极大丰富了马克思主义发展观，为我们党带领全国人民夺取全面建成小康社会决胜阶段的伟大胜利，不断开拓发展新境界，提供了强大的思想武器。在党的十八届五中全会上强调了，“创新是引领发展的第一动力。坚持创新发展，必

① 张光年：《五大发展理念具有世界意义》，《经济日报》2016 年 5 月 19 日。

须把创新摆在国家发展全局的核心位置，让创新贯穿党和国家一切工作，让创新在全社会蔚然成风”[①]。创新发展理念的正式提出意味着坚持创新发展，就是要在转换动力过程中，重视国际竞争的影响，结合国家的实际情况，不断优化国家的发展结构，在发展基点上，合理发挥创新的重要性。在发展中，只有清晰地了解第一动力是不断地进行创新，才能树立良好的创新理念。应该在发展全局中时刻把握创新的发展理念，在开展国家的相关工作时，应该注重各个方面的创新，促使社会形成创新的风气，有效落实创新发展战略，进而有效改善国家的发展现状。从国际看，每一次产业革命都是由理论的创新引起的。对于一个国家来说，只有不断创新，才能实现发展。现在，社会经济的竞争已经越来越激烈，为了更好地适应产业革命的快速发展，必须不断进行创新，只有不断创新，才能有效掌握发展的主动权，改善竞争的环境，占据主动权。而不创新就跟不上发展潮流，就要落后，这是一个规律。从国内看，在经济快速发展过程中，已经逐渐步入新常态，在发展过程中，不能有效通过要素进行发展，在一定程度上，限制着劳动力等资源成本的变化，在国内生产总值中，投资占据着较高的比例，在促进发展过程中，技术受到一定程度的限制。然而，当研发基础的技术时，投入一定的资金和人力，就能够有效实现发展，但是，在发展进入较高阶段，这些办法就不那么有效了，有的甚至无法再用了。现在，为了更好地优化产业结构，全面发展新

① 中共中央宣传部：《习近平总书记系列讲话读本》，人民出版社，2014，第117页。

兴产业，必须不断进行技术创新，只有高端的技术，才能更好地满足发展需求。然而，在实际中，这些高端技术并不能学习借鉴，也不能引进，只有自己进行创新。在一般技术的产品上，市场已趋近饱和，国家的生产能力强大，产量已经远远超过市场需求。在发展过程中，传统增长动力存在一定的缺陷，不能满足发展需求，需要不断创新增长动力。

（二）创新发展理念的科学内涵

首先，创新是历史进步的动力，是社会发展的动力，是时代发展的关键，确立创新发展理念、实施创新驱动发展战略是时代的要求。习近平提出："创新发展注重的是解决发展动力问题。我国创新能力不强，科技发展水平总体不高，科技对经济社会发展的支撑能力不足，科技对经济增长的贡献率远低于发达国家水平。新一轮科技革命带来的是更加激烈的科技竞争，如果科技创新搞不上去，发展动力就不可能实现转换，我们在全球经济竞争中就会处于下风。为此，我们必须把创新作为引领发展的第一动力，把人才作为支撑发展的第一资源，把创新摆在国家发展全局的核心位置，不断推进理论创新、制度创新、科技创新、文化创新等各方面创新，让创新贯穿党和国家一切工作，让创新在全社会蔚然成风。"① 由此看来，创新发展理念中的创新是一个广义上的概念，不能狭隘地把创新限定在科技领域，必须把创新摆在国家发展全局的核心位置，创新是一个

① 习近平：《习近平谈治国理政》（第二卷），外文出版社，2017，第198页。

全局性的概念，体现了全方位、全覆盖的特征。其次，按照系统论的观点，创新是一个复杂的社会系统工程，涉及经济社会各个领域。既要坚持全面系统的观点，又要抓住关键，以重要领域和关键环节的突破带动全局。要超前谋划、超前部署，紧紧围绕经济竞争力的核心关键、社会发展的瓶颈制约、国家安全的重大挑战，强化事关发展全局的基础研究和共性关键技术研究，全面提高自主创新能力，在科技创新上取得重大突破。其中，科技创新是核心，理论创新是先导，制度创新是保障，文化创新是动力。具体来说，在社会的变革中理论创新起到先导的作用，它利用崭新的理论打破思想的禁锢，促使创新豁然开朗；制度创新在社会变革发展中起到制度保障作用，它通过良好的制度保障来激发科技创新主体活力；文化创新在社会变革发展中起精神动力作用，它通过文化思想、价值观等因素对人们形成潜移默化、深远持久的影响，给人们提供源源不断的思想资源，对外形成一种“大众创业、万众创新”的良好社会文化氛围，以此促进全面创新。在创新过程中，要以重大科技创新为引领，加快科技创新成果向现实生产力转化，加快构建产业新体系，增强我国经济整体素质和国际竞争力①。

（三）创新发展的时代要求

我国目前正处在“十三五”规划期间，是我国全面建成小

① 习近平：《习近平谈治国理政》（第二卷），外文出版社，2017，第204页。

康社会的决胜阶段，面对新常态，我国的经济社会发展呈现出诸多的矛盾，这需要我们用创新的理念指导与引领中国的发展，因此，创新理念的发展是中国崛起、中国梦实现的必然选择，新时期我国的创新思想应该更加重视历史、实践与世界的同理性，这分别对应于其哲学思想的时间、现实与空间思维。历史发展的时间一维性总是螺旋式上升，在坚持中发展，在继承中创新。创新活动要基于历史、立足当代、着眼未来[①]。第一，应当重视历史，善于总结经验，避免僵化照搬，不改旗易帜，只有充分重视历史规律才能把握社会主义建设主题，抓住时代的机遇；必须承认中国当代的现状，即创新基础薄弱，缺少核心技术支撑，有待提高创新能力水平；着眼未来，必须为实现“两个一百年”而努力，坚定科教兴国、科技强国战略。第二，实践角度，当下的创新要从中国经济发展的新常态出发，把握时代的背景，突出创新的核心地位，将理论与实践充分结合，在创新集智的过程中，实现理论与实践的互动，立足现实；同时还要立足经济全球化，致力创新提高，破除障碍，激发科技潜力，保持国际经济竞争的不败之地；在微观层面，重视企业的发展，充分发挥市场的资源配置作用，运用好政府的职权，为企业创造优质发展空间，降低企业压力，释放企业潜能。第三，在经济全球化背景下，国家之间的竞争归根结底就是创新的竞争，在世界经济浪潮下，抓住机遇、赢在创新。保持与世界的联系，一视同仁看待发展，内外兼收，与世界同步，绝不

① 谭跃湘：《习近平总书记创新思想的三个“支撑点”》，《湖南日报》2016 年 4 月 9 日。

闭门造车。要坚持中国特色社会主义道路，审时度势，在国际竞争中赢得主动地位。[①]

四　创新发展竞争力指标体系构建

“创新”的概念很广，包含的维度很多，涉及的层面很广，目前创新是摆在国家发展全局的核心位置；但如何科学地把握和界定城市创新发展竞争力没有统一标准，学者们对城市创新发展竞争力的内涵的界定主要是从城市创新发展构成要素和创新发展产业的角度进行的。

“竞争力”（Comeptitive Price）理论存在绝对和相对的不同含义。绝对竞争力通常难以用完全准确的定量数据来确定；而相对竞争力是指比较中所处的位置，可以用指数、排名来加以反映。迄今为止，所有关于竞争力的描述和度量大多采用相对度量或者相关的指标来代替[②]。所以，竞争力可以理解为不同竞争主体在竞争过程中表现出来的较其对手拥有的优势和能力。从竞争主体来看，竞争力是其具有的能力，具有综合性和单一指向性。

在研究方法上，建立评价指标体系进行定量评价的实证研究较少。本文运用系统论的基本原理和竞争协同规律，对城市创新发展竞争力的内涵进行了界定，指出城市创新发展在外界的影响下，通过各要素间的竞争协同获得持久竞争优势并对其他城市产生的影响。

① 谭跃湘：《习近平总书记创新思想的三个“支撑点”》，《湖南日报》2016 年 4 月 9 日。

② 朱东辉：《高等教育国际竞争力指标体系的建立及提升问题初探》，《统计与信息论坛》（教育科学）2005 年第 6 期。

（一）本章的研究思路及研究方法

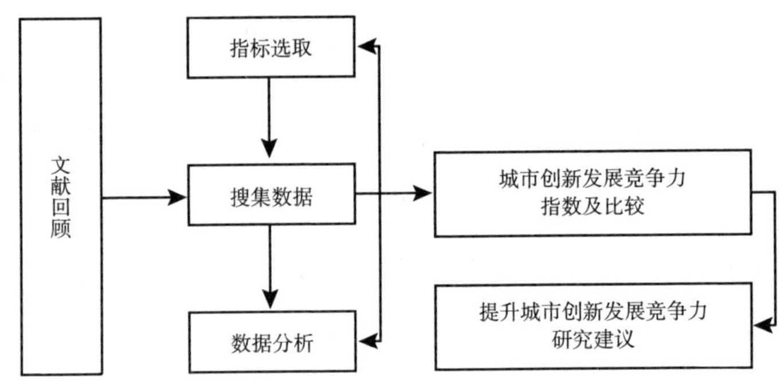

图 2－1　本章研究思路

1. 文献研究法

对国内外城市创新发展竞争力相关的文献进行查阅，分析和把握这一领域的发展动向，为研究课题指明了方向，结合中国当前城市发展的阶段和竞争力的主要特点以及自身创新发展的规律，建立了中国城市创新发展竞争力的指标体系，构建了相对城市创新发展竞争力的指标框架。从创新发展竞争力的视角，根据指标体系，搜集了中国具有发展代表性、区域可比性的 9 个国家中心城市和 11 个副省级城市相对完整的 5 年数据。本文数据主要来源于 2011 ~ 2015 年的各城市统计年鉴、中国知网数据库、国家统计局、有关政府网站公布的各城市统计年鉴、各城市科技部网站等。

2. 层次分析法

利用层次分析法和综合评价法对数据进行分析，得到最终的城市创新发展竞争力综合及各级指数，将各个城市分成四类并进行了比较。

3. 比较研究法

从城市功能上来看，所选择的城市不仅有经济中心，还有旅游城市、港口城市，而且都有丰富的创新发展资源和较强的创新发展动力，通过对 9 个国家中心城市和 11 个副省级城市的创新发展竞争力情况进行比较分析，探寻各个城市的创新发展优劣势以及个性特征和共同特征，总结城市创新发展的内在规律，以分析出目前各城市体现新发展理念城市过程中各项工作的不足之处，为如何提高各城市创新发展竞争力提出可行的对策与建议。

（二）指标构建原则

构建城市创新发展竞争力指标体系，其一，要遵循创新发展系统的内在竞争规律和机制；其二，要明确构建城市创新发展竞争力指标的目的是真实反映城市创新发展竞争能力和发展情况，比较样本城市的相对优势和不足之处，为做好城市创新发展建设提供参考意见，以便改进不足、更好地发挥优势，提高本城市的总体创新发展实力，为城市提高竞争力；其三，结合城市创新发展竞争力评价自身情况以及实际操作中存在的数据等方面的问题，做到理论与实践的统一；其四，尽量选取既有实证研究证明存在相关性的指标，同时也选取理论上与提高城市未来或者现在创新发展竞争力明显相关的指标，能够反映城市创新发展的整体情况；其五，在努力通过各种途径搜集数据的同时，运用数理统计方法使数据具有可操作性；其六，为保障数据的可靠性，参考了国内外创新发展指标体系并结合城市创新发展，按照实际情况进行构建，对数据进行多方考证并对不合理数据进行人工剔除，对所有数据进行标准化正向处理计算，提高城市间的可比性。

（三）指标的选择和构建

从发展的时间、空间趋势看，城市化是中国改革发展中一条正在且将长期经历的道路，城市改革与发展在现有的政治及经济体制条件下，因为发展空间和资源限制，必然发生激烈竞争，《国家中长期教育改革和发展规划纲要（2010—2020年）》把改革和发展放在了突出位置，作为教育实践主体。首先，作为城市和教育汇集的中心，城市教育具有相对独立性、完整性、先进性、先导性的特点，可以对区域教育起到指导、示范、辐射和支持作用，是国家教育改革和发展的试验中心和实践主体。城市教育既面对着良好的发展机遇同时也面对着激烈的竞争与挑战。教育竞争和城市竞争的汇集直接指向了城市创新基础竞争力。其次，全球经济一体化和新的科技革命的发展使创新发展已成为增强城市竞争力和国际竞争力的核心要素，它已经渗透到现代经济社会的各个方面。对城市创新发展竞争力的研究逐渐引起学者们的重视和关注。城市创新发展与城市的可持续发展密不可分，创新发展作为城市的灵魂，可以引导人们树立正确的价值观、道德观。一个城市的文明程度、创新发展氛围、创新发展建设状况既展示了该城市的形象又是其城市竞争力的一个重要表现，城市创新发展渗透到城市的经济、政治、环境等各方面的建设中。

综合上述城市创新发展竞争力影响因素的实证研究，本文根据构建的城市创新发展竞争力模型，将城市创新发展竞争力分为创新基础、科研经费、创新主体、科研成果、创新动力五个方面。

按照上文提出的比较指标体系设计原则，构建了最初的评价指标体系。之后通过对原始数据进行相关性分析，我们邀请了研究城市创新发展建设和竞争力的5位专家学者，并先后三次向他们发放调查问卷，通过对原始数据进行相关性分析，经过三轮筛选，删除部分重复的指标，最终选取了3个一级指标12个二级指标构成的建设新发展理念城市创新发展竞争力的指标体系，如表2－1、表2－2所示。

表2－1　创新发展竞争力指标体系（专家评价前）

一级指标	二级指标	单位
创新基础	普通高等学校数	所
	普通高等学校在校人数	万人
	普通高等学校专任教师数	万人
	普通中学数	所
	普通中学在校人数	万人
	普通中学专任教师数	万人
	“985”高校数	所
	“211”高校数	所
科研经费	科研经费投入情况（R&D经费支出）	亿元
	R&D经费支出占地区生产总值比重	%
创新主体	国家级高新技术企业数量	家
	“十二五”期间新认定高新技术企业数量	家
科研成果	每万人专利申请量	件
	每万人专利授权量	件
	科技技术成果数	项
	实用新型专利数	件
创新动力	社会消费品零售总额	亿元
	居民消费价格指数	%
	商品零售价格指数	%
	固定资产投资	亿元
	居民用电量	万千瓦时
	工业用电量	万千瓦时

表 2-2　创新发展竞争力指标体系（专家评价后）

一级指标	二级指标	单位
创新投入	国家级高新技术企业数量	家
	“十二五”期间新认定高新技术企业数量	家
	科研经费投入情况（R&D 经费支出）	亿元
	R&D 经费支出占地区生产总值比重	%
创新成果	每万人专利申请量	件
	每万人专利授权量	件
	科技技术成果数	项
	实用新型专利数	件
创新动力	社会消费品零售总额	亿元
	固定资产投资	亿元
	居民用电量	万千瓦时
	工业用电量	万千瓦时

第二节　创新投入

创新投入不仅是科研经费的投入，还包括创新活动的主导者、承担者，具体包括政府、企业、社会团体、大学与科研机构、个人或消费者等。这些主体在创新活动中具有不可或缺的作用。创新活动包括以政府为主体的路径、以市民为主体的路径和以专家为主体的路径①。以政府为主体的路径是通过政府的主导作用，自上而下进行创新，通常具有权威性和低成本性等特征；以市民为主体的路径是通过个人或其他官方组织自下而上进行创新，通常在资源利用方面没有政府那么便利，成本较

① 田美玲：《国家中的城市及其竞争力的理论与实践研究》，华中师范大学博士学位论文，2014。

高；以专家为主体的路径是通过自上而下和自下而上相结合的方式进行的理论创新，通常具有先锋性和自觉性等特征。不同的发展阶段要选择合适的创新路径，创新主体的协调与合作，可以提高社会的整体创新能力①。可见，科技创新能力作为国家发展中、城市发展中不可或缺的部分，正在通过创新环境建设、创新要素配置、创新主体合作，来提升国家以及城市的综合实力。在本文中，创新投入中选取国家级高新技术企业数量、“十二五”期间新认定高新技术企业数量、科研经费投入情况（R&D 经费支出）和 R&D 经费支出占地区生产总值比重四个二级指标。

一　国家级高新技术企业数量指标

从国家级高新技术企业数量指标来看，高新技术企业称号作为国家级硬资质，是国家按照严格标准对全国各省市科技型企业创新发展能力的综合评价，是对企业在自主创新、人才团队、自主知识产权等方面的水平的科学考量。对于科技型企业来讲，获得这项称号，不仅可以享受实实在在的国家税收优惠政策支持，更有利于提升企业自主创新能力，吸引创新人才，增强企业国际市场竞争力，支撑和推动高新技术产业发展，为打造国内外有影响力的创新型城市提供有力的支撑。② 据统计，我国高新技术企业的户均研发投入是工业平均水平的 7.6 倍，盈利面达到 99%，远高于国内平均水平，吸纳近半数归国留学人才就

① 李桂平：《提升城市竞争力的社会创新研究》，中南大学博士学位论文，2006。

② 康苏媛、李竞强、韩秀栋：《天津市“十三五”期间发展高新技术企业的必要性分析》，《天津科技》2016 年第 8 期。

职；在创业板中，国家级高新技术企业比重超过95%。[①] 可以说，高新技术企业已经成为城市创新发展的重要生力军，其聚集程度和发展水平更是一个区域经济活力与城市竞争力的集中反映。

从9个国家中心城市2015年的指数总体来看（见表2－3），其中，北京以20183家国家级高新技术企业数量独占鳌头，与其他8个国家中心城市拉开不小的差距。上海以6071家国家级高新技术企业数量排名第二。天津和成都两个城市在国家级高新技术企业数量上分别以2309家和2052家，在9个国家中心城市中排名第三和第四。广州在该指数以1919家的数量排在第五的位置。武汉和西安在该指数数量上，分别以1656家和1215家排名第六和第七。重庆和郑州分别以1035家和18家排名最后两位，其中郑州与其余8个国家中心城市在该指数上有较大的差距。郑州市应加大建设国家级高新技术企业的力度，增强城市创新主体竞争力。

表2－3　2015年9个国家中心城市国家级高新技术企业数量

单位：家

城市	成都	武汉	北京	上海	广州	重庆	天津	郑州	西安
国家级高新技术企业数量	2052	1656	20183	6071	1919	1035	2309	18	1215

二　“十二五”期间新认定高新技术企业数量

2017年，北京新增2319家高新技术企业，上海新增638

① 《攻坚克难显担当——评高新技术企业三年“倍增”计划实施》，《杭州科技》2018年第3期。

家，重庆新增548家，成都新增513家，天津新增510家，武汉新增335家，西安新增130家，广州新增17家，郑州新增4家，各城市的高新技术企业处于持续扩增状态中。从9个国家中心城市来看，北京2015年高新技术企业增长突飞猛进，数量比2014年增长2倍左右，上海、武汉、重庆、天津等8个城市高新技术企业增长速度不及北京。在研发资源上，早在2001年，北京就是我国最大的科研基地、高等教育基地和最人的科技人才聚集地，以北大、清华为代表的高校有68所，校属研究机构309个，在校学生30万人。以中国科学院为代表的研究机构有489家，研究人员38万人，中国科学院和中国工程院在京院士达489名，占全国的一半以上，国家重点实验室和技术研究中心的数目占到全国的三分之一。[①] 因此，多年积累的研究成果、科技人员的高度密集、雄厚的创新源头实力是北京中关村得以迅速崛起的主要原因。上海和成都的科技研究整体实力略逊于北京，上海在发展高科技上以引进技术为主要发展模式，高新技术产值中，外商投资企业占的比重高达60%，使上海成为我国最先引进、消化和向全国传播发达国家创新成果的基地[②]。从同级城市成都、天津、广州来看，成都高新技术企业新增数量与武汉和广州拉开的差距较远；成都和重庆相比较，虽然在增长数量上成都低于重庆，但从2013～2015年的数据来看，重庆高新技术企业增长平均速度低于成都（见图2－2）。

① 张晖明、丁娟：《四大城市高新技术产业发展模式比较（上）》，《前线》2003年第4期。

② 数据来源：各城市2016年统计年鉴和2015年国民经济和社会发展统计公报及“十三五”规划。

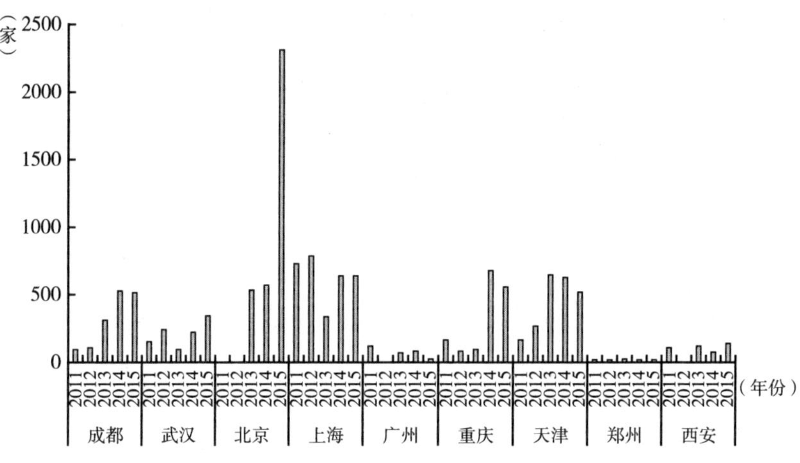

图 2-2 “十二五”期间新认定高新技术企业数量（各年）

从“十二五”期间新认定高新技术企业数量指标来看（见表 2-4、图 2-3），北京和上海增长数量依然领先于其余 7 个国家中心城市，成都在该指标的增长数量高于重庆和武汉，通过指标看出，成都创新力量强大是因为科技创新有厚实的资源基础，将发展高新技术产业与推进工业化、信息化、城市化结合起来。成都现已与四川大学、电子科技大学、西南交通大学、西南财经大学等一流学科建设高校签约，共建世界一流大学。随着“成都新十条”的出台，鼓励职务科技成果的使用权、处置权、收益权“三权”改革，正将科技成果从实验室推向市场。据统计，西南交通大学试点职务科技成果改革以来，已有涉及 7 项职务科技成

表 2-4 “十二五”期间新认定高新技术企业数量

单位：家

城市	成都	武汉	北京	上海	广州	重庆	天津	郑州	西安
“十二五”期间新认定高新技术企业数量	1544	1027	3417	3130	275	1438	2189	9	420

果的50多项职务发明专利完成了分割确权。除了支持中国科学院成都分院、核动力研究院等在蓉科研机构，在高能物理、光电技术、核动力设计等领域已进入全球领先行列[①]。

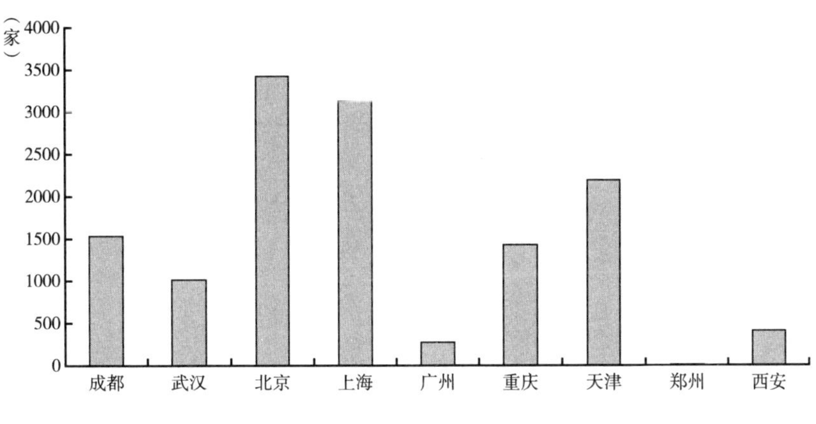

图2-3　“十二五”期间新认定高新技术企业数量（总数）

三　科研经费投入情况（R&D经费支出）

在科研经费水平上，主要包括科研经费投入情况（R&D经费支出）和R&D经费支出占地区生产总值比重两个二级指标，数值越大，表明城市对科研创新的重视程度越高。近几年，我国科技经费投入力度加大，研究与试验发展经费投入、国家财政科技支出均实现较快增长，研究与试验发展经费投入强度稳步提高。从国家统计局最新发布的数据来看，2016年，全国共投入研究与试验发展经费15676.8亿元，比上年增加1506.9亿元，增长10.6%，增速较上年提高1.7个百分点；研究与试验发展经费投

① 谢佳君、叶燕：《科技创新——成都谋求五大突破》，《成都商报》2016年8月10日，第1版。

入强度（与国内生产总值之比）为2.11%，比上年提高0.05个百分点。按研究与试验发展人员（全时工作量）计算的人均经费为40.4万元，比上年增加2.7万元。从活动类型看，全国基础研究经费822.9亿元，比上年增长14.9%；应用研究经费1610.5亿元，比上年增长5.4%；试验发展经费13243.4亿元，比2015年增长11.1%。基础研究、应用研究和试验发展经费所占比重分别为5.2%、10.3%和84.5%。从活动主体看，2016年各类企业经费支出12144亿元，比上年增长11.6%；政府属研究机构经费支出2260.2亿元，比上年增长5.8%；高等学校经费支出1072.2亿元，比上年增长7.4%。企业、政府属研究机构和高等学校经费支出所占比重分别为77.5%、14.4%和6.8%。从产业部门看，2016年高技术制造业研究与试验发展经费2915.7亿元，投入强度（与主营业务收入之比）为1.9%；装备制造业研究与试验发展经费6176.6亿元，投入强度为1.51%。在规模以上工业企业中，研究与试验发展经费投入超过500亿元的行业有7个大类。这7类行业的经费占全部规模以上工业企业研究与试验发展经费的比重为60.2%；研究与试验发展经费投入在100亿元以上。以上综合来看，国家在逐渐加大对科研经费的投入力度。①

当下，创新已经成为全球性议题。世界各主要经济体均把创新作为重要的发展战略。为适应经济发展新常态，党中央制定出实施创新驱动发展的战略，全面推动“大众创业、万众创

① 中华人民共和国国家统计局：《2016年全国科技经费投入统计公报》，http://www.stats.gov.cn/tjsj/zxfb/201710/t20171009_1540386.html，最后访问日期：2018年5月24日。

新”，激发市场活力、潜力和社会创造力，打造发展新引擎。从我国情况看，当前科研经费投入总体符合我国经济社会发展的要求和阶段状况。我国科研经费投入持续增长。但与发达国家比较，投入的效益有待进一步提升，科研经费投入强度与发达国家相比还有一定差距。科研投入最直接的目的就是鼓励技术创新，科研投入所形成的技术创新，通过提升劳动生产率、加速经济增长、优化经济结构，对城市化产生深远而持久的影响。每次技术革命都对城市化的发展有着积极的影响，如以蒸汽机的发明为代表的第一次产业革命，为工业技术进步奠定了基础，提升了城市的创新竞争力。

从9个国家中心城市来看，2015年成都市的科研经费投入为163.03①亿元，武汉为147.32②亿元。虽然成都的科研经费投入情况（R&D经费支出）在9个国家中心城市中排名靠后，但2015年采取前资助、后补助、间接引导投入等方式，引导社会资本、金融资本投向科技企业，使全年规模以上工业企业研发投入同比增长13%，③呈递增趋势。新加入国家中心城市的西安科研经费投入远远低于北京、武汉、重庆、天津、广州，处于劣势。在9个国家中心城市中，北京和上海在科研经费投入情况（R&D经费支出）中增长的速度相对较快，北京在2015年已经达到1367.5亿元，上海以925亿元紧随其后（见图2-4）。

---

① 数据来源：2016年成都市统计年鉴中规模以上工业企业研发投入指数与科研经费支出指数的和。

② 数据来源：2016年《武汉市统计年鉴》。

③ 数据来源：2016年《成都市统计年鉴》。

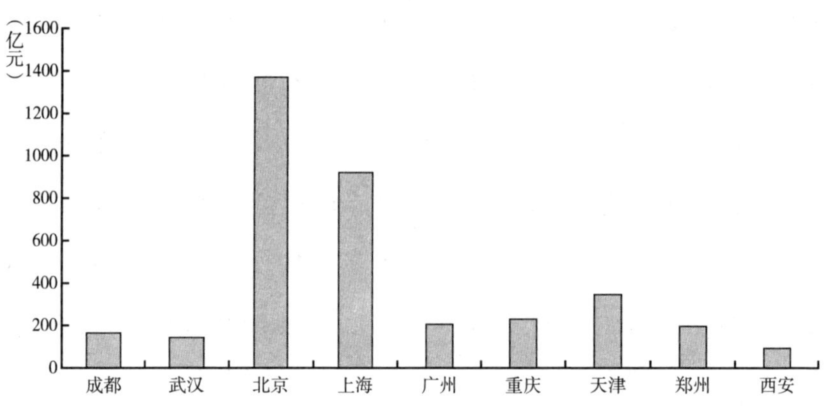

图 2－4　国家中心城市 2015 年科研经费投入情况（R&D 经费支出）

四　R&D 经费支出占地区生产总值比重

科研投入是科技进步的动力和能源，一个国家有意识的 R&D 经费支出越多，其自主性技术创新能力就越强，也越有利于其经济增长。经济增长所带来的人们生活水平的提高，也必然要求城市服务功能日益完善，从而提高了城市的创新发展实力。R&D 能提高生产要素的使用效率，同时促使这些要素在各产业之间合理流动；R&D 经费支出的实质是使用资本、技术替代劳动力，进而提高劳动生产率，降低原有稀缺资源条件对产业结构的制约[①]；研发投入形成的技术进步使社会分工更加细化、生产更加专业化，使许多中间产品分离出来，成为新的单独的产品生产产业；研发投入形成的技术进步，促进了经济增长和人们生活水平的提高，人们更加注重自身的发展和享受。

① 林毅夫、张鹏飞：《适宜技术、技术选择和发展中国家的经济增长》，《经济学》2006 年第 3 期。

从城市地区生产总值来看，宏观经济指标通过对国民经济形势的综合分析，可以基本了解经济发展的速度与质量，反映地区经济富裕程度，大致把握经济运行的主要方面。对R&D经费支出占地区生产总值比重指数的研究，对研究分析城市创新发展变化的过程，预测其转变的方向与时机，具有非常重要的意义。

9个国家中心城市地区生产总值见表2－5和图2－5。从表2－5可以看出，2011年，成都市的地区生产总值为6950.58亿元，2012年为8138.94亿元，2013年为9108.89亿元，2014年为10056.59亿元，2015年为10801.16亿元。2015年成都市地区生产总值按可比价格计算，比上年增长7.9%。其中，第一产业实现增加值373.2亿元，增长3.9%；第二产业实现增加值4723.5亿元，增长7.2%；第三产业实现增加值5704.5亿元，增长9.0%。按常住人口计算，人均地区生产总值74273元，增长6.6%。第一、二、三产业比例关系为3.5∶43.7∶52.8。

表2－5　9个国家中心城市地区生产总值数据

单位：亿元

城市＼年份	2011	2012	2013	2014	2015
北京	16251.90	17879.40	19800.80	21330.80	23014.60
上海	19195.69	20181.72	21818.15	23567.70	25123.45
广州	12423.40	13551.20	15497.20	16706.00	18100.00
天津	11307.28	12893.88	14370.20	15726.93	16538.20
重庆	10011.37	11409.60	12783.26	14262.60	15717.27
成都	6950.58	8138.94	9108.89	10056.59	10801.16
武汉	6762.20	8003.82	9051.27	10069.48	10905.60
郑州	4954.10	5517.10	6197.40	6777.00	7315.20
西安	3869.84	4394.47	4924.97	5492.60	5801.20

注：北京、上海、广州、天津、重庆、成都、武汉、郑州、西安9个城市2012～2016年统计年鉴。

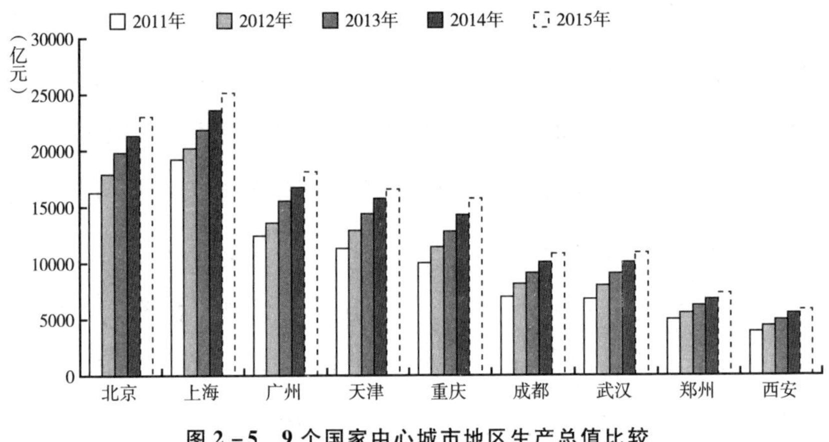

图 2－5　9 个国家中心城市地区生产总值比较

从 R&D 经费支出占地区生产总值比重来看，2011～2015 年这 5 年间逐渐增长。2011 年，我国共投入研究与试验发展经费 8687 亿元，比上年增加 1624.4 亿元，增长 23%；研究与试验发展经费投入强度（与国内生产总值之比）为 1.84%，比上年的 1.76%有所提高；2012 年，全国共投入研究与试验发展经费 10298.4 亿元，比上年增加 1611.4 亿元，增长 18.5%；研究与试验发展经费投入强度（与国内生产总值之比）为 1.98%，比上年的 1.84%提高 0.14 个百分点；2013 年，全国共投入研究与试验发展经费 11846.6 亿元，比上年增加 1548.2 亿元，增长 15%，研究与试验发展经费投入强度（与国内生产总值之比）为 2.08%，比上年的 1.98%提高 0.1 个百分点；2014 年，全国共投入研究与试验发展经费 13015.6 亿元，比上年增加 1169.0 亿元，增长 9.9%；研究与试验发展经费投入强度（与国内生产总值之比）为 2.05%，比上年降低 0.03 个百分点；2015 年，全国研究与试验发展经费支出 14169.9 亿元，比上年增加

1154.3 亿元，增长 8.9%；研究与试验发展（R&D）经费投入强度（与国内生产总值之比）为 2.07%，比上年提高 0.02 个百分点[①]。

从 9 个国家中心城市来看，北京 R&D 经费支出占地区生产总值比重以 5.94% 排名第一，其次为上海，以 3.68% 排名第二。北京的 R&D 经费支出占地区生产总值比重在 2014 年出现波动，表现出下降的趋势（相比于上一年），但在 2015 年恢复增长趋势。成都、西安、重庆三个城市在该指标上相差不多，但武汉在 9 个城市中该指数排名稍显落后。成都市的地区生产总值虽然逐年增长，但从 R&D 经费支出占地区生产总值比重指标来看，在国家中心城市中排名第七，不具备优势，成都应加大 R&D 经费的投入力度（详见表 2-6、图 2-6）。

表 2-6　2015 年国家中心城市 R&D 经费支出占地区生产总值比重

单位：%

城市	R&D 经费支出占地区生产总值比重	城市	R&D 经费支出占地区生产总值比重
北京	5.94	重庆	1.53
上海	3.68	成都	1.51
郑州	2.74	武汉	1.35
天津	2.13	广州	1.16
西安	1.59		

数据来源：各城市的科研经费投入情况（R&D 经费支出）与地区生产总值相比得出。

① 《2011~2015 年全国科技经费投入统计公报》，中华人民共和国国家统计局官网，http：//data.stats.gov.cn/easyquery.htm？cn = C01，最后访问日期：2017 年 12 月 5 日。

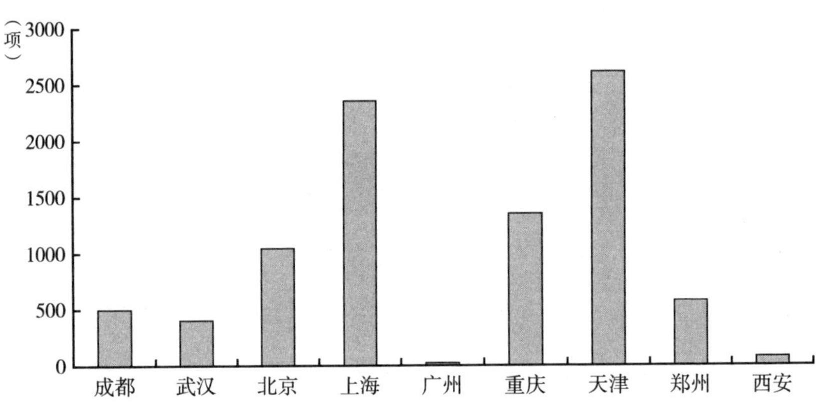

图 2－6　2015 年国家中心城市科技技术成果数

第三节　创新成果

当今世界发展已进入一个科技创新的重要时代，也步入一个经济结构加快调整的重要时期。创新技术的重大发现发明成果和广泛应用，正在推动世界范围内生产力、生产方式、生活方式和经济社会发展观发生前所未有的深刻变革，也引起全球生产要素流动和产业转移加快、经济格局、利益格局和安全格局发生了前所未有的重大变化。加速创新成果转化已成为世界各国调整经济结构、转变增长方式、提高竞争力的重要举措。[①]

创新成果指标中包含每万人专利申请量、每万人专利授权量、科技技术成果数、实用新型专利数四个二级创新发展指标，创新要素包括各种创新知识、高新技术和生产经营方式等，创

① 黄伟：《我国科技成果转化绩效评价、影响因素分析及对策研究》，吉林大学博士学位论文，2013。

新能力主要体现在技术创新、产业创新和制度创新，创新能力正是通过这些创新要素的合理配置来实现的[①]。城市的创新发展离不开高新技术企业的发展，通过企业自身的科研力量进行相关的研发工作，从而满足最终的创新需求。此外，还要依托当地的科技创新环境，把科研成果转化为实用新型专利，研发出属于自己的核心技术。

一　科技技术成果数

根据《中华人民共和国促进科技成果转化法》，科技成果是指为提高生产力水平而对科学研究与技术开发所产生的具有实用价值的科技成果。具体而言，就是在科学研究与技术开发中产生出来的，通过调研考察、实验研究、设计试验和辩证思维活动等，所取得的具有一定学术意义或实用价值的创造性劳动成果，并通过了技术鉴定，得到了社会认可[②]，再通过科技成果转化，使其成为现实生产力并产生倍增效益，完成一种带有科技性质的经济行为，将科技与经济融合。

根据表 2－7 所示，从国内科技技术成果总量来看，2015 年是 2011 年的 1.25 倍，在 5 年中，科技技术成果数呈逐年递增趋势。在 2011～2012 年国内科技技术成果数量大幅增加，随后 4 年，科技技术成果数稳步增长。截至 2016 年 12 月底，我国国内科技技术成果数达 58779 项，继续保持快速增长势头。

---

① 田美玲：《国家中心城市的理论与实践研究——以武汉市为例》，经济管理出版社，2016，第 126 页。

② 唐五湘、黄伟：《科技成果转化的理论与实践》，方志出版社，2006，第 17～33 页。

表 2－7　2011～2015 年全国科技技术成果数

单位：项

年份	2011	2012	2013	2014	2015
科技技术成果数	44208	51723	52477	53140	55284

数据来源：国家统计局官方网站，www. data. stats. gov. cn。

从 9 个国家中心城市来看（见表 2－8），除西安以外的 8 个国家中心城市在科技技术成果指数中呈上升趋势，西安在 2011 年至 2012 年间科技技术成果数快速增长，但在 2012～2014 年科技技术成果数急速下降。广州从 2013 年起，虽然科技技术成果数呈稳步增长趋势，但成果数在 9 个国家中心城市中始终排名最后一位。

表 2－8　2011～2015 年 9 个国家中心城市科技技术成果数

单位：项

城市	年份	科技技术成果数
成都	2011	302
	2012	245
	2013	279
	2014	460
	2015	500
武汉	2011	392
	2012	380
	2013	404
	2014	374
	2015	404
北京	2011	1035
	2012	1040
	2013	1043
	2014	1042
	2015	1045

续表

城市	年份	科技技术成果数(项)
上海	2011	2338
	2012	2415
	2013	2490
	2014	2384
	2015	2356
广州	2011	8
	2012	11
	2013	9
	2014	23
	2015	25
重庆	2011	216
	2012	294
	2013	450
	2014	370
	2015	1349
天津	2011	2020
	2012	2030
	2013	2385
	2014	2588
	2015	2610
郑州	2011	213
	2012	310
	2013	447
	2014	511
	2015	576
西安	2011	116
	2012	216
	2013	112
	2014	76
	2015	78

数据来源：2011～2016年各城市统计年鉴。

天津在科技技术成果指数中排名第一，从2011～2015年的数据来看，呈逐年增长趋势，特别是在2012～2015年呈快速增长，2016 年以 2610 项的科技技术成果数量遥遥领先。上海的科技技术成果数量仅次于天津在 9 个国家中心城市中排名第二，虽然在 2011 ~2013 年期间稳步增长，但在 2013 ~2015 年间，科技技术成果数量产生不小的降幅。北京在科技技术成果数指标中数量低于天津和上海，在 2011 ~2015 年间，增长幅度远低于其他几个城市，在 2015 年被重庆以 1349 项科技技术成果数拉开不小的差距。成都科技技术成果在 2013 ~2015 年间呈快速增长的趋势，在 2015 年的指标数量虽然低于重庆和郑州，但高于武汉，为加强城市的创新竞争力，还需在科技技术成果数上下功夫。

二 每万人专利申请量和每万人专利授权量

专利是一种知识产权，是保护发明创造的重要手段。它能促进人们不断创新，进而推动人类的技术进步并由此产生比传统技术更有利的投资机会，从而提高资本的产出效率，使其边际收益呈现递增的趋势，并促使经济活动突破短期的局限，实现长期持续的增长。[①] 也就是说，专利的经济效应在于它能促使创新投入的边际收益产生递增效应。专利的申请量和授权量一直是评价一个国家创新水平的重要指标之一，自我国《专利法》实施以来，国内专利数量增长迅速，取得了显著成绩。

根据表 2 -9 所示，从国内专利申请量来看，2015 年的专利

① 文惠霞：《1997 ~2011 我国专利产出与经济增长效率的关系研究》，山西财经大学硕士学位论文，2013。

申请量是2011年的1.74倍，在2014年国内专利申请量有小幅降低，随后一年，专利申请量又以更快的速度增长。截至2015年12月底，我国国内专利年申请量达2616700件，继续保持快速增长势头。从国内专利的授权量来看，其增长速度也在不断加快。2015年的专利授权总量是2011年的1.79倍。这表明国内专利申请量在上升的同时，申请人也在关注专利授权情况，以保证其获得授权的专利在实际应用中发挥积极的作用。

表2－9　2011～2015年我国国内专利申请量和授权量情况

单位：件，%

年份	国内专利申请量	国内专利授权量	授权量占申请量百分比
2011	1504670	883861	58.74
2012	1912151	1163226	60.83
2013	2209600	1210200	54.77
2014	2186500	1191600	54.49
2015	2616700	1578200	60.31

注：2011～2015年我国国内专利申请量和授权量数据来源于国家统计局官网，http://data.stats.gov.cn/easyquery.htm?cn=C01，最后访问日期：2017年11月24日。

图2－7描绘了2011～2015年我国国内专利申请量和授权量的变化情况。可以看出，无论是专利申请量还是专利授权量，总体来说都呈现上升趋势。其中，专利申请数量发展迅速，增长速度逐年加快；相比较而言，专利授权量的增长比较平缓，从2015年开始才出现快速增长的态势，其增长速度也开始逐年加快。虽然专利授权量在逐年增加，但是授权量占申请量的比例并没有逐年增大，基本在54%～60%。其中出现了两次递减趋势，分别是2012～2013年与2013～2014年，在2014～2015

年急速增长为60.31%。但在2016年的数据来看，授权量占申请量的百分比保持的数值仅为49.28%。由此可见，国内专利申请量的迅速增长对专利审批能力提出了更高的要求。

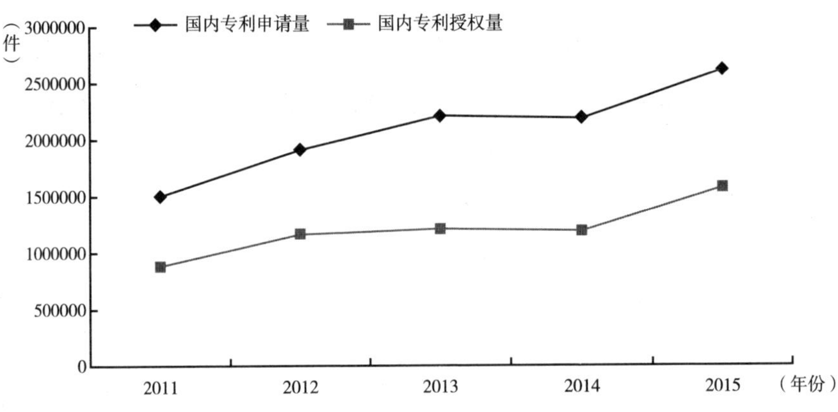

图2-7　2011~2015年我国国内专利申请量和专利授权量情况

从表2-10来看，首先，9个国家中心城市2011~2015年每万人专利申请量和授权量呈逐年增长趋势。其次，对9个国家中心城市进行比较，经济发达地区的专利申请量与授权量较大，并且排名靠前，说明各地区的专利申请量与授权量同该地区的经济发展水平有密切的联系。再次，从2015年的指标数据来看，其中，北京的专利申请量以及授权量独占鳌头，北京、上海两个城市在每万人专利申请量和授权量排名中占据了前两名的位置；重庆和天津两个城市在每万人专利申请量中排名分别为第三和第四；成都紧随其后。在每万人专利授权量中，成都以4.49件紧随上海之后，排名第三，超越其余6个国家中心城市并呈逐年快速增长趋势。

表 2-10 2011~2015 年 9 个国家中心城市每万人专利申请量和每万人专利授权量

单位：件

城市	年份	每万人专利申请量	每万人专利授权量
成都	2011	3.74	2.12
	2012	4.89	3.26
	2013	5.94	3.19
	2014	6.50	3.19
	2015	7.75	4.49
武汉	2011	2.19	1.16
	2012	2.41	1.37
	2013	2.57	1.59
	2014	2.78	1.63
	2015	3.36	2.17
北京	2011	7.80	4.09
	2012	9.23	5.05
	2013	12.33	6.27
	2014	13.81	7.47
	2015	15.63	9.40
上海	2011	8.02	5.15
	2012	8.27	4.87
	2013	8.65	4.87
	2014	8.17	5.05
	2015	10.00	6.06
广州	2011	2.08	1.51
	2012	2.81	1.83
	2013	3.34	2.20
	2014	3.98	2.62
	2015	4.63	2.81
重庆	2011	3.20	1.55
	2012	3.89	2.04
	2013	4.78	2.48
	2014	5.53	2.43
	2015	8.28	3.89

续表

城市	年份	每万人专利申请量	每万人专利授权量
天津	2011	3.63	1.40
	2012	4.15	2.00
	2013	6.09	2.49
	2014	6.34	2.64
	2015	8.00	3.73
郑州	2011	1.63	0.61
	2012	2.02	0.91
	2013	2.43	1.04
	2014	2.64	1.23
	2015	3.74	1.61
西安	2011	2.77	0.93
	2012	3.70	1.19
	2013	4.71	1.63
	2014	4.70	1.73
	2015	6.10	2.51

数据来源：2011～2016年各城市统计年鉴。

此外，从人均量上看，我国各地区专利申请量与专利授权量的总体水平不高，而且地区之间差距比较明显。从人均专利申请量来看，只有北京和上海这两个地区的每万人专利申请量超过了10件，且与第三名的重庆和第四名的天津差距十分明显。在人均专利授权量上，9个国家中心城市中无一个城市每万人专利授权量超过10件，且城市之间的差距也非常明显，这与人均申请量情况类似。除北京、上海、成都以外，广州、天津、重庆、西安、武汉的专利申请和授权量比例大幅落后，增长速度相对较慢，缺乏创新亮点。成都专利申请量在9个城市中数量不高，但专利授权量反而较高，仅次于北京和上海，具体如图2－8所示。

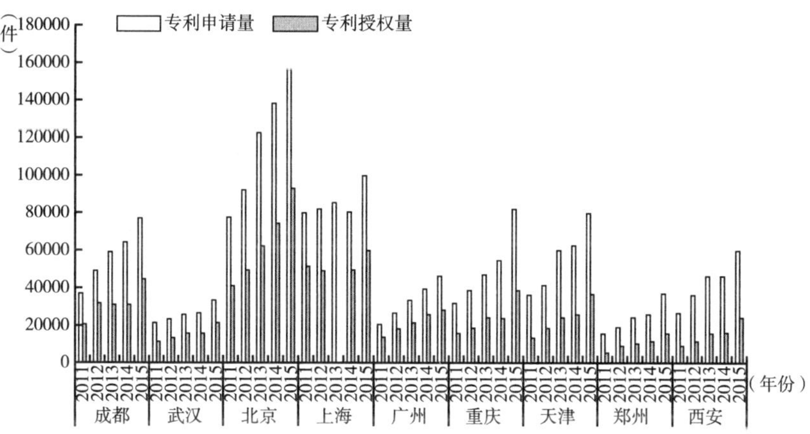

图2－8　2011～2015年9个国家中心城市专利申请量与专利授权量对比

三　实用新型专利数

根据我国《专利法》的规定，实用新型指的是对产品的形状、构造或者其结合所提出的具有一定实用性的新的技术方案。实用新型专利与发明专利同样是对一种技术方案进行保护，但实用新型专利保护的范围没有发明专利那么广泛，申请实用新型的技术方案与申请发明的方案相比，其创新含量要更低一些，许多国家用实用新型来保护一些简单的、具有一定改进性的发明创造，因此实用新型专利有时也称为“小发明”。2011～2015年国内实用新型专利数如表2－11所示。

表 2－11　2011～2016 年国内实用新型专利数

单位：件

年份	实用新型专利数	年份	实用新型专利数
2011	405086	2014	699971
2012	566750	2015	868734
2013	686208	2016	897035

数据来源：国家统计局官网，www. data. stats. gov. cn。

从 2011～2015 年国内实用新型专利数总体来看，2015 年的实用新型专利数是 2011 年的 2. 14 倍，在 5 年之间，国内实用新型专利数增长趋势一直较为稳定，只在 2011～2013 年有一个明显的增长，在 2013 年后指标变化起伏并不大。截至 2016 年 12 月底，我国国内实用新型专利授权达 897035 件，继续保持快速增长势头。

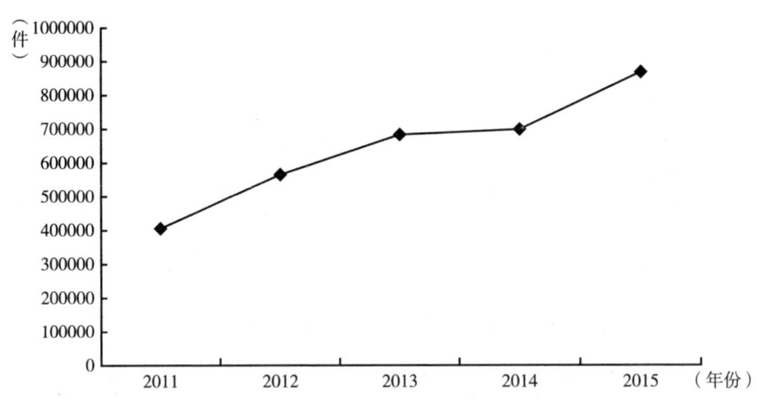

图 2－9　2011～2015 年国内实用新型专利数

图 2－9 描绘了 2011～2015 年实用新型专利数的变化情况。可以看出，总体来说都呈现上升趋势。其中，增长速度在

2013 ~2014 年相对平缓，2014 ~2015 年急速增长。

从 9 个国家中心城市总体来看（见表 2 -12、图 2 -10），首先，2011 ~2015 年实用新型专利授权量呈逐年增长趋势。其次，对 9 个国家中心城市进行比较，同样也是经济发达地区的实用新型专利数较大，并且排名靠前，说明各地区的实用新型专利数同该地区的经济发展水平有密不可分的关系。再次，从 2015 年的指标数据来看，其中，上海以 69982 件的实用新型专利数独占鳌头，与其他 8 个国家中心城市拉开不小的差距；北京以 45773 件实用新型专利数排名第二；天津和重庆的实用新型专利数分别以 28486 件和 25444 件，在 9 个国家中心城市中排名为第三和第四；成都在该指标以 19954 件的数量排在第五的位置并呈逐年快速增长的趋势；武汉和广州在该指标数量上相差甚微，分别以 13609 件和 13512 件排名第六和第七；西安和郑州分别以 5873 件和 490 件排名最后两位，这两个城市应加大实用新型专利研发的力度，增强城市创新成果竞争力。

表 2 -12 2011 ~2015 年 9 个国家中心城市实用新型专利数

单位：件

城市	年份	实用新型专利数
成都	2011	8483
	2012	14099
	2013	16423
	2014	14612
	2015	19954

续表

城市	年份	实用新型专利数
武汉	2011	6631
	2012	9100
	2013	11015
	2014	10871
	2015	13609
北京	2011	19628
	2012	24672
	2013	36301
	2014	44071
	2015	45773
上海	2011	23351
	2012	21121
	2013	21522
	2014	56515
	2015	69982
广州	2011	6152
	2012	8032
	2013	9692
	2014	12098
	2015	13512
重庆	2011	8749
	2012	13432
	2013	16623
	2014	15885
	2015	25444
天津	2011	8961
	2012	13827
	2013	18759
	2014	20122
	2015	28486
郑州	2011	191
	2012	280
	2013	386
	2014	440
	2015	490

续表

城市	年份	实用新型专利数
西安	2011	2738
	2012	3475
	2013	3708
	2014	4272
	2015	5873

数据来源：各城市 2011～2016 年统计年鉴。

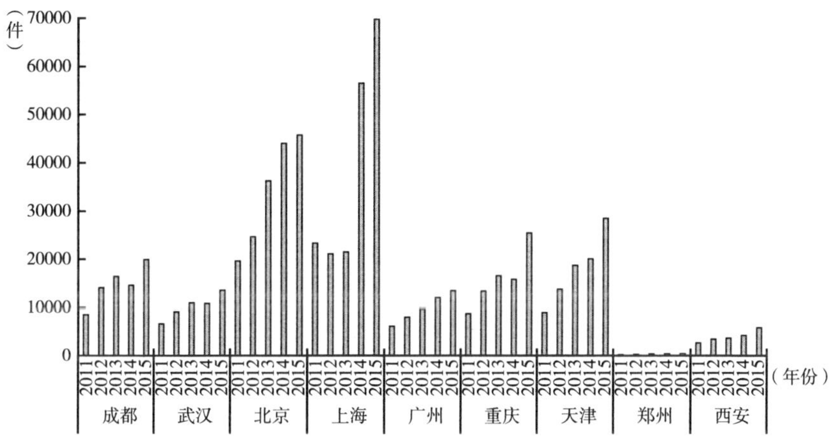

图 2－10　2011～2015 年 9 个国家中心城市实用新型专利数

第四节　创新动力

创新动力选取固定资产投资、工业用电量、社会消费品零售总额、居民用电量四个二级指标。

一　固定资产投资

固定资产投资是建造和购置固定资产的经济活动，即固定资产再生产活动，是社会固定资产再生产的主要手段。固定资产再生产过程包括固定资产更新（局部和全部更新）、改建、扩建、新建等活动[①]。在这个过程中，一部分固定资产投资成为创新设备等专业生产要素，直接成为创新动力；一部分固定资产投资成为创新活动的支撑生产要素，间接转化为创新动力。因此，固定资产投资是衡量创新动力的重要指标之一。固定资产投资额是以货币表现的建造和购置固定资产活动的工作量，它是反映固定资产投资规模、速度、比例关系和使用方向的综合性指标。北京、上海、广州、天津、重庆、成都、郑州、武汉、西安9个国家中心城市2011～2015年固定资产投资情况如表2－13所示。

表2－13　9个国家中心城市2011～2015年固定资产投资情况

单位：亿元

城市＼年份	2011	2012	2013	2014	2015
北京	5910.60	6462.80	7032.20	7562.30	7990.90
上海	5067.09	5254.38	5647.79	6016.43	6352.70
广州	3412.00	3758.00	4454.00	4889.00	5405.00
天津	7510.67	8871.31	10121.21	11654.09	13065.18
重庆	7685.90	9380.00	11205.00	13223.70	15480.30
成都	4995.65	5890.09	6501.08	6620.37	7006.97
武汉	4255.16	5031.25	6001.96	7002.85	7725.26
郑州	3002.50	3669.80	4509.30	5355.30	6371.70
西安	3346.26	4243.43	5134.56	5903.98	5165.98

数据来源：各城市2011～2016年统计年鉴。

从表2－13中可以明显看出，全社会固定资产投资在以上9个城市中可以分为三个层次，其中，超过万亿元的天津和重庆为第一层次，超过6000亿元的北京、上海、成都、武汉、郑州

① 陈勇：《浅述固定资产投资项目管理》，《山东工业技术》2018年第15期。

为第二层次，西安和广州为第三层次。

在第一层次中天津和重庆的全社会固定资产投资额从2011年至2015年每年呈递增趋势，均在2013年超过万亿元大关，其中重庆排在第一位，天津排在第二位，而从2011年到2015年均可以看出天津与重庆在固定资产投资额的差距在逐年拉大，在2015年重庆超过天津2400多亿元。排在第一位的重庆2015年的固定资产投资是排在以上九个城市最后的城市西安的近3倍。

第二层次中的五个城市在2011年全社会固定资产投资的排名依次为北京、上海、成都、武汉、郑州，而在2015年这五个城市的排名则为北京、武汉、成都、郑州、上海。在这五年中全社会固定资产投资递增最为明显的城市是武汉，增长了将近3500亿元。增长最为显著的城市是郑州，郑州2015年全社会固定资产投资比2014年高出1000多亿元。上海在2015年比郑州的固定资产投资额少19亿元。

第三层次的两个城市为广州和西安，这两个城市的固定资产投资额排在9个城市的最末两位，而西安在2015年仅为5165.98亿元。

成都市2011～2015年全社会固定资产投资完成额分别为4995.65亿元、5890.09亿元、6501.08亿元、6620.37亿元、7006.97亿元。2012～2015年全年固定资产投资分别比上一年多出894.44亿元、610.99亿元、119.29亿元、386.60亿元。2012～2015年的增速分别为17.90%、10.37%、1.83%、5.84%。2015年成都市全社会固定资产投资额超过7000亿元，增速分别低于全国（10%）和四川省（10.2%）4.2个、4.4个百分点，总量在 9 个国家中心城市中排名第五。按照经济类型来分，国有经济在 2011～2015 年这 5 年中在固定资产投资总额的占比分别为 29.54%、32.06%、30.52%、31.52%、32.34%。从数据中可以看出，国有资产在这几年中的变化起伏不大，总量保持在 30% 上下。集体经济的占比分别为 0.74%、0.41%、0.53%、0.46%、0.28%，从中可以看出，集体经济在总量中的占比逐年减少（2013 年小幅波动）。个体及私营经济在全社会固定资产投资中的占比分别为 9.48%、12.24%、13.65%、12.90%、13.04%。从数据中可以看出，个体经济在全社会固定资产投资中的占比在这几年中增加缓慢，有小幅波动，总量占比保持在 13% 上下。纵向来看，国有资产投资增速转正，2012～2015 年国有资产同比增长分别为 27.97%、5.08%、5.15%、8.58%。集体经济在这几年中逐年减少，2012～2015 年同比增长分别为 -34.22%、42.92%、-12.56%、-34.60%，除了 2013 年有小幅的增长以外，总体来讲，集体经济在固定资产投资中所占的比重逐年减少。个体及私营经济在最近几年中表现活跃，2012～2015 年同比增长分别为 52.24%、23.11%、-3.75%、6.96%，除了 2014 年同比有所下降，总体来讲个体及私营经济在固定资产投资中所占的比重逐年增加，同比每年也在增加。排在第一位的重庆 2015 年国有经济和个体及私营经济的份额分别为 5400 亿元和 4500 亿元，而个体及私营经济呈每年逐渐增长的趋势。由此可以看出个体及私营经济的分量①。

① 2011～2015 年《成都市统计年鉴》，http://www.cdstats.chengdu.gov.cn/htm/list_02010916.html，最后访问日期：2017 年 12 月 4 日。

二　工业用电量

工业用电量是反映经济增长的重要指标之一，能精确地反映经济现状——现代工业生产与能源消耗密切相关，故而“耗电量”的多少，可以准确反映某一地区创新活动的活跃度，从而间接地反映该地区创新动力的情况。北京、上海、广州、天津、重庆、成都、郑州、武汉、西安9个国家中心城市2011～2015年的工业用电量如表2－14所示。

表2－14　9个国家中心城市2011～2015年的工业用电量

单位：亿千瓦时

城市＼年份	2011	2012	2013	2014	2015
北京	289.44	289.06	311.06	312.90	303.06
上海	805.76	786.25	799.45	785.64	787.03
广州	368.65	366.83	373.65	395.27	403.21
天津	532.79	550.61	566.36	588.65	592.65
重庆	482.42	499.47	545.48	599.19	624.6
成都	7.24	8.12	9.86	9.78	10.92
武汉	231.21	230.12	245.17	253.51	263.25
郑州	—	—	—	—	329.80
西安	85.98	87.50	92.00	99.81	99.71

注：2011～2014年郑州工业用电量数据不详。

从表2－14和图2－11可以明显看出上海在上述9个城市的对比中，以很大的优势高于其他8个城市排在第一位，但是上海在2011～2015年这5年间工业用电量总体比较平稳并有下滑趋势，2011年为805.76亿千瓦时，2012年为786.25亿千瓦时，2013年为799.45亿千瓦时，2014年为785.64亿千瓦时，2015

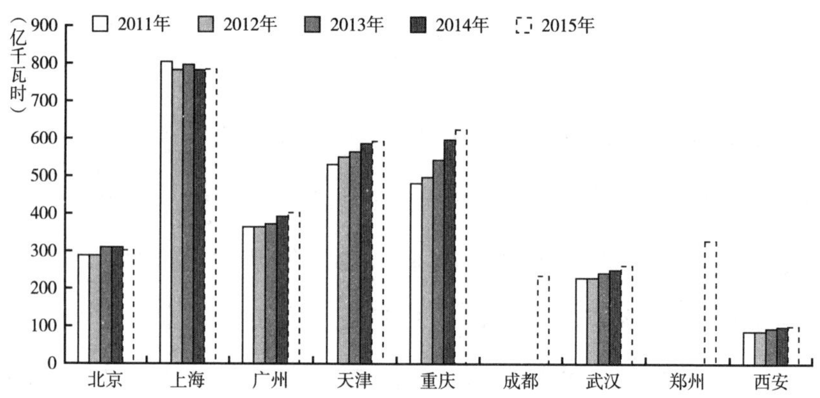

图 2 - 11　9 个国家中心城市 2011 ~ 2015 年的工业用电量

年为 787.03 亿千瓦时，2015 年比 2014 年稍有上升，但是总体呈下降趋势。

在所对比的 9 个城市中，变化最为明显的是重庆，从图 2 - 11 中可以看出，自 2013 年起重庆的工业用电量急剧上升，在 2014 年之后，超过天津，稳居第二位。

成都市工业用电量 2011 年为 72367 万千瓦时，2012 年为 81215 万千瓦时，2013 年为 98572 万千瓦时，2014 年为 97826 万千瓦时，2015 年为 109169 万千瓦时。从 2012 年开始成都市工业用电量每年增长额度分别为 8848 万千瓦时、17357 万千瓦时、- 746 万千瓦时、11343 万千瓦时，增幅依次为 12.23%、21.37%、-0.76%、11.60%。其中，相比于 2013 年，2014 年成都市工业用电量略有减少，其他几年均属于增加状态。2013 年相比于 2012 年成都市工业用电量增长额最高，为 17357 万千瓦时。2011 ~ 2014 年相比于其他国家中心城市，成都市工业用电量排名末位（郑州数据不详），2011

年武汉工业用电量为2312153万千瓦时，是成都市工业用电量的31.95倍。2015年武汉市工业用电量是成都市的24.11倍，从这个方面可以明显看出成都与其他国家中心城市的差距。工业是一个地区重要的经济指标，而工业用电量则很直观地反映出该地区的工业活跃程度，也可以从一定区域的用电量反映出该地区产业体系的发展情况，是构建具有全球竞争力的产业体系的重要评价指标。而通过上述数据的比较以及成都特有的现实情况可以明显看出，成都在构建具有全球竞争力的产业体系方面还有一定的不足，而这也恰恰表明成都在这个方面还有很大的进步空间，通过一定区域的工业用电量的测定对后续建设具有成都特色的具有全球竞争力的工业体系有很大的帮助。

三　社会消费品零售总额

社会消费品零售总额是反映一个地区的消费需求最直接的数据，是研究地区零售市场变动情况、反映经济景气程度的重要指标[①]。同时，需求刺激供给，从社会消费品零售总额也可以间接反映一个地区的创新活跃程度，可以衡量一个区域的创新动力情况。北京、上海、广州、深圳、天津、重庆、成都、郑州、武汉、西安9个国家中心城市2011~2015年的社会消费品零售总额如表2-15所示。

从表2-15中可以明显看出北京和上海在该项数据以绝对

① 张平、苏治：《经济转型、金融扩张与政策选择——2014年中国经济展望》，《经济学动态》2013年第11期。

优势超过其他7个国家中心城市位居前两名，而该项数据也可以分为三个层次。

表2－15　9个国家中心城市2011～2015年社会消费品零售总额

单位：亿元

城市＼年份	2011	2012	2013	2014	2015
北京	7222.20	8123.50	8872.10	9638.00	10338.00
上海	7185.83	7840.40	8556.96	9303.49	10131.50
广州	5243.02	5977.26	6882.84	7144.45	7987.95
天津	3395.06	3921.43	4470.43	4738.65	5257.28
重庆	3782.33	4402.992	5055.768	5710.666	6424.02
成都	3019.78	3508.71	3991.18	4468.88	4946.20
武汉	3031.79	3467.37	3916.60	4369.32	5102.24
郑州	2015.60	2322.70	2623.50	2955.40	3294.70
西安	2039.24	2400.60	2742.89	3093.89	3405.38

数据来源：各城市2011～2016年统计年鉴。

第一层次为2015年社会消费品零售总额超过1万亿元的城市，分别是北京和上海。北京和上海在经济繁荣程度方面表现出绝对优势。从表2－15中可以看出，2011年排名第一的北京社会消费品零售总额是排名末位的郑州的3.58倍，2015年北京依然是排名末位郑州的三倍有余。

第二层次为2015年社会消费品零售总额超过5000亿元的城市，分别为广州、天津、重庆、武汉。从表2－15中可以看出，2011年广州的社会消费品零售总额位居9个城市的第三名，并且超过了5000亿元，在之后的四年中广州依然表现出其优势，领先于第二层次的其他城市，从图2－12中可以看出，除了广州和重庆之外，天津、武汉在2015年的社会消费品零售总额相差不大，而武汉则增加势头迅猛。

第三层次的三个城市分别为成都、西安和郑州，从图2-12可以看出，郑州在2011年社会消费品零售总额排名9个城市的最末位，在2015年依然排在末位，但是郑州以趋于直线的线性增长趋势逐年增长，而成都在2015年距离第二层次的差距很小。

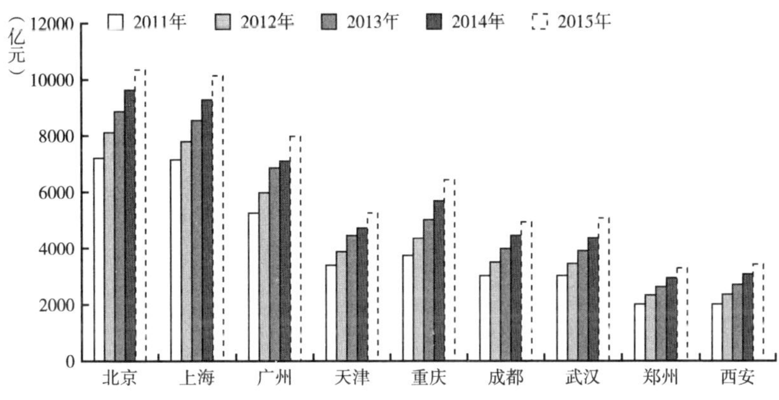

图2-12 9个国家中心城市2011~2015年社会消费品零售总额

2011年成都市社会消费品零售总额为3019.78亿元，2012~2015年依次为3508.71亿元、3991.18亿元、4468.88亿元、4946.2亿元，数据显示，从2012年开始成都市社会消费品零售总额每年均以超过450亿元的幅度增长，2012年的增幅为16.19%，2013年的增幅为13.75%，2014年的增幅为11.97%，2015年的增幅为10.68%。2015年的社会消费品零售总额按经营地分，城镇实现零售额4749.8亿元，增长10.6%；乡村实现零售额196.4亿元，增长12.2%。2011年成都市社会消费品零售总额在9个国家中心城市排名第七位，其中排名第六的武汉社会消费品零售总额为3031.79亿元，比成都高出12.01亿元，排名第一的北京是成都的 2.39 倍。2015 年成都市社会消费品零售总额在国家所有中心城市中排名第七位，其中排名第六的武汉社会消费品零售总额为 5102.24 亿元，比成都高出 156.04 亿元，排名第一和第二的北京与上海已经突破万亿元大关。如图 2 - 13 所示，成都在经历过 2012 ~ 2014 年短时间的高于武汉之后又落后于武汉，与北京等城市还有明显的差距，作为西部经济中心城市，成都在社会消费品零售总额方面仍有很大的提升空间。

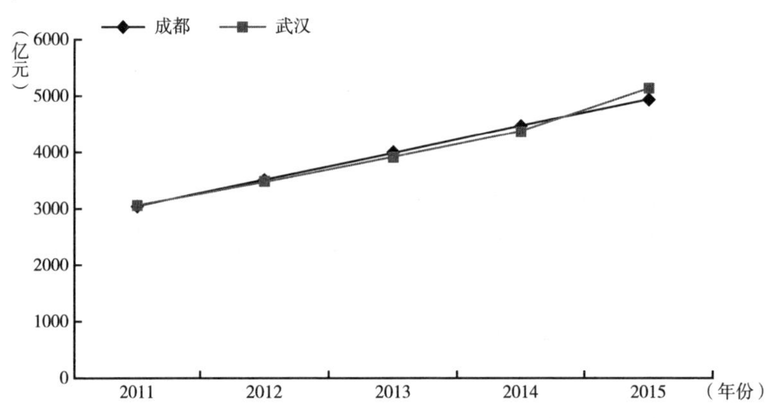

图 2 - 13　成都、武汉 2011 ~ 2015 年社会消费品零售总额比较

四　居民用电量

居民生活年用电量与居民人均生活用电量和人口总量有关，在人均生活用电量不变的前提下，我国居民生活用电总需求量将随着人口总数的变大而增长；同时，随着我国居民人均收入的增加和居民能源消费结构的变化，人均生活用电量呈现不断增加的趋势，当社会人口总数稳定以后，根据微观经济学的需求理论，影响居民对商品需求的因素，有商品的价格、居民的收入水平、相关的替代品价格、居民的消费习惯、居民的生活习俗等[①]。居民用电量可以间接反映出居民电器使用情况，特别是使用电脑等创新工具的情况，所以可以作为衡量一个区域创新动力的指标。2011～2015 年，北京、上海、广州、天津、重庆、成都、西安、武汉 8 个国家中心城市的居民用电量比较如表 2－16 所示（郑州无数据）。

表 2－16　2011～2015 年 9 个国家中心城市居民用电量

单位：亿千瓦时

城市＼年份	2011	2012	2013	2014	2015
北京	144.73	161.83	157.03	169.26	174.75
上海	175.22	187.38	205.04	173.89	185.49
广州	128.64	142.18	141.39	160.61	161.35
天津	66.37	73.69	75.17	78.10	87.30
重庆	123.43	123.43	140.68	136.54	138.36
成都	82.69	87.40	91.65	97.6	104.80
武汉	68.13	77.26	83.01	76.26	80.65
郑州	—	—	—	—	—
西安	57.70	64.57	69.99	75.07	79.53

注：郑州无数据。

从图 2－14 可以明显看出所比较的 8 个国家中心城市中居民生活用电量有不同程度的波动，但是成都和西安则处于稳步上升的态势。而且根据表 2－16 中的数据可以将居民生活用电量分为两个层次，其中，第一层次包含以下四个城市：上海、北京、广州、重庆，2011～2015 年居民用电量均超过百亿千瓦

① 张福伟、谭忠富：《社会发展对电能消费的定量分析》，《中国电力》2005 年第 9 期。

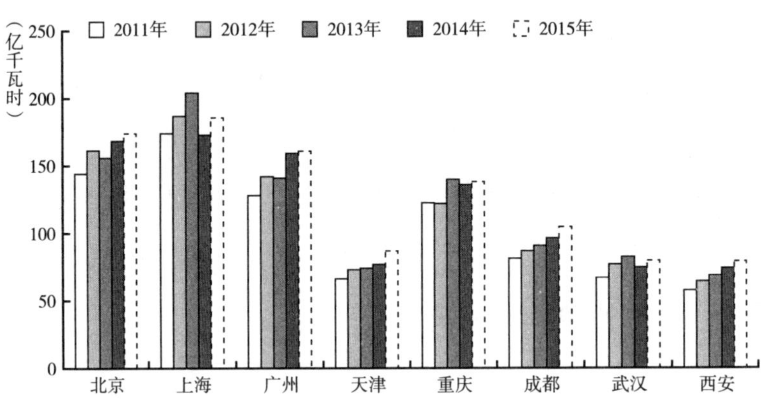

图 2-14　2011～2015 年 9 个国家中心城市居民用电量

时；第二层次包含以下四个城市：西安、成都、武汉、天津。

从图 2-14 中可以看出第一层次的上海，在 2011～2015 年这 5 年间居民生活用电稳居第一位，虽然上海在 2014 年的居民生活用电量有很大幅度的下滑，但是因为其居民用电量基数较大，所以总体来讲在这 5 年间上海的居民生活用电在所比较的 8 个国家中心城市中排名第一，在 2014 年之后上海的居民生活用电量又开始上升，并且其上升的幅度低于 2012 年和 2013 年。北京的居民生活用电量除了 2013 年有小幅下降之外，总体来讲基本属于稳步上升态势。广州的居民生活用电量和北京的走势类似，在 2013 年有小幅下滑，并且从总体来讲广州排名在北京之后，排在第三名。反观重庆的居民用电量情况，在经过 2013 年的大幅提升之后，2014 年和 2015 年反而比 2013 年要低，在这 5 年中稳居第四。

第二层次，成都和西安则表现出来特有的走势，2011～2015 年这 5 年间成都的居民用电量总体在提升，特别从图 2-14 中可以看出成都2014年和2015年的提升速度越来越快，如果绘制成曲线图则处于抬头之势。武汉和天津则在第六名和第七名之间摇摆，在2011~2013年武汉排在天津前面，在2014年和2015年中天津反超武汉跃居第六位。

第五节 综合比较

一 层次分析法确定指标权重

（一）整体设计

评价指标权重的确定是多目标决策的一个重要环节，是指标在评价过程中不同重要程度的反映，是评价过程中指标相对重要程度的一种主观评价和客观反映的综合度量。因此，权重的赋值必须做到科学和客观，这就要寻求合适的权重确定方法。确定权重的方法有很多，如专家评分法、调查统计法、序列综合法、公式法、梳理统计法、层次分析法等，为避免评价中的主观因素影响，本章拟采用层次分析法来确定指标权重。

首先针对国家中心城市创新发展竞争力一级指标构建两两比较判断矩阵，分析出每项一级指标在创新发展竞争力上的权重。其次，再对每个一级指标下的二级指标构建两两比较判断矩阵，分析出每项二级指标在一级指标评价中的权重，从而得出每项最细项评价指标对整体的影响程度。为了使判断矩阵更加科学、规范，本研究设计了专家评分表，经5名研究城市竞争力和治理的专家评分，按照最小原则确定了各个比较要素最终的重要程度，再依次计算层次权重值，即依据判断矩阵，计算特征向量和最大特征值，并进行一致性检验，通过后即可获得每一层次各要素的权重值。最后汇总各个指标对总目标的权重，形成汇总表呈现。

（二）权重确定

首先对创新投入、科研成果、创新动力三项一级指标的权重进行层次分析。将创新投入指标用字母 A 表示，创新成果指标用字母 B 表示，创新动力指标用字母 C 表示，由 5 位专家对三项一级指标的重要性进行评分比较，按照权重的比较方法，1/1 表示两个指标重要性相等，2 表示前一个指标稍微重要于后一个指标，2/1 表示前一个指标重要于后一个指标。反之，后一个指标与前一个指标的重要性比较是上述数字的倒数。按照此方法，对 5 位专家的比较结果取最小值，形成判断矩阵如表 2 - 17 所示。将表 2 - 17 中的判断矩阵的每一列向量进行归一化处理，得到归一化的向量矩阵后将其各行求和并除以行数得到一列特征向量矩阵，再用判断矩阵与特征向量矩阵相乘，得到一列结果矩阵，将结果矩阵与特征向量矩阵相除后加总，再除以判断矩阵阶数即得到一级指标判断矩阵的最大特征值 $\lambda = 3.05$。按照层次分析法运用规则，我们需要验证判断矩阵逻辑是否合理，即各位专家的判断有无较大反差，以提高判断矩阵的准确性。如判断矩阵差异过大（即各位专家未形成大致统一的意见），则表明这次层次分析法运用失败，需要再请专家进行评分，防止不同专家意见大相径庭造成的分析结果不准确。这里需要进行的是判断矩阵的一致性检验。按照层次分析法步骤，在判断矩阵的最大特征值 λ 计算出来后，需要计算一致性指标 CI（Consistency Index），即 $CI = (\lambda - n) / (n - 1)$，$n$ 为矩阵阶数，这次 CI = 0.026，计算一致性比率 CR = CI/ RI，得到 CR 的值为 0.046，最后比较 CR 值的大小，CR 的值位于 0 与 0.1 之间，表明判断矩阵偏离程度不超过 10%，具有满意的一致性，判断矩阵有效。由此，由判断矩阵可以计算得出各项一级指标在总的指标体系中的权重（如表 2－18 所示），创新投入 A、创新成果 B、创新动力 C 在总指标体系中的权重依次为 0.3602、0.3997、0.2401，说明创新成果指标在城市的创新竞争力占比最大，达到 39.97%，第二为创新投入指标，占比为 36.02%，第三为创新动力指标，占比为 24.01%，表明建设体现新发展理念城市的创新发展竞争力大小主要还是反映在对创新成果数量和创新投入的大小上。

表 2－17　一级指标判断矩阵

指标	A	B	C
A	1	3/4	3/2
B	3/4	1	2
C	2/3	1/2	1

表 2－18　一级指标权重结果

指标	A	B	C	一致性检验	权重
A	0.4138	0.3333	0.3333	λ = 3.05 CI = 0.026 CR = 0.046	0.3602
B	0.3103	0.4444	0.4444		0.3997
C	0.2759	0.2222	0.2222		0.2401

按照一级指标判断矩阵的分析计算方法和步骤，对创新投入指标下的国家级高新技术企业数量（字母 A1 表示）、“十二五”期间新认定高新技术企业数量（字母 A2 表示）、科研经费投入情况（R&D 经费支出）（字母 A3 表示）、R&D 经费支出占地区生产总值比重（字母 A4 表示）四个二级指标进行比较分析，最终得到判断矩阵和其一致性比率，如表 2-19 所示，可以用来计算权重。由此得到国家级高新技术企业数量 A1 的权重为0.1714、“十二五”期间新认定高新技术企业数量 A2 权重为0.2285、科研经费投入情况（R&D 经费支出）A3 权重为0.2857、R&D 经费支出占地区生产总值比重 A4 权重为0.3144，说明 R&D 经费支出占地区生产总值比重指标的贡献率最大，占比达31.44%，其次为科研经费投入情况指标，占比为28.57%，这说明不仅要保障城市对科研经费的投入，更要从 R&D 经费支出占地区生产总值比重来表现城市对科技创新的重视程度，吸引高端人才，很大程度上影响了城市整体创新发展竞争力。

表 2-19　二级指标判断矩阵（创新投入指标 A）

指标	A1	A2	A3	A4	权重
A1	1/1	3/4	3/5	1/2	0.1714
A2	4/3	1/1	4/5	2/3	0.2285
A3	5/3	5/4	1/1	5/6	0.2857
A4	2/1	3/2	5/6	1/1	0.3144

按照一级指标判断矩阵的分析计算方法和步骤，对创新成果指标下的科技技术成果数（字母 B1 表示）、每万人专利申请量（字母 B2 表示）、每万人专利授权量（字母 B3 表示）、实用

新型专利数（字母 B4 表示）四个二级指标进行比较分析，最终得到判断矩阵和其一致性比率，如表 2－20 所示，CR 为 0.0638，小于0.1 的阈值，表明创新成果指标的判断矩阵数据有效，可以用来计算权重。科技技术成果数 B1 的权重为 0.3135、每万人专利申请量 B2 的权重为0.1960、每万人专利授权量 B3 的权重为 0.2162、实用新型专利数 B4 的权重为 0.2743，说明科技技术成果数指标对创新成果指标的贡献率最大，占比达 31.35%，其次为实用新型专利数指标，占比为 27.43%，贡献率最少的为每万人专利申请量指标，占比为 19.6%，这说明不仅专利申请量可以代表一个城市的创新成果能力，科技技术成果数指标更是作为创新成果的重要因素之一，能明显反映出一座城市科研创新的实用能力，较大程度影响着城市创新发展的竞争力。

表 2－20　二级指标判断矩阵（创新成果指标 B）

指标	B1	B2	B3	B4	一致性检验	权重
B1	0.3077	0.3310	0.3077	0.3077	λ＝4.1722 CI＝0.0574 CR＝0.0638	0.3135
B2	0.1923	0.2069	0.1923	0.1923		0.1960
B3	0.2308	0.1724	0.2308	0.2308		0.2162
B4	0.2692	0.2897	0.2692	0.2692		0.2743

按照一级指标判断矩阵的分析计算方法和步骤，对创新动力指标下的社会消费品零售总额（字母 C1 表示）、固定资产投资（字母 C2 表示）、居民用电量（字母 C3 表示）、工业用电量（字母 C4 表示）四个二级指标进行比较分析，最终得到判断矩阵和其一致性比率，如表 2－21 所示，CR 小于 0.1 的阈值，表

明创新动力指标的判断矩阵数据有效，可以用来计算权重。创新动力的四个指标的权重分别为：社会消费品零售总额指标为0.3571、固定资产投资为0.2857、居民用电量为0.1429、工业用电量为0.2143，说明社会消费品零售总额指标对创新动力的贡献率最大，占比达35.71%，其次为固定资产投资和工业用电量指标，占比为28.57%和21.43%，贡献率最少的为居民用电量指标，占比为14.29%，这说明社会消费品零售总额能明显反映出一座城市创新发展的动力外，固定资产投资和工业用电量对全面建设新发展理念的创新发展竞争力的影响占据很重要的地位。

表2-21　二级指标判断矩阵（创新动力指标C）

指标	C1	C2	C3	C4	一致性检验	权重
C1	0.3571	0.3571	0.3571	0.3571	λ=4.1722 CI=0.0574 CR=0.0638	0.3571
C2	0.2857	0.2857	0.2857	0.2857		0.2857
C3	0.1429	0.1429	0.1429	0.1429		0.1429
C4	0.2143	0.2143	0.2143	0.2143		0.2143

将一级指标对总目标体系的权重值与二级指标对一级指标的权重值相乘并进行汇总，得到每一个二级指标对总目标体系的权重，结果如表2-22所示。从表2-22中的12个二级指标可以看出，权重排名前三位的分别为科技技术成果数B1、R&D经费支出占地区生产总值比重A4、实用新型专利数B4，其权重分别达到12.53%、11.32%、10.96%，由此可见，在建设新发展理念创新竞争力的表现上，城市的创新成果——科技技术成果数，城市的创新投入——R&D经费支出占地区生产总值比重，城市的创新动力——社会消费品零售总额成为最重要的三个影响因素。

表 2-22 所有指标对总指标体系的权重汇总

一级指标 / 二级指标	A	B	C	权重
	0.3602	0.3997	0.2401	
A1	0.1714			0.061738
A2	0.2285			0.082306
A3	0.2857			0.102909
A4	0.3144			0.113247
B1		0.3135		0.125306
B2		0.1960		0.078341
B3		0.2162		0.086415
B4		0.2743		0.109638
C1			0.3571	0.085740
C2			0.2857	0.068597
C3			0.1429	0.034310
C4			0.2143	0.051453

二 综合评价法确定综合评价值

（一）数量标准化处理

将本章中的12项指标数据输入SPSS统计软件，使用Z-score标准化方法，得到20个城市在12项指标上的标准化数据，由于国家级高新技术企业数量、“十二五”期间新认定高新技术企业数量、科研经费投入情况（R&D经费支出）、R&D经费支出占地区生产总值比重、科技技术成果数、每万人专利申请量、每万人专利授权量、实用新型专利数、社会消费品零售总额、固定资产投资、居民用电量、工业用电量12项指标与城市创新发展竞争力均呈正相关，即数值越大，竞争力越强（见表2-23）。

表 2－23 20 个城市创新发展竞争力标准化后数据

城市	国家级高新技术企业数量	“十二五”期间新认定高新技术企业数量	科研经费投入情况（R&D 经费支出）	R&D 经费支出占 GDP 比重	科技技术成果数	每万人专利申请量	每万人专利授权量	实用新型专利数	社会消费品零售总额	固定资产投资	居民用电量	工业用电量
成都	-0.13358	0.47523	-1.08473	-1.28020	-0.28543	0.59175	0.56017	0.19017	0.03133	0.26622	0.51311	-1.40999
武汉	-0.22309	-0.03573	-0.00062	-0.13937	-0.35152	-0.60025	-0.41004	-0.18344	0.09906	0.49113	0.03595	-0.19419
北京	3.96473	2.32634	3.02257	1.00538	0.08977	2.72979	2.62465	1.71046	2.37164	0.57430	1.89539	-0.00240
上海	0.77487	2.04270	1.71522	0.13898	0.99232	1.20156	1.22222	3.13596	2.28201	0.06135	2.10743	2.32940
广州	-0.16364	-0.77894	-0.67558	-1.00577	-0.61244	-0.25528	-0.14150	-0.18915	1.35160	-0.23540	1.63048	0.48012
重庆	-0.36346	0.46930	-0.39565	-0.72351	0.29906	0.73432	0.31094	0.51344	0.67278	2.91939	-1.50982	1.48932
天津	-0.07549	1.11269	0.42423	-0.11585	1.16719	0.65756	0.24487	0.69256	0.16635	2.16317	0.16731	1.39286
郑州	-0.59334	-1.04183	0.09090	0.82112	-0.23311	-0.49736	-0.64576	-0.95592	-0.68551	0.06730	-0.06979	0.05463
西安	-0.32277	-0.63563	0.04235	1.27197	-0.57595	0.14250	-0.26887	-0.63896	-0.63747	-0.31024	0.01387	-0.98217
深圳	0.47447	1.37163	1.09770	0.31539	-0.62277	1.35016	1.70485	0.01370	0.06242	-0.89505	0.90999	0.84800
南京	0.24617	-0.36582	-0.70731	-0.77055	-0.61313	0.00986	-0.14289	-0.09759	-0.12321	-0.21051	-0.54084	-0.01456
沈阳	-0.47196	-0.66627	-0.74274	-0.64902	-0.49196	-1.02116	-0.94343	-0.82697	-0.43006	-0.26012	-0.49718	-0.24091
济南	-0.46156	-0.79376	0.68524	2.47945	-0.50229	-0.72717	-0.67044	-0.75437	-0.63533	-0.83239	-0.52425	-0.77842
杭州	0.07754	0.21036	-0.20614	0.03313	3.66830	0.13851	0.61865	0.47340	-0.07674	-0.18802	0.09936	0.56135
哈尔滨	-0.48529	-0.48936	-0.82287	-0.60198	-0.57457	-0.83999	-0.79936	-0.53850	-0.64218	-0.48881	-0.75266	-0.76141
长春	-0.52214	-0.90050	-0.69343	-1.32333	-0.06788	-1.11105	-0.94998	-0.72340	-0.25610	-0.89636	-1.55764	-1.46259
大连	-0.44393	-0.54866	-0.73892	-0.68430	-0.58697	-1.22586	-1.02121	-0.74477	-0.77683	-0.50020	-0.70208	-0.52306
青岛	-0.37951	-0.29664	-0.07503	0.13114	-0.18973	-0.29241	-1.10563	-0.83256	-0.50365	0.12491	-0.27904	-0.49251
厦门	-0.37137	-0.69296	-0.35219	1.55032	-0.37699	-1.06806	-0.79931	-0.61776	-1.60842	-1.33397	-0.66102	-0.92628
宁波	-0.52666	-0.76214	-0.58299	-0.45300	-0.13191	0.08260	0.61206	0.37371	-0.66167	-0.51671	-0.27858	0.63278

（二）综合评价及结果分析

将表2－23中各指标标准化后的数据的所有指标对总指标体系的权重相乘，获得20个城市的创新发展竞争力得分，将每个城市在12项指标上的得分加总，即得到每个城市的创新发展竞争力综合得分（如表2－24所示）。

将9个国家中心城市的创新发展竞争力综合得分进行排序（如表2－25），可以发现，9个国家中心城市中创新发展竞争力排序由高到低依次是北京、上海、天津、重庆、成都、广州、武汉、郑州、西安，其中北京2.04917分，远高于其他8个国家中心城市，属于第一梯队。上海1.58807分排名第二，天津是四大直辖市之一，比京、沪、渝以外的其他城市地位都要突出，由于天津的地理位置与北京相近，能够拿到的发展资源更多也更容易，创新发展动力较足，以0.60739分排名第三；重庆是西部重要的中心城市，在创新发展竞争力各项指标上均占一定优势，故其以0.37029分排在第四位，成都创新发展动力较足，以－0.05609分排名第五位，其次为广州、武汉、郑州、西安。9个国家中心城市中有7个综合得分均远低于排在前两位的城市。西安、武汉、郑州、成都、广州创新发展竞争力综合得分为负值，通过综合得分表明，在9个国家中心城市中，北京、上海这两座城市创新发展竞争力遥遥领先，与其他国家中心城市之间拉开明显的距离，故其他7个国家中心城市在全面建设新发展理念城市过程中应加快提升创新发展竞争力整体水平。

通过分析比较表2－24中各项指标得分，从9个国家中心城

表 2-24　20 个城市创新发展竞争力得分

单位：分

城　市	国家级高新技术企业数量	“十二五”期间新认定高新技术企业	科研经费投入情况（R&D 经费支出）	R&D 经费支出占 GDP 比重	科技技术成果数	每万人专利申请量	每万人专利授权量	实用新型专利	社会消费品零售总额	固定资产投资	居民用电量	工业用电量	综合得分
成　都	-0.008250	-0.013773	0.244775	0.047839	-0.010100	-0.022440	-0.004660	-0.036630	-0.019930	0.029293	0.015198	-0.029140	-0.008250
武　汉	0.039114	-0.002941	0.191472	0.168126	-0.064110	0.038626	0.091581	-0.085750	-0.052320	0.112893	-0.030110	-0.054840	0.039114
北　京	-0.043580	-0.048489	0.332971	0.194634	-0.028960	-0.019510	0.015709	-0.031990	-0.065630	0.134418	-0.051770	-0.055420	-0.043580
上　海	-0.089230	-0.104475	0.332862	0.117529	-0.122580	-0.087320	-0.030160	0.027965	-0.081610	0.165168	-0.098760	-0.069220	-0.089230
广　州	-0.035770	-0.044048	0.011249	0.124344	-0.076740	0.037474	0.146256	-0.029210	-0.072170	-0.078040	-0.076830	-0.061650	-0.035770
重　庆	0.046358	-0.047024	0.213854	0.094131	-0.020000	0.057527	0.051514	-0.038960	0.011164	0.105773	0.000772	-0.080000	0.046358
天　津	0.048407	-0.035434	0.226809	0.105618	-0.012230	0.026870	0.021160	-0.055800	-0.023230	0.147325	-0.012350	-0.081530	0.048407
郑　州	0.020850	-0.020112	0.187531	0.343820	-0.020740	0.056293	0.075931	-0.104810	-0.070050	0.001502	-0.010700	-0.090670	0.020850
西　安	0.002686	0.008493	0.203344	0.195660	0.115886	0.057684	0.014263	-0.058780	-0.054660	0.005352	-0.010560	-0.036870	0.002686
深　圳	0.018262	0.033690	0.039395	0.004208	-0.016150	0.200261	0.148387	0.004617	-0.021280	-0.061400	-0.014440	-0.017840	0.018262
南　京	0.017605	0.001233	0.065031	0.072306	0.055942	-0.051800	0.005740	-0.002390	0.000476	0.031222	-0.018560	-0.017060	0.017605
沈　阳	-0.072550	-0.009992	-0.000120	0.119855	0.024704	0.076630	0.071667	0.002811	-0.050540	0.043632	-0.000750	-0.012400	-0.072550
济　南	-0.056090	-0.282870	2.049171	1.588070	-0.175070	0.370285	0.607391	-0.408930	-0.499780	0.637143	-0.308850	-0.606630	-0.056090
杭　州	-0.008250	-0.013773	0.244775	0.047839	-0.010100	-0.022440	-0.004660	-0.036630	-0.019930	0.029293	0.015198	-0.029140	-0.008250
哈尔滨	0.039114	-0.002941	0.191472	0.168126	-0.064110	0.038626	0.091581	-0.085750	-0.052320	0.112893	-0.030110	-0.054840	0.039114
长　春	-0.043580	-0.048489	0.332971	0.194634	-0.028960	-0.019510	0.015709	-0.031990	-0.065630	0.134418	-0.051770	-0.055420	-0.043580
大　连	-0.089230	-0.104475	0.332862	0.117529	-0.122580	-0.087320	-0.030160	0.027965	-0.081610	0.165168	-0.098760	-0.069220	-0.089230
青　岛	-0.035770	-0.044048	0.011249	0.124344	-0.076740	0.037474	0.146256	-0.029210	-0.072170	-0.078040	-0.076830	-0.061650	-0.035770
厦　门	0.046358	-0.047024	0.213854	0.094131	-0.020000	0.057527	0.051514	-0.038960	0.011164	0.105773	0.000772	-0.080000	0.046358
宁　波	0.048407	-0.035434	0.226809	0.105618	-0.012230	0.026870	0.021160	-0.055800	-0.023230	0.147325	-0.012350	-0.081530	0.048407

市来看，上海有12项优势指标；北京有11项优势指标；天津有10项优势指标；重庆有8项优势指标；成都有7项优势指标；武汉有3项优势指标；郑州有3项优势指标；广州有3项优势指标；西安有2项优势指标。上海、北京、天津、重庆、成都的优势指标数量较多，其次为郑州、广州、武汉、西安，如表2-25所示。

表2-25 9个国家中心城市创新发展竞争力综合得分排名

分类	城市	创新发展竞争力	排名
9个国家中心城市	北京	2.049171	1
	上海	1.58807	2
	天津	0.607391	3
	重庆	0.370285	4
	广州	-0.17507	6
	成都	-0.05609	5
	武汉	-0.28287	7
	郑州	-0.40893	8
	西安	-0.49978	9

表2-26 9个国家中心城市创新发展竞争力主要优势指标

分类	城市	主要优势指标
9个国家中心城市	北京	科研经费投入情况（R&D经费支出）、R&D经费支出占地区生产总值比重、科技技术成果数、每万人专利申请量、每万人专利授权量、实用新型专利数、国家级高新技术企业数量、“十二五”期间新认定高新技术企业数量、社会消费品零售总额、居民用电量、固定资产投资
	上海	科研经费投入情况（R&D经费支出）、R&D经费支出占地区生产总值比重、科技技术成果数、每万人专利申请量、每万人专利授权量、实用新型专利数、国家级高新技术企业数量、“十二五”期间新认定高新技术企业数量、社会消费品零售总额、居民用电量、工业用电量、固定资产投资
	天津	科研经费投入情况（R&D经费支出）、科技技术成果数、每万人专利申请量、每万人专利授权量、实用新型专利数、“十二五”期间新认定高新技术企业、固定资产投资、居民用电量、工业用电量、社会消费品零售总额
	重庆	科技技术成果数、每万人专利申请量、每万人专利授权量、实用新型专利数、“十二五”期间新认定高新技术企业数量、社会消费品零售总额、固定资产投资、工业用电量

续表

分类	城市	主要优势指标
9个国家中心城市	广州	社会消费品零售总额、居民用电量、工业用电量
	成都	每万人专利申请量、每万人专利授权量、“十二五”期间新认定高新技术企业数量、实用新型专利数、社会消费品零售总额、固定资产投资、居民用电量
	武汉	社会消费品零售总额、固定资产投资、居民用电量
	郑州	R&D经费支出占地区生产总值比重、固定资产投资、工业用电量

在11个副省级城市中（见表2－27），深圳的优势指标最多，为10项，其次为杭州9项，宁波优势指标4项，青岛和南京优势指标均为2项，厦门优势指标1项，沈阳、济南、哈尔滨、大连、长春均无优势指标。

表2－27　11个副省级城市创新发展竞争力主要优势指标

分类	城市	主要优势指标
11个副省级城市	深　圳	科研经费投入情况（R&D经费支出）、R&D经费支出占地区生产总值比重、每万人专利申请量、每万人专利授权量、实用新型专利数、国家级高新技术企业数量、“十二五”期间新认定高新技术企业数量、社会消费品零售总额、居民用电量、工业用电量
	杭　州	R&D经费支出占地区生产总值比重、科技技术成果数、每万人专利申请量、每万人专利授权量、实用新型专利数、国家级高新技术企业数量、“十二五”期间新认定高新技术企业数量、居民用电量、工业用电量
	南　京	每万人专利申请量、国家级高新技术企业数量
	大　连	无
	沈　阳	无
	长　春	无
	哈尔滨	无
	济　南	无
	青　岛	R&D经费支出占地区生产总值比重、固定资产投资
	厦　门	R&D经费支出占地区生产总值比重
	宁　波	每万人专利申请量、每万人专利授权量、实用新型专利数、工业用电量

将 11 个副省级城市创新发展竞争力综合得分进行排序（如表 2 - 28），在 11 个副省级城市（含计划单列市）中，创新发展竞争力排序由高到低依次是杭州、深圳、宁波、南京、青岛、济南、沈阳、哈尔滨、长春、厦门、大连。在这 11 个副省级城市中，杭州以 0.70728 分位列第一梯队，深圳以 0.63714 分紧随其后，与其余 9 个副省级城市在创新发展竞争力综合得分上拉开距离，表明杭州和深圳已经具备成为国家中心城市的竞争实力。宁波和南京分别以 - 0.14114 分和 - 0.30885 分位列第二梯队，远高于后面 7 个城市，表明宁波、南京在副省级城市的创新发展竞争力上具有一定实力，但与国家中心城市的创新发展竞争力要求还有一定差距，需要进一步完善。青岛以 - 0.32549 分、济南以 - 0.60233 分、沈阳以 - 0.60663 分、哈尔滨以 - 0.61123分、长春以 - 0.61497 分、厦门以 - 0.62917 分、大连以 - 0.6968 分位列 11 个副省级城市创新发展竞争力第三梯队，表明这 7 个城市有一定的创新发展竞争力，但与排名相对靠前

表 2 - 28　11 个副省级城市创新发展竞争力综合得分

分类	城市	创新发展综合竞争力	排名
11 个副省级城市（含计划单列市）	深　圳	0.637143	2
	南　京	- 0.30885	4
	沈　阳	- 0.60663	7
	济　南	- 0.60233	6
	杭　州	0.707284	1
	哈尔滨	- 0.61123	8
	长　春	- 0.61497	9
	大　连	- 0.6968	11
	青　岛	- 0.32549	5
	厦　门	- 0.62917	10
	宁　波	- 0.14114	3

的城市还有较大差距。

从国家级高新技术企业数量指标来看，排名第一的城市深圳，得分0.02929，具有绝对竞争优势，南京以0.015198分紧随其后。在“十二五”期间新认定高新技术企业数量，杭州以0.017314分排名第一，具有绝对的竞争优势，大连、沈阳、济南、哈尔滨、厦门、宁波旗鼓相当，在未来的城市创新发展中，需着重增强创新发展主体竞争力。在科研经费投入（R&D经费支出）情况上，深圳以0.13442分位列第一，青岛得分紧随其后，与其余的副省级城市在该指标上拉开不小的距离，说明这两个城市在科研经费投入指标上具有竞争优势。在R&D经费支出占地区生产总值比重上，数值越高，表明该城市对科研投入的相对重视程度越大。深圳以0.165168分在11个城市中遥遥领先，高于排名第二的杭州0.096567的指标得分排名第一，具有明显优势，证明深圳对城市创新发展下了大功夫。南京在该指数得分-0.09876分，排名在11个副省级城市中的最后一位，在该指数竞争力上明显处于弱势。在科技技术成果数上，数值越高相对表明该城市的科研能力越强。杭州以0.45966分远远高于其他城市，呈现出杭州在科研成果方面有强劲的竞争力，排在第二位的是长春，得分为-0.00851分，虽然得分低于平均值，同样呈现出在科研成果方面在11个副省级城市里拥有较强的竞争力。在每万人专利申请量和每万人专利授权量两个方面，深圳以0.105773分和0.147325分保持领先优势，在科技创新成果方面有强劲的发展势头，深圳全市在2015年有各类专业技术人员135.30万人，比2014年增长5.6%，其中具有中级及以上技术职称的专业技术人员41.50万人，增长4.4%。每万人专利申请量也比上年增长28.2%，每万人专利授权量比上年增长34.3%[①]。在实用新型专利数上，杭州以0.051903分较大程度地领先于其他10个副省级城市，宁波以0.040973分排名第二，从得分看出杭州不仅在每万人专利申请量和授权量有较大竞争实力，而且在科技技术成果方面在11个副省级城市中也排名首位，说明杭州坚持把科技创新和创新型城市建设作为城市发展的主引擎、主战略，加快发展动力转换落到实处，推进科技创新发展呈现良好态势，不仅提高了杭州科技创新发展的竞争力，也为今后杭州科技创新和深化改革提供了坚实的发展基础和强大动力。在社会消费品零售总额上，深圳以0.00535分领先于其余10个副省级城市，杭州以－0.00658分排名第二，南京以－0.01056分排名第三，长春以－0.02196分排名第四，其余7个副省级城市均与这4个城市相差较远。在固定资产投资上，青岛具有绝对的领先优势，以0.00857分排名第一，远高于第二名杭州的－0.0129分。在居民用电量方面，深圳以0.03122分排名第一，杭州以0.00341分排名第二，宁波以－0.00956分排名第三，青岛以－0.00957分排名第四，其余的副省级城市在该指标排名依次为：沈阳、济南、南京、厦门、大连、哈尔滨、长春。在工业用电量上深圳以0.04363分排名第一，宁波以0.03256分名列第二，杭州以0.02888分排名第三，南京以－0.00075分排名第四，沈阳以－0.0124分排名第五，其余的副

① 《深圳2015年国民经济和社会发展统计公报》，http://www.sztj.gov.cn/xxgk/zfxxgkml/tjsj/tjgb/，最后访问日期：2017年10月4日。

省级城市在该指标排名依次为：青岛、大连、哈尔滨、济南、厦门、长春。

从20个城市的整体创新发展竞争力排名来看（表2-29），排名依次为北京、上海、杭州、深圳、天津、重庆、成都、宁波、广州、武汉、南京、青岛、郑州、西安、济南、沈阳、哈尔滨、长春、厦门、大连。成都排在20个城市前列，但需要注意的是在创新发展竞争力方面，成都与新加入国家中心城市的西安相比较强，在20个城市中位列第七，还有很大的提升空间，

表2-29　20个城市创新发展竞争力指数排名

分类	城市	创新发展综合竞争力	排名
9个国家中心城市	北　京	2.049171	1
	上　海	1.58807	2
	天　津	0.607391	5
	重　庆	0.370285	6
	广　州	-0.17507	9
	成　都	-0.05609	7
	武　汉	-0.28287	10
	郑　州	-0.40893	13
	西　安	-0.49978	14
11个副省级城市（含计划单列市）	深　圳	0.637143	4
	杭　州	0.707284	3
	南　京	-0.30885	11
	沈　阳	-0.60663	16
	长　春	-0.61497	18
	哈尔滨	-0.61123	17
	济　南	-0.60233	15
	青　岛	-0.32549	12
	厦　门	-0.62917	19
	宁　波	-0.14114	8
	大　连	-0.6968	20

在未来全面体现新发展理念城市建设过程中需要注重科研经费投入。

南京作为副省级城市在创新发展竞争力上排名第十一，南京虽然在排名不在前列，但南京作为东部沿海的发达城市，经济发展水平高，科研资源得到稳定保障，首先，有各级工程技术研究中心718家，其中国家级17家、省级320家，省市科技公共技术服务平台119家；省级以上重点实验室89家，其中国家级31家、省级58家。全年共引进世界500强和中国500强企业研发机构20家，总数达到100家。其次，科技创新成果数也取得丰硕成果，2015年南京地区共有24项重大科技成果获得国家科学技术奖励，其中自然科学奖二等奖2项，技术发明奖二等奖（通用）5项，科技进步奖（通用项目）特等奖1项、一等奖1项、二等奖15项。全年签订各类输出技术合同25351项，合同成交总额198.33亿元，增长10.1%①，呈现较大增长趋势。南京2015年新命名创新发展产业基地7个，共创建江苏省创新发展产业示范基地（园区）19个，创建国家创新发展产业示范基地12个。规模以上创新发展企业1034家，深刻反映出南京具备了冲击下一轮国家中心城市的创新发展竞争实力。哈尔滨、长春、沈阳、大连、济南五个北方城市，虽然由于受近年来东北经济发展受阻的影响，但济南在城市创新发展竞争力上也具有优势，可以向国家申请列入国家中心城市建设名单。杭州虽然在11个副省级城市中具有突出优势，

① 《2015年南京国民经济和社会发展统计公报》，南京市人民政府网，最后访问日期：2017年11月5日。

在20个城市创新发展竞争力综合得分排名位于第三位，从总体创新发展竞争力看，杭州创新发展实力已达到国家中心城市建设的标准，从创新成果竞争力看，全市发明专利申请量和专利授权量较上年增长较多，国家级孵化器总量连续3年居全国省会城市第一。纳入国家科技孵化器体系的众创空间达到14家，具有较强的创新发展实力，为缩短与国家中心城市建设目标的差距，除了创新发展创新，更要注重激发创新动力，提高创新主体的积极性，从而提高城市创新发展竞争实力。厦门作为副省级计划单列市的代表，经济发展程度较高，但创新发展竞争力在20个城市中排名靠后，建设与之相适应的创新发展产业水平，提升创新发展竞争实力不可忽视。深圳在20个城市中排名第五，主要表现在深圳在科研成果、创新动力上都有较强的竞争力，说明深圳为了提高创新发展实力，也做出了不少努力，但要缩小建设国家中心城市的目标差距还需下功夫。

第六节　创新发展实践案例：成都市青白江区新旧动能转换的实践*

习近平总书记指出，“一个国家要发展，明确目标和路径很重要。我们的目标就是实现中华民族伟大复兴的中国梦。创新发展、新旧动能转换，是我们能否过坎的关键。要坚持把发展

* 本案例系成都市委党校、青白江区委党校合作课题“青白江区实施新旧动能转换情况调查研究”成果，案例执笔人：汪灏。

基点放在创新上，发挥我国社会主义制度能够集中力量办大事的制度优势，大力培育创新优势企业，塑造更多依靠创新驱动、更多发挥先发优势的引领型发展”。[①] 成都市青白江区作为老工业基地[②]，面对转型升级中的种种困难，将加快新旧动能转换作为体现新发展理念、实现经济高质量发展的战略举措，因地制宜优化产业结构，强化工业发展优势，加快培育新的支柱产业、龙头企业，科学调整城市功能结构和空间布局，促进了全区经济社会持续健康发展。

一　成都市青白江区老工业基地的基本情况

青白江区位于成都市东北，距中心城区 17 公里，东连金堂县，南邻龙泉驿区，西接新都区，北靠四川省广汉市。全区面积 378 平方公里，辖 11 个乡镇（街道）172 个行政村（社区），总人口 42 万人。[③]

青白江区因工业建区兴城，国家“一五”时期，青白江成为全国 13 个化工基地之一，为配套产业发展，城市规模逐渐形成。[④] 作为国家在西南地区规划的第一个工业区，自 1960 年建

---

① 习近平：《切实把新发展理念落到实处不断增强经济社会发展创新力》，《人民日报》2018 年 6 月 15 日。

② 国家发改委在 2013 年出台的《全国老工业基地调整改造规划（2013—2022 年）》对老工业基地进行了界定：“老工业基地是指‘一五’和‘三线’建设时期国家布局建设、以重工业骨干企业为依托聚集形成的工业基地。”根据该规划，全国共有老工业城市 120 个，分布在 27 个省（区、市），其中地级城市 95 个，直辖市、计划单列市、省会城市 25 个。青白江区也在其中。

③ 刘平、马飞跃：《实现土地利用效益最大化的探索与思考——以成都市青白江区为例》，《资源与人居环境》2015 年第 1 期。

④ 陈炳钰：《青白江：老工业基地华丽转身》，《四川党的建设》（城市版）2011 年第 8 期。

区以来，青白江一直是成都重要的工业卫星城和西南重要的化工、冶金、建材基地。[①] 随着川化、攀成钢等大中型企业兴建，青白江区的工业体系逐渐发展壮大，具有重化工业发展的工业区特色。2003 年，位于青白江区的攀成钢集团在重组以后，全年销售收入 40.7 亿元，成为成都工业单打冠军。[②] 青白江区经过 50 多年的发展，以攀成钢、川化为支撑，重点发展冶金、化工等主导产业，形成了“4+2”工业体系（化工、冶金、建材、机械、新材料、新能源装备），集聚了天马、巨石、台玻、王牌等各类大中型企业 2000 余家，成为成都市乃至四川省工业发展的重点区域。[③]

二　青白江区新旧动能转换存在的主要问题

当前以人才争夺为核心的区域竞争日益激烈，引进高端优质项目的难度不断加大，青白江区作为老工业基地在新旧动能转换、产业转型升级中遇到不少的问题。

（一）新旧动能转换期，经济下行压力大

尽管青白江区在老工业基地产业转型升级中步伐不断加快，但在转型升级期间，仍然存在新旧动能接续不及时、新支柱产

① 何敏、周波：《成都市青白江工业集中发展区可持续发展研究》，《生态经济》2011 年第 4 期。

② 青白江区委党校课题组：《对青白江区构建成都工业高地的思考》，《成都行政学院学报》2003 年第 6 期。

③ 池勇：《新形势下老工业基地转型发展研究——以成都青白江为例》，西南交通大学硕士学位论文，2018。

业尚未确立、龙头企业正在培育等发展问题，导致经济下行压力较大。在川化、攀成钢等支柱企业关停后，[①] 虽然培育了积微物联这样有活力的新经济企业，也不断推动天翔环境这样的重装制造企业转型升级，但是能够支持全区发展的新支柱产业、新龙头企业尚在培育中。青白江区地区生产总值增速从 2012 年的 13% 逐步衰减到 2015 年的 5.1%，传统产业老化对老工业基地转型发展无法提供足够经济支撑。[②]

（二）人口增长缓慢，对人才吸引力较弱

根据图 2-15 的数据显示，2013～2017 年，五年时间青白江区户籍人口从 41.49 万人增长到 42.1 万人，年均增长 0.294%，这说明青白江区在老工业基地转型升级过程中，人口没有流失，保持稳定。而同期，五年时间成都市户籍人口从 1188 万人增长到 1435.3 万人，年均增长 4.1%。2017 年，成都市实施人才新政，户籍人口比上年增长 2.6%，但青白江区只增长了 0.33%，只有成都市增长幅度的 12.6%，这也反映出在成都市火热的人口增长中，青白江区处于人口增长的边缘地区，对人才的吸引力较弱，人才这种最重要的生产要素对青白江区新旧动能转换的支撑作用不够。而且，青白江区的工业企业普遍在对技术工人的吸引和培养上遇到很大的困难，严重制

① 池勇：《新形势下老工业基地转型发展研究——以成都青白江为例》，西南交通大学硕士学位论文，2018。

② 池勇：《新形势下老工业基地转型发展研究——以成都青白江为例》，西南交通大学硕士学位论文，2018。

约了企业扩大产能，这在一定程度上将影响青白江区工业的可持续发展。

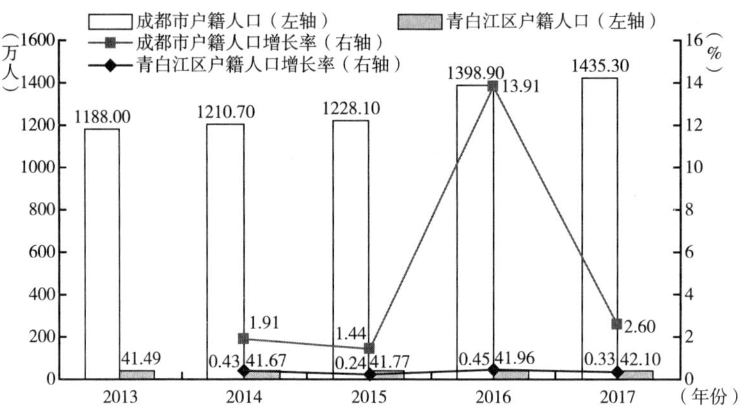

图 2－15　2013～2017 年成都市和青白江区人口增长情况比较

资料来源：成都市、青白江区历年统计年鉴和统计公报。

（三）国有企业改革难度大

近年来，央属企业攀成钢公司和省属企业川化公司经营困难、亏损严重，职工待遇过低、生活压力大，亟须进行改革创新，转型升级。但是，攀成钢、川化等国有企业的改革存在重重困难。其一，原国有企业职工安置成本高，存在不稳定因素。2012 年，攀成钢在册职工 13000 人，川化在册职工 2200 人，安置成本高，对转型改革抱有很大期望，转型改革方案如果不精心设计，照顾各方面因素，难免引发一些不稳定问题。其二，原国有企业职工市场竞争力不强。国有企业职工普遍年龄偏大，文化偏低，技能单一，就业观念陈旧，把原国有企业的工作条件、待遇、职位作为再就业的心理承受底线，盼望工资高、劳动强度低、工作时间短、技术要求低的岗位，在市场导向的就业机制中处于明显的劣势。[①]

（四）生态环境治理难度大

青白江因厂设区，在发展历程中，由于长期粗放式发展，污染物排放量大，曾是成都市污染最为严重的地区之一。大气环境质量方面，2016 年青白江区环境空气质量在成都市 22 个区（市）县中排名第十四位。因前期粗放式发展，青白江区大气环境容量先天不足，排放总量仍然较大。区内部分传统企业工艺设备严重老化，无组织排放现象仍然存在。攀成钢公司全面关停、川化公司退出天然气化工产业后，青白江区颗粒物、二氧化硫、氮氧化物等主要大气污染物得到大幅削减，工业源排放颗粒物总量显著降低。但扬尘污染、机动车尾气、输入性污染、臭氧污染等又成为青白江区新的大气污染问题。水环境质量方面，受毗河全流域水质明显下降大趋势影响，青白江区境内毗河水系的水质恶化情况也较为严重。水资源量严重不足，区内毗河、西江河、绣川河等主要河流径流较短，流量小、流速慢、纳污能力差，自净能力弱。土壤环境质量方面，土壤污染防治与修复工作相对滞后。川化、攀成钢片区约 9000 亩的原重化工业基地，根据目前青白江区的城市发展规划，大部分土地用途将调整为商务区、居住区。但在改造前需对被污染的土地和水源进行治理，其治理难度大、成本高，改造进度缓慢。

---

① 池勇：《新形势下老工业基地转型发展研究——以成都青白江为例》，西南交通大学硕士学位论文，2018。

（五）公共服务落后，城区宜居水平低

公共服务配套一方面是产业发展的重要支撑，另一方面也是居民宜居生活的重要支撑，公共服务水平在很大程度上决定着城市的发展水平。青白江区在公共服务上存在几个方面的不足。第一，缺乏优质的中小学、幼儿园教育资源。这使很多在青白江区工作的人，选择定居在成都市的其他城区以解决子女的教育问题。第二，缺乏轨道交通接入成都市的轨道交通网络，居民公共交通成本高、通行效率低。第三，缺乏优质的医疗资源。目前青白江区医院的最高等级是三乙，尚没有一家三甲医院，居民遇到大病必须去市内的大医院。

三　全面体现新发展理念，加快青白江区新旧动能转换

面对老工业基地转型升级过程中的诸多难题，青白江区以新发展理念为发展主线，通过创新发展，加快新旧动能转换，紧紧抓住“一带一路”建设、长江经济带发展、新一轮西部大开发等国家重大战略布局带来的发展机遇，充分利用中国（四川）自由贸易试验区等“国字号”发展平台，发挥“国际铁路港”的铁路枢纽优势，为青白江区的高质量发展注入新的动力活力。

（一）坚持创新发展，培育战略性新兴产业

积极响应“一带一路”倡议，大力实施“蓉欧＋产业”战略，着力打造以口岸枢纽建设带动产业发展，构筑起物流业与服务业、制造业“三业并举”的临港产业生态圈。依托铁路

港物流和贸易资源，大力发展新型工业，加速发展新材料、智能装备、智慧能源装置装备、绿色建材及建筑工业化四大引领产业。图2－16是青江区近五年来规模以上企业工业产值情况，较好地实现了“稳中求进、改革创新”的工作基调。特别是重点培育了新能源材料的华鼎国联动力电池项目。动力电池是新能源汽车的核心部件，华鼎国联动力电池项目，以动力电池生产为核心，同时向上延伸到电池原料生产，向下延伸为龙泉驿区的汽车生产基地配套，将成为成都市新能源汽车的核心项目，通过技术创新带动新能源汽车整个产业链在成都形成。一旦国联动力电池项目投入量产，不仅将成为支撑全区发展的龙头企业，还可以作为新能源汽车发展最核心的动力电池系统生产基地，成为成都市龙泉驿区汽车装配基地的上游产业链环节，进而拓展到下游打造成都市新能源汽车的全产业链产业生态圈。

积微物联公司充分利用过去攀成钢的库房、物流渠道、人

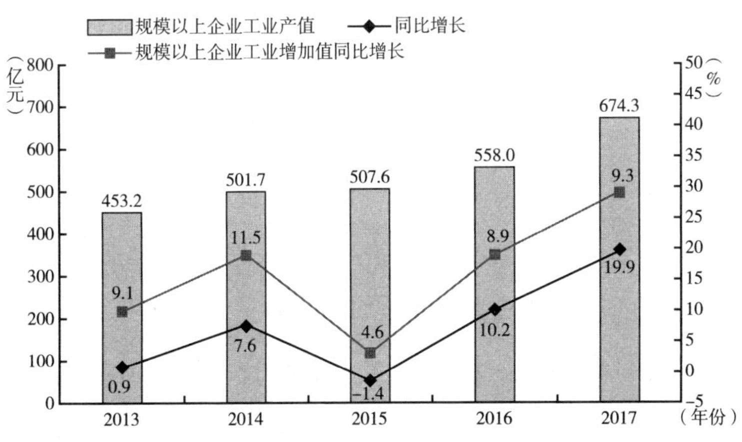

图2－16　青白江区2013～2017年规模以上企业工业产值及增长情况

才资源，推动智能高端产业的转化，实现了“互联网 + 老工业 = 新产业”的发展模式，以极致的 O2O 模式构建大宗工业产品电子商务全产业链服务生态圈，从钢铁延伸到化工原料等工业大宗商品，实现了传统企业的转型升级。天翔环境从一家生产小机械的工厂起步，不断进行产业升级，陆续进入水电设备、地铁盾构机、环保设备等重装领域，发展到收购国外知名企业，成为国内外有一定知名度的上市公司。

（二）坚持绿色发展，打造绿色产业生态圈

坚持把“绿色发展”贯彻于老工业基地改造始终，强化节能降耗，推行清洁生产，增强可持续发展能力。关停川化和攀成钢等企业后，共减排二氧化硫 19175 吨、氮氧化物 4835 吨、二氧化碳 1184931 吨、COD1700 吨，节能 163 万吨标准煤，仅二氧化硫减排量就占成都市总排量的 36%。通过图 2-17 的数据，充分说明青白江区 2014～2017 年空气质量越来越好。青白江区坚持绿色低碳发展理念，大力推进循环经济、清洁生产，鼓励开发利用低碳技术，加快实施园区产业体系低碳化改造，形成产业链条生态互补、资源再生循环、能源高效利用的发展格局。推广应用节约资源的新技术、新工艺、新设备和新材料，加大冶金、建材、化工等行业节能改造。[①] 以国际化标准打造的智慧产业城是集“产、研、住”于一体的中央商务区，川化量力钢铁新城、达海工业科技综合产业园等新型工

---

① 池勇：《新形势下老工业基地转型发展研究——以成都青白江为例》，西南交通大学硕士学位论文，2018。

业项目已入驻该片区，这标志着绿色产业生态圈已经初步形成。

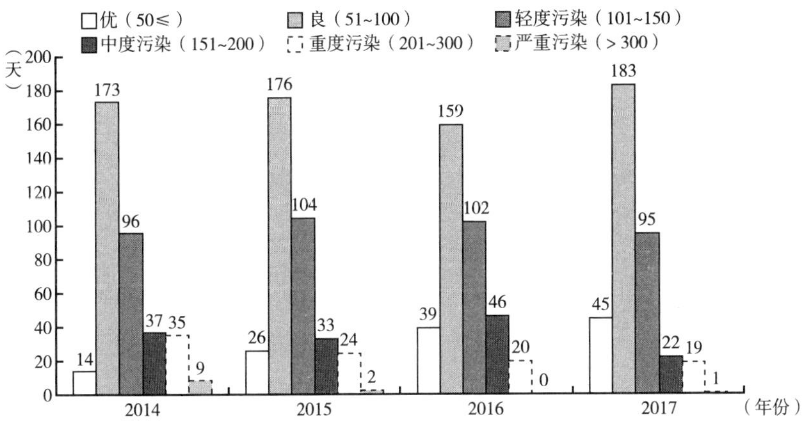

图 2－17 青白江区 2014～2017 年环境空气质量统计

（三）全方位改善公共服务能力，增强城区宜居水平

针对当前公共服务几个突出的短板，青白江区加强顶层设计、增加财政投入，在几个关键领域得到了突破，实现了青白江区公共服务能力的整体提升。一是有针对性地提高教育、卫生服务水平。加大财政资金投入和人才机制改革，新建多个幼儿园、小学，实现城区教育服务水平的整体提升。同时，也积极吸引三甲医院来青白江区设立分院，提升了区域内医疗服务资源的质量。二是完善城市基础设施配套。为了完善城市配套设施，青白江区实施港城大道、清泉大道加宽改造等重要骨干路网建设。实施老旧城区改造，加强老旧院落整治。编制社区公共服务设施配套建设规划，积极建设公共服务设施。完成新

能源汽车充电基础设施建设规划编制，推进新能源汽车充电站、充电桩建设。持续优化公交线路，完成区域内智能公交站台（场站）建设。积极向上争取区域地铁早日开工建设，实现地铁或轻轨等轨道交通建设的突破，尽快接入成都市的轨道交通网络，提高青白江区居民的出行效率。三是强化城市治理。为了强化城市治理，青白江区按照中心城区标准，以“绣花”功夫推进城市管理精细化，坚持建管并重，大力推进城市管理下沉。纵深推进城市管理体制改革，完善数字城管信息采集服务外包，推进环卫作业市场化运作向乡镇延伸。强化对城市管理购买服务的质量监管。加大市政设施建设和管理力度。深入开展城乡环境综合治理，深化“两拆一增”，规范广告店招设置，加大城郊结合部、集中居住区、交通干道沿线环境整治力度，实施背街小巷环境提升。创新城乡社区治理机制，推进社区治理精细化、智能化、人性化，建设高品质和谐宜居城区。[①]

① 池勇：《新形势下老工业基地转型发展研究——以成都青白江为例》，西南交通大学硕士学位论文，2018。

第三章
协调发展竞争力比较

本章从协调发展理念的视角，观察目前9个国家中心城市和11个副省级城市，分析这20个城市协调发展竞争力各项指标的差异性。然后对这20个城市协调发展竞争力进行综合比较，以期分析这些城市协调发展竞争力的水平。通过本章的比较、分析，可以清晰地看到各个城市在协调发展竞争力方面的优劣势，进而思考在后续的城市发展战略规划中如何继续发挥自己的优势并就劣势部分进行改进，为各个城市政府提升区域协同水平、推动城乡融合发展、加快协调发展提供政策参考。

第一节　协调发展竞争力指标体系构建

一　总述

（一）现代化经济体系及协调发展理论

现代化经济体系，是由社会经济活动各个环节、各个层面、各个领域的相互关系和内在联系构成的有机整体。要建设创新引领、协同发展的产业体系，实现实体经济、科技创新、现代金融、人力资源协同发展，使科技创新在实体经济发展中的贡献份额不断提高，现代金融服务实体经济的能力不断增强，人力资源支撑实体经济发展的作用不断优化。要建设统一开放、竞争有序的市场体系，实现市场准入畅通、开放有序、竞争充分、秩序规范，加快形成企业自主经营公平竞争、消费者自由选择自主消费、商品和要素自由流动平等交换的现代市场体系。要建设体现效率、促进公平的收入分配体系，实现收入分配合理、社会公平正义、全体人民共同富裕，推进基本公共服务均等化，逐步缩小收入分配差距。要建设彰显优势、协调联动的城乡区域发展体系，实现区域良性互动、城乡融合发展、陆海统筹整体优化，培育和发挥区域比较优势，加强区域优势互补，塑造区域协调发展新格局。要建设资源节约、环境友好的绿色发展体系，实现绿色循环低碳发展、人与自然和谐共生，牢固树立和践行“绿水青山就是金山银山”理念，形成人与自然和谐发展现代化建设新格局。要建设多元平衡、安全高效的全面开放体系，发展更高层次开放型经济，推动开放朝着优化结构、拓展深度、提高效益方向转变。要建设充分发挥市场作用、更好发挥政府作用的经济体制，实现市场机制有效、微观主体有活力、宏观调控有度。以上几个体系是统一的整体，要一体建设、一体推进。我们建设的现代化经济体系，既要借鉴发达国家有益做法，更要符合中国国情、具有中国特色[①]。

协调发展注重的是解决发展不平衡问题。我国发展不协调是一个长期存在的问题，突出表现在区域、城乡、经济和社会、物质文明和精神文明、经济建设和国防建设等关系上。在经济发展水平落后的情况下，一段时间的主要任务是要跑得快，但

---

① 《习近平：建设现代化经济体系进行第三次集体学习时的讲话》，http：//news.12371.cn/2018/01/31/ARTI1517393066970480.shtml，最后访问时间：2018 年 10 月 7 日。

跑过一定路程后，就要注意调整关系，注重发展的整体效能，否则“木桶效应”就会愈加凸显，一系列社会矛盾会不断加深。为此，我们必须牢牢把握中国特色社会主义事业总体布局，正确处理发展中的重大关系，不断增强发展整体性[①]。

党的十八大以来，习近平同志围绕社会主义经济建设发表的一系列重要论述，立意高远，内涵丰富，思想深刻，全面回答了我国经济发展怎么看、怎么干的重大问题，具有十分重要的指导意义。习近平同志多次强调：要坚持以人民为中心的发展思想，用新发展理念统领发展全局，建设现代化经济体系。

这些论述深刻思考人类前途命运以及中国发展大势，为促进共同繁荣、打造人类命运共同体所做出的重大战略决策，开辟了我国协调发展的新境界。本章将就协调发展对比做出主要论述，通过数据的对比得出相关的结论。

（二）国内外相关研究方法

国内很多专家学者对竞争力的比较方式给出了不同的研究方法，陈田对城市经济影响区域的空间组织进行了研究，定义了城市经济影响区——城市经济活动影响能力能够带动和促进区域经济发展的最大地域范围，并通过构造城市经济影响力的复合指标，运用断裂点公式解出不同层级城市的影响区[②]。孙娟通过综合采用空间要素、时间要素、流量要素以及引力要素界

① 《习近平：在党的十八届五中全会第二次全体会议上的讲话》，http：//news.12371.cn/2015/12/31/ARTI1451569653433470.shtml，最后访问时间：2018年10月7日。

② 陈田：《我国城市经济影响区域系统的初步分析》，《地理学报》1987年第4期。

定出四个空间范围，然后将这四个空间范围进行叠加划分出南京都市圈的范围[①]。顾朝林将图论原理与因子分析方法相结合对全国各个城市进行综合实力评价，将其综合评价指标体系进一步分解为经济发展水平、辐射水平等[②]。

本章则根据《国家发改委关于印发贯彻落实区域发展战略 促进区域协调发展的指导意见的通知》（发改地区〔2016〕1771号）和《“五大发展理念”统计评价指标体系构建——以深圳市为例》[③]及其他相关参考文献，结合近几年国家中心城市建设以及新时代下我国面临的城市发展中的问题，整合出一套研究城市协调发展竞争力评价体系。

二 协调发展竞争力指标体系构建

在对这些经济因素进行分析之前，采用基于AHP方法和Delphi法[④]来确定本章社会发展水平的分层次模型。本文将协调发展竞争力按其性质，将各种选择指标、方案进行分类并划分为若干层次，使问题转化为各指标方案相对优劣的排序问题，运用专家评分法，根据不同方面的数据讨论，做出取值，通过对影响因素进行多次调整并在AHP方法的基础上，

① 孙娟：《都市圈空间界定方法研究——以南京都市圈为例》，《城市规划汇刊》2003年第4期。

② 顾朝林：《中国城市经济区划分的初步研究》，《地理学报》1991年第2期。

③ 杨新洪：《“五大发展理念”统计评价指标体系构建——以深圳市为例》，《调研世界》2017年第7期。

④ 邢红宇：《基于AHP法和Delphi法的网络课程评价指标体系设计研究》，《中国电化教育》2006年第9期；陈卫、方廷健、蒋旭东：《基于Delphi法和AHP法的群体决策研究及应用》，《计算机工程》2003年第5期。

得出了城市协调发展竞争力比较系统。本章确立了协调发展竞争力比较指标体系，通过四个方面（收入水平、经济结构、城镇化水平和文明城市建设）的12个分项来进行城市协调发展竞争力比较。第一是收入水平。该方面主要通过城镇居民人均可支配收入、农村居民人均纯收入、城乡居民人均可支配收入比三个方面的指标来阐述。第二是经济结构。该部分通过地区生产总值、第三产业增加值占地区生产总值比重、人均地区生产总值三个方面的数据来进行阐述。第三是城镇化水平。该部分通过人口密度、城镇化率、户籍人口与常住人口比例、城市建成区面积四个方面的数据进行阐述。第四是文明城市建设。该部分主要通过被评为文明城市次数和文明城区数量来进行论述。

在分析社会发展水平因素对该地区经济的影响时，主要结合北京、上海、广州、天津、重庆、成都、郑州、武汉、西安这9个国家中心城市的因素进行分析得出，若要分析其他城市时还需要具体的分析，考虑当地有没有其他的特有的影响因素，还要根据地方特有的因素进行思考，本章得出的经济分析的指标层次如图3－1所示。专家评分之前的指标体系如表3－1所示，专家评分之后经过多次调整得出的结构体系如表3－2所示。

本研究采用AHP法确定了经济指标分层模型，并且计算出了各项评价指标的初始权重。用德尔菲法进一步分析验证了各项指标权重设计的合理性，在经济竞争力的总体目标下最后形成了四个评价维度，如表3－3所示。

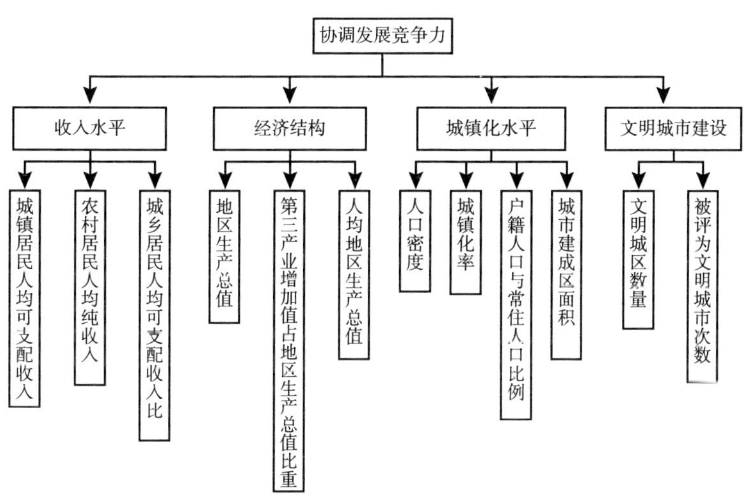

图 3－1　分类体系

表 3－1　专家评分之前的体系

结构体系	指标	单位
收入水平	城镇居民人均可支配收入	元
	农村居民人均纯收入	元
	城乡居民人均可支配收入比	%
经济结构	地区生产总值	亿元
	第三产业增加值占地区生产总值比重	%
	人均地区生产总值	元
	固定资产投资	万元
城镇化水平	人口密度	人/公里^2
	城镇化率	%
	户籍人口与常住人口比例	%
	城市建成区面积	公里^2
文明城市建设	文明城区数量	个
	被评为文明城市次数	次

表 3－2　专家评分之后的体系

结构体系	指标	单位
收入水平	城镇居民人均可支配收入	元
	农村居民人均纯收入	元
	城乡居民人均可支配收入比	%

续表

结构体系	指标	单位
经济结构	地区生产总值	亿元
	第三产业增加值占地区生产总值比重	%
	人均地区生产总值	元
城镇化水平	人口密度	人/平方公里
	城镇化率	%
	户籍人口与常住人口比例	%
	城市建成区面积	平方公里
文明城市建设	文明城区数量	个
	被评为文明城市次数	次

表 3－3　经济因素指标体系

一级指标	二级指标	三级指标	单位
协调发展竞争力	收入水平	城镇居民人均可支配收入	元
		农村居民人均纯收入	元
		城乡居民人均可支配收入比	%
	经济结构	地区生产总值	亿元
		第三产业增加值占地区生产总值比重	%
		人均地区生产总值	元
	城镇化水平	人口密度	人/平方公里
		城镇化率	%
		户籍人口与常住人口比例	%
		城市建成区面积	平方公里
	文明城市建设	被评为文明城市次数	次
		文明城区数量	个

第二节　收入水平

收入水平通过对国民经济形势（即国民收入水平）的综合分析，可以基本了解经济发展的速度与质量，反映地区经济富裕程度，大致把握社会发展水平的主要方面。对研究分析社会发展水平变化的过程，预测其转变的方向与时机，具有非常重要的影响。

本章中的数据来源主要是北京、上海、广州、天津、重庆、成都、郑州、武汉、西安等地2011～2015年的统计年鉴，以及各地国民经济和社会发展统计公报。

一 城镇居民人均可支配收入

城镇居民人均可支配收入是指反映居民家庭全部现金收入能用于安排家庭日常生活的那部分收入。它是家庭总收入扣除缴纳的所得税、个人缴纳的社会保障费以及调查户的记账补贴后的收入。它标志着居民即期的消费能力。这个指标增长得越快，就反映人民生活水平提高得越快，消费能力就越强。这是很重要的指标，它是国家决策很重要的依据。和物价相比，如果这个指标高于物价的上扬，那么居民的实际生活水平是在提高的，如果低于物价的上涨，即物价指数比它还要高，那么也就是说人民的生活水平实际是在下降的。2011～2015年，北京、上海、广州、天津、重庆、成都、郑州、武汉、西安9个城市的城镇居民人均可支配收入比较如表3－4所示。

表3－4 2011～2015年城镇居民人均可支配收入

单位：元

城市＼年份	2011	2012	2013	2014	2015
北京	32903	36469	40321	43910	52859
上海	36230	40188	43851	47710	52962
广州	34438	38054	42049	45792	46734

续表

城市 \ 年份	2011	2012	2013	2014	2015
天津	26921	29626	28980	31506	34101
重庆	20249	22968	23058	25147	27239
成都	23932	27193	29968	32665	33476
武汉	23738	27061	29821	33270	36436
郑州	21612	24246	26615	29095	31099
西安	25981	29982	33100	30715	33188

表3－4所反映的数据在图3－2中的表现更加直观，在2015年的排名依次是上海第一，北京第二，广州第三，武汉第四，此后依次是天津、成都、西安、郑州和重庆。依图中数据可以明显地将城镇居民人均可支配收入分为两个层次。两个层次之间有一个很大的空隙，排在第一层次的三个城市为上海、北京、广州，第二层次的六个城市为武汉、天津、成都、西安、郑州和重庆。

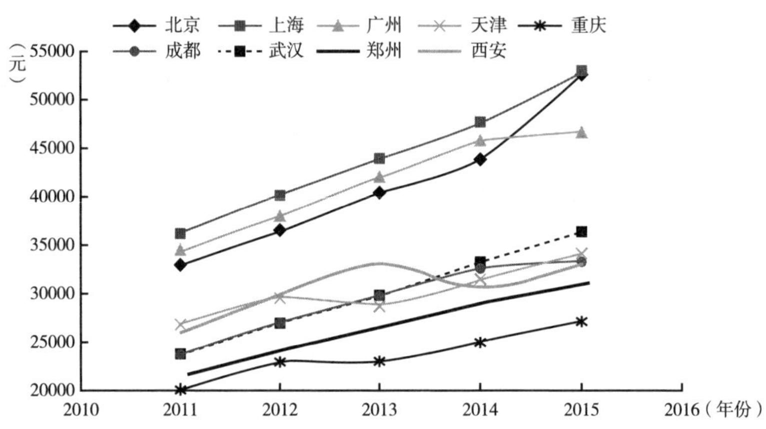

图3－2　2011～2015年城镇居民人均可支配收入比较

第一层次中的三个城市表现出不同的特点，北京和上海两个城市在2014年以前的增长幅度相差不大，在2014年之后的一年中，北京的增长幅度远远大于上海，并且在 2015 年北京的城镇居民人均可支配收入仅次于上海，排在上述比较的 9 个城市的第二位，而且与第一位上海的差距仅为 103 元。广州在 2011 ~2014 年增长幅度与北京、上海相差不大，在 2015 年城镇居民人均可支配收入增速减缓，呈现出较为疲软的趋势，但是在 2015 年其依然排在第三位。

第二层次的六个城市也表现出了不同的趋势，武汉和郑州在 2011 ~2015 年则表现出了近乎线性的增长趋势，但是武汉的线性系数明显要高于郑州，因此在 2015 年武汉的城镇居民人均可支配收入排在了第二层次的第一位，即所比较的 9 个城市的第四位，而郑州则排在了第八位。天津在 2013 年出现了小的波动之后，在 2013 ~2015 年则表现出了近乎线性的增长趋势，但是因为其下滑的趋势较为明显，所以到 2015 年天津在上述比较的 9 个城市中排名第五位。成都在 2014 年以前和武汉均表现出类似于线性的增长，并且成都在前三年的数据略高于武汉，从 2014 年之后成都的增长趋势则表现得较为疲软，因此，在所比较的上述 9 个城市中在 2015 年仅排在了第六位。重庆和天津的增长曲线类似，但是因为重庆的城镇居民人均可支配收入基数较小，2011 ~2015 年重庆的城镇居民人均可支配收入均排在所比较的 9 个城市的最末位。西安的曲线图明显和其他 8 个城市的不同，在 2013 ~2014 年出现了很大的拐点，其中 2014 年相比于 2013 年有很大幅度的下滑，之后在 2015 年又达到了 2013 年的水平，并且比 2013 年的略高。

成都市城镇居民人均可支配收入 2011 ~2015 年分别为 23932

元、27193元、29968元、32665元、33476元，2012～2015年相比于前一年收入分别增加3261元、2775元、2697元、811元，同比增长率分别为13.63%、10.20%、9.00%、2.48%，也可以明显看出成都的城镇居民人均可支配收入的同比增长率在逐年下降（见图3－3）。

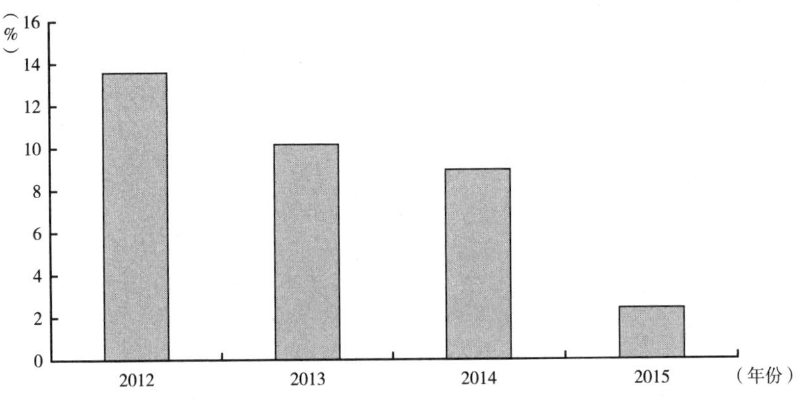

图3－3　成都市城镇居民人均可支配收入同比增长率

二　农村居民人均纯收入

农村居民人均纯收入指农村住户当年从各种来源得到的总收入相应地扣除所发生的费用后的收入总和。纯收入主要用于再生产投入和当年生活消费支出，也可用于储蓄和各种非义务性支出①。这从直观上反映了当年度某地区的农村居民人均纯收入。2011～2015年，北京、上海、广州、天津、重庆、成都、郑州、武汉和西安9个城市的农村居民人均纯收入比较如表3－5所示。

① Guan Lin-lin, Men Ke-pei, "Cluster Analysis on Per Capita Net Income of Rural Households in China", *Asian Agricultural Research*, 2009, 1 (6).

表 3－5　2011～2015 年 9 个国家中心城市农村居民人均纯收入

单位：元

城市＼年份	2011	2012	2013	2014	2015
北京	14736	16476	18337	20226	20569
上海	15644	17401	19208	21192	23205
广州	14817	16788	18887	17663	19323
天津	11891	13571	15353	17014	18482
重庆	6480	7383	8493	9490	10505
成都	9895	11501	12985	14478	17690
武汉	9814	11190	12713	16160	17722
郑州	11050	12531	14009	15470	17125
西安	9788	11442	12930	12898	14072

表 3－5 所反映出来的数据用图 3－4 表现出来更为直观。

从图中可以看出增长区域稳定线性的几个城市分别为上海、天津、郑州和重庆。另外五个城市北京、广州、武汉、成都和西安则在后期表现出不稳定状态，北京在 2015 年增长速度放缓；武汉在 2014 年大幅增长之后，增长幅度趋于稳定；但是纵观 2015 年农村居民人均纯收入和城镇居民人均可支配收入的排

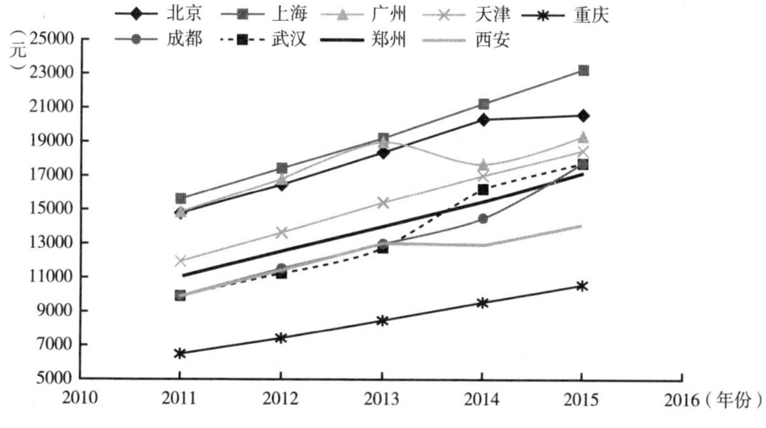

图 3－4　2011～2015 年 9 个国家中心城市农村居民人均纯收入

名近乎相同，从高到低依次为上海、北京、广州、天津、武汉、成都、郑州、西安和重庆。

从表 3－5 和图 3－4 中可以看出农村居民人均纯收入 2015 年在 2 万元以上的只有北京和上海两个城市，1.5 万元以上的有 5 个城市，分别为广州、天津、武汉、成都和郑州，1.5 万元以下的有西安和重庆两个城市。从图 3－4 中的曲线可以看出，上海的农村居民人均纯收入成线性增加，北京在 2011～2014 年也和上海一样呈线性增加，但在 2015 年表现出了疲软。广州在 2011～2013 年也是线性增加，但是在 2013 年突然出现较大的拐点，并且在 2014 年下滑之后，于 2015 年开始增长。天津的曲线则表现得比较平稳，在 2011～2015 年几乎呈线性增加，仅在 2015 年线性系数相比于前几年表现较低。郑州在 2011～2015 年农村居民人均纯收入表现出强劲的势头，一直处于线性增加的状态。成都在 2011～2013 年和其他几个线性增加的城市一样，处于线性增加的状态，但是在 2014～2015 年则突然加速，以一种很陡的弧度增加，并且将人均纯收入的排名向前提了几个名次。武汉在 2013～2014 年表现出了与成都 2014～2015 年相似的突飞猛进的状态，但是在 2015 年其增长幅度则明显的下降了很多，但是总体来讲其农民人均纯收入依然处于增长状态。排在最后一位的重庆，因为其农村居民人均纯收入基数较低，但是从势头上可以看出重庆在此方面做出的努力，其农民人均纯收入依然以一种不屈不挠的爬坡精神线性上升，虽然排在前面的 8 个国家中心城市在此方面将重庆远远甩在后面，但是重庆在总体上和其他城市一样处于上升状态。

成都市农村居民人均纯收入从2011年到2015年分别为9895元、11501元、12985元、14478元、17690元。从图3－5中可以明显看出，从2012年到2015年成都市农村居民人均纯收入每年都在增加，且增加额度均在1400元以上，其中2015年相比于2014年增加额度最大，为3212元。2012～2015年各年成都市农村居民人均纯收入增长率分别为16.23%、12.90%、11.50%、22.19%，2011～2015年年均增长率为19.69%。

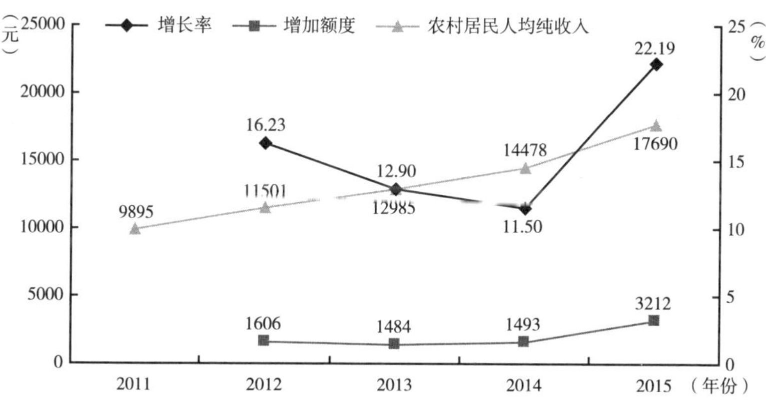

图3－5　2011～2015年成都市农村居民人均纯收入

三　城乡居民人均可支配收入比

城乡居民收入差距指数是城镇居民人均可支配收入与农村居民人均纯收入之比。比率是比较两种相互联系的统计指标时使用的一种表现形式，它是以分母指标的数值为1计算出来的。为了便于比较，一般采用分母数值小于分子数值的方法进行计算，这是指数指标常用的方法。将其应用到城乡收入差距指数上，就是以农村居民家庭人均纯收入为1，通过城镇居民家庭人均可支配收入与农村居民家庭人均纯收入的比率来测算的。比如，2006年某县城镇居民的人均可支配收入是6192元，农民人均纯收入为1850元，城乡居民收入的比率为3.3∶1，也就是说3.3个农民的人均纯收入才相当于一个城镇居民的可支配收入。社会群体之间的收入差距超出合理的范围，不仅严重影响农业、农村经济和整个国民经济的持续健康发展，而且有可能演变成社会问题和政治问题。

而本文我们所说的城乡居民人均可支配收入比的计算方法与以往的有所不同，我们采用农村居民人均纯收入除以城镇居民人均可支配收入来计算城乡居民可支配收入比，在以往的计算方法中，得出来的比值越小则表明城乡收入差距越小；反之则越大。而本文为了方便后文的数据归一化处理，我们反其道而行，在该比值的计算中，该比值越大，说明城乡差距越小，在该比值小于1时，表示农村居民人均纯收入比城镇居民人均可支配收入较少；当该比值为1时，则说明农村居民人均纯收入和城镇居民人均可支配收入一样的，二者没有差距；当该比值大于1时，则说明农村居民人均纯收入比城镇居民人均可支配收入要大。

表3-6显示了2011~2015年9个国家中心城市的农村居民人均纯收入除以城镇居民人均可支配收入的比值，为了更加直观地比较9个国家中心城市在2011~2015年这5年间的城乡居民人均可支配收入的比值，我们得出图3-6。

表 3－6　2011～2015 年 9 个国家中心城市城乡居民人均可支配收入比

城市＼年份	2011	2012	2013	2014	2015
北京	0.447862	0.451781	0.454775	0.460624	0.389130
上海	0.431797	0.432990	0.438029	0.444184	0.438144
广州	0.430251	0.441163	0.449166	0.385722	0.413468
天津	0.441700	0.458077	0.529779	0.540024	0.541978
重庆	0.320025	0.321457	0.368332	0.377381	0.385660
成都	0.413463	0.422940	0.433296	0.443227	0.528438
武汉	0.413428	0.413510	0.426307	0.485717	0.486387
郑州	0.511290	0.516828	0.526357	0.531706	0.550661
西安	0.376737	0.381629	0.390634	0.419925	0.424009

图 3－6 可以明显看出 9 个国家中心城市在 2011～2015 年城乡居民人均可支配收入比值的走势。横向来看，2011 年郑州的城乡居民人均可支配收入比值最高，并且大于 0.5，排在首位；重庆的城乡居民人均可支配收入比值最低，在 0.35 以下，排在末位；排在倒数第二位的是西安，其数值为 0.35～0.4；而剩下的 6 个城市，其比值均为 0.4～0.45，并且相差不大；因此在 2011 年

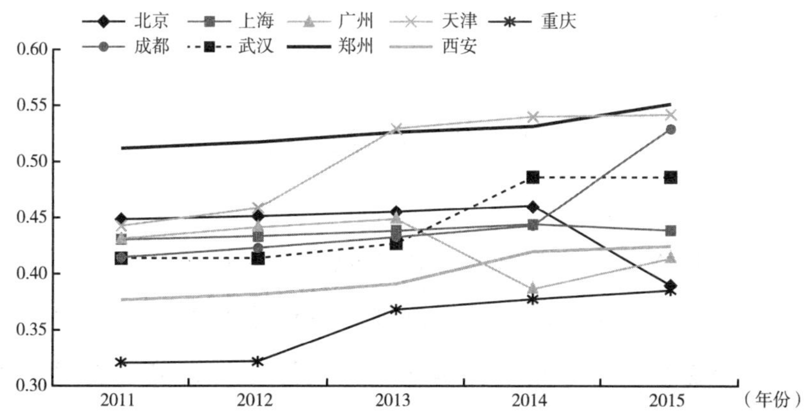

图 3－6　9 个国家中心城市 2011～2015 年城乡居民人均可支配收入比

的排名依次是郑州、北京、天津、上海、广州、成都、武汉、西安、重庆。纵向上来说，单纯从图 3 - 6 中可以看出在 2011 ~ 2015 年 5 年间不间断上升的城市有郑州、天津、武汉、成都、西安、重庆，而其他几个城市都有在某一年或多或少的起伏。成都这 5 年的数据依次为 0.413463、0.42294、0.433296、0.443227、0.528438，从数据中可以看出，在 2011 ~ 2014 年成都每年均有微弱的上涨，但是在 2014 ~ 2015 年突然以很大的拐点上涨，并且幅度大于 0.09，由此可见，在 2015 年成都一改前几年的城乡差距状况，在减小城乡差距方面做出了很大努力。反观在其他方面表现优越的城市北京和上海，在 2011 ~ 2014 年均以微弱的幅度上涨，但是在 2014 ~ 2015 年则数据突然下滑，尤其以北京最为明显，这也反映了北京和上海在 2015 年城乡差距明显增加。从图 3 - 6 中可以看出，截至 2015 年 9 个国家中心城市的城乡差距从高到低依次为郑州、天津、成都、武汉、上海、西安、广州、北京和重庆，说明了城乡差距从小到大的顺序也是如此。

第三节　经济结构

经济结构是一个国家或经济体的核心和根本。经济结构是否科学合理，直接关系到经济发展是否健康高效、经济社会发展是否全面协调可持续。要实现经济又好又快发展，必须优化经济结构。本节主要从地区生产总值、第三产业增加值占地区生产总值比重、人均地区生产总值三个方面来描述经济结构。

一　地区生产总值

2011～2015年9个国家中心城市地区生产总值如表3－7、图3－7所示。地区生产总值一定程度上反映了该地区的经济总量和增长幅度，以及未来的发展空间，可以从该部分找到与其他国家中心城市的差距，并以此为契机发挥优势，弥补不足。

表3－7　2011～2015年9个国家中心城市地区生产总值比较

单位：亿元

城市＼年份	2011	2012	2013	2014	2015
北京	16251.90	17879.40	19800.80	21330.80	23014.60
上海	19195.69	20181.72	21818.15	23567.70	25123.45
广州	12423.40	13551.20	15497.20	16706.00	18100.00
天津	11307.28	12893.88	14370.20	15726.93	16538.20
重庆	10011.37	11409.60	12783.26	14262.60	15717.27
成都	6950.58	8138.94	9108.89	10056.59	10801.16
武汉	6762.20	8003.82	9051.27	10069.48	10905.60
郑州	4954.10	5517.10	6197.40	6777.00	7315.20
西安	3869.84	4394.47	4924.97	5492.64	5801.20

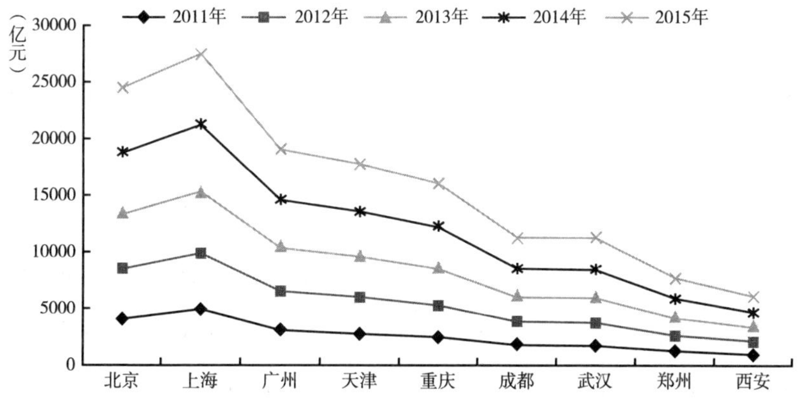

图3－7　2011～2015年9个国家中心城市地区生产总值比较

2011 年，成都市的地区生产总值为 6950.58 亿元，2012 年为 8138.94 亿元，2013 年为 9108.89 亿元，2014 年为 10056.59 亿元，2015 年为 10801.16 亿元。2015 年成都市地区生产总值按可比价格计算，比上年增长 7.9%。其中，第一产业实现增加值 373.2 亿元，增长 3.9%；第二产业实现增加值 4723.5 亿元，增长 7.2%；第三产业实现增加值 5704.5 亿元，增长 9.0%。按常住人口计算，人均地区生产总值 74273 元，增长 6.6%。一、二、三产业比例关系为 3.5∶43.7∶52.8。

依据表 3－7 中的数据，可以将 2011 年在比较的 9 个样本城市分为两个层次，第一层次即当年地区生产总值超过万亿元的城市，分别为北京、上海、广州、天津、重庆，在这 5 个城市中，地区生产总值最小的重庆为 10011.37 亿元，是排在第二个层次的成都地区生产总值的 1.44 倍。第二层次为地区生产总值在万亿元以下的 4 个城市，分别为成都、武汉、郑州、西安。在 2014 年有 7 个国家中心城市地区生产总值超过万亿元，只有郑州和西安的地区生产总值总量仍在万亿元以下，分别为 6777 亿元和 5492.64 亿元。成都与武汉地区生产总值均在 2014 年突破万亿元，2014 年武汉地区生产总值为 10069.48 亿元，比成都高出 12.89 亿元。郑州和西安在 2015 年依然没有突破万亿元。

2014 年有两个城市的地区生产总值总量突破 2 万亿元，分别是北京和上海。所以从 2014 年起，可以将地区生产总值分为三个层次进行比较，第一层次为地区生产总值超过 2 万亿元的城市北京和上海；第二层次为介于 1 万亿元和 2 万亿元之间的 5 个城市广州、天津、重庆、成都和武汉；第三层次为万亿元以下的城市郑州和西安。第一层次两个城市的比较如图3－8所示，可以明显看出上海和北京的地区生产总值增长率趋于相同，折线的角度以及增长幅度都在原有的基础上变化不大，上海作为金融中心始终比北京多出一小部分，但是二者的增长势头近乎相同，根据二者的城市功能定位可以看出，国家中心城市的建设在两个城市的经济部分发挥得近乎相同。

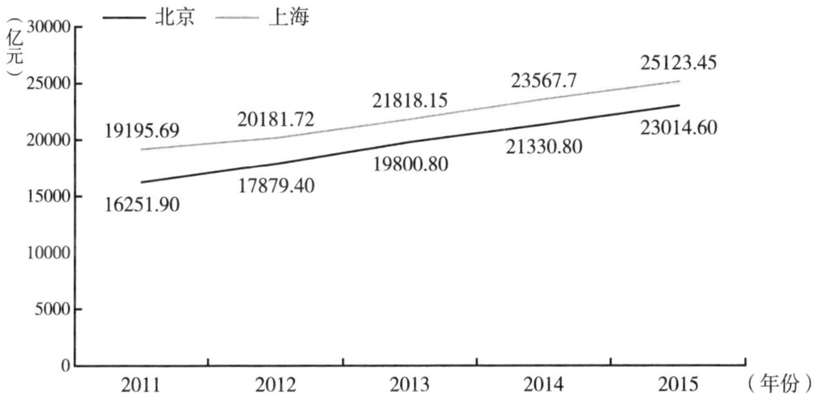

图3－8　2011～2015年第一层次北京和上海地区生产总值比较

第二层次5个城市的比较如图3－9所示。从图中可以明显看出成都和武汉作为新晋国家中心城市，在地区生产总值的总量上与第二阶层的另外三个国家中心城市广州、天津、重庆还有一定的差距。

第三层次因为只有两个城市郑州和西安。作为新晋国家中心城市，可以看出地区生产总值总量与另外7个城市还有差距，但是从数据中可以直观地看出，郑州发展势头迅猛。根据郑州的发展趋势做出的线性预测可以看出到2017年之前仍然未达到万亿元，因为其基数较小，所以总体来说与其他几个城市仍然有一定的差距。西安作为新晋国家中心城市在经济总量上依然排在末位。

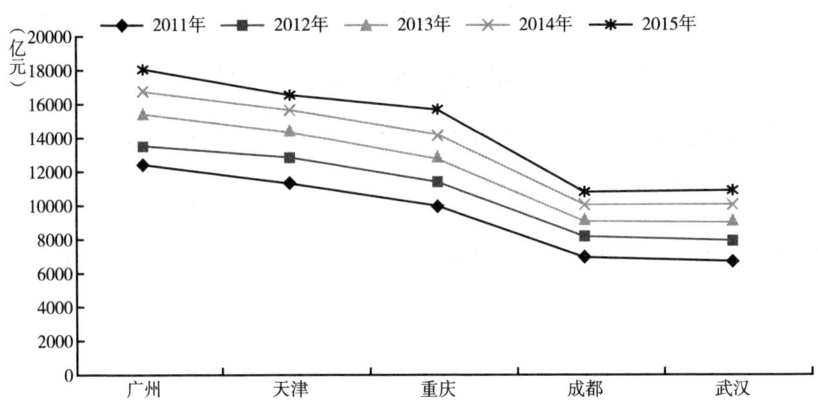

图 3-9 2011~2015 年第二层次 5 个城市地区生产总值比较

截至 2015 年，国家中心城市中成都的地区生产总值排名第七，排名第六的武汉为 10905.6 亿元，排名第五的重庆为 15717.27 亿元，由此可以看出成都市地区生产总值总量在 9 个国家中心城市中排名靠后，与武汉的差距从 2014 年开始逐渐拉大，成都与武汉地区生产总值增长幅度均有不同程度的下滑，武汉增长幅度下滑迅猛；虽然成都地区生产总值下滑幅度稍缓于武汉，但是增长速度依然小于武汉，而且与排名靠前的国家中心城市的差距还很大。从发展速度上来看，成都的发展势头很猛，潜力较大，如表 3-8 所示，2011~2015 年成都地区生产总值的平均增长速度为 10.39%。从这个方面来看，成都的地区生产总值发展势头强劲，后续增长仍然可观。从图 3-10 可以看出，虽然成都和武汉两地都有不同程度的地区生产总值增速下滑趋势，但是成都相对于武汉来说下降的趋势要小，武汉下降趋势很大。而成都虽然也有下降，但是可以看出2013~2015 年下降趋势减缓，已经有很大程度缓和。通过对成都、武汉和

表 3－8　2012～2015 年成都和武汉地区生产总值增长速度比较

单位：%

城市＼年份	2012	2013	2014	2015
成都	17.09	11.91	10.40	6.89
武汉	18.36	13.09	11.25	8.30

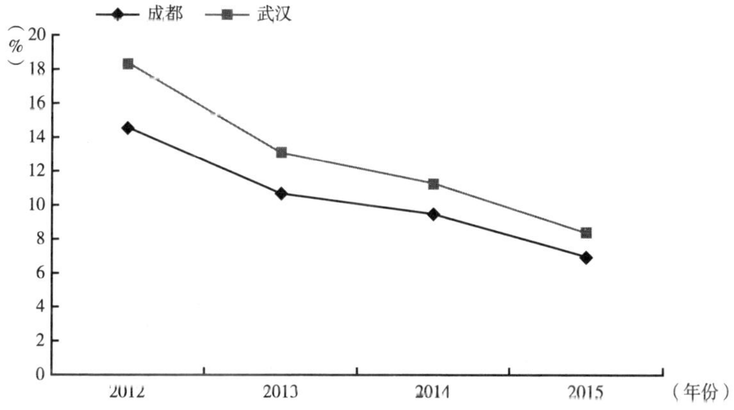

图 3－10　2012～2015 年成都与武汉地区生产总值增长速度比较

重庆三地的线性预测可以看出，重庆的增长势头依然很猛，武汉和成都相比来看，二者不相上下，从预测图中可以看出成都于 2016 年反超武汉，2017 年保持小量领先趋势（见图 3－11）。

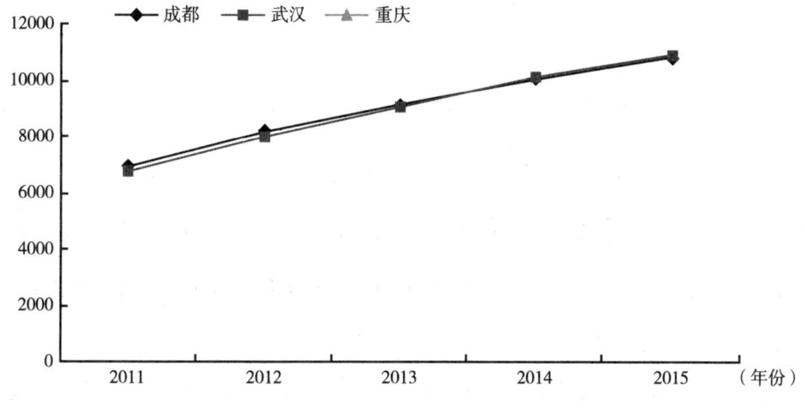

图 3－11　成都、武汉和重庆的线性预测

二　第三产业增加值占地区生产总值比重

中山大学第三产业研究中心李江帆教授最早提出了我国发展第三产业的可能性和必然性。刘纯志在《失业、就业与第三产业》一文中较早提出了劳动力就业与第三产业间存在很大的关联性，并认为在一定的社会经济条件下发展第三产业是保障劳动人口充分就业的重要途径。李勃在《论技术进步对就业的作用与发展第三产业》中指出，大力发展第三产业是推动科技进步、解决就业问题的有效举措。夏杰长认为发展第三产业对拓展劳动就业容量、提高就业弹性有极其重要的意义①。

分析各个城市的三次产业结构现状并进行比较，可以使我们清醒地、客观地认识各个城市的发展现状。第三产业增加值占地区生产总值比重继续提高，增速继续快于工业，意味着各个城市的经济正在由原来的工业主导型向服务主导型转变。这种趋势将对城市经济增长、就业以及各个方面带来深远而持久的影响。

本节将就所比较的 9 个国家中心城市第三产业增加值占地区生产总值的比重进行研究，9 个城市 2011 ~ 2015 年第三产业增加值占地区生产总值的比重如表 3 – 9 所示。

如表 3 – 9 所示，2015 年第三产业增加值占地区生产总值的比重从高到低排名依次为北京、上海、广州、西安、武汉、郑州、重庆、天津和成都，成都第三产业增加值占地区生产总值的比重处于最后一位。地区生产总值总量排名靠前的北京和上海，

① 转引自李晓娜《我国第三产业发展促进就业增长的相关问题研究》，首都经济贸易大学硕士学位论文，2013。

表 3－9　2011～2015 年 9 个国家中心城市第三产业增加值占地区生产总值比重

单位：%

城市＼年份	2011	2012	2013	2014	2015
北京	76.54	77.01	77.52	77.95	79.65
上海	58.05	60.45	63.18	64.82	67.76
广州	61.51	63.58	64.52	65.22	67.11
天津	41.00	41.20	45.20	48.80	46.70
重庆	36.20	38.10	41.12	46.78	47.70
成都	37.56	38.43	38.35	38.34	37.55
武汉	48.90	48.00	47.70	49.00	51.00
郑州	42.16	44.29	45.57	46.37	48.62
西安	54.62	55.02	55.34	56.13	59.55

其第三产业增加值占地区生产总值的比重也排在前列。其他方面表现较为一般的西安，其第三产业增加值占地区生产总值比重则排在了第四位，而且排在了武汉的前面。从表 3－9 中也可以明显看出，第三产业增加值占地区生产总值的比重超过 50% 的城市有 5 个。从图 3－12 中我们可以直观地看出 9 个国家中心城市第三产业增加值占地区生产总值的比重。

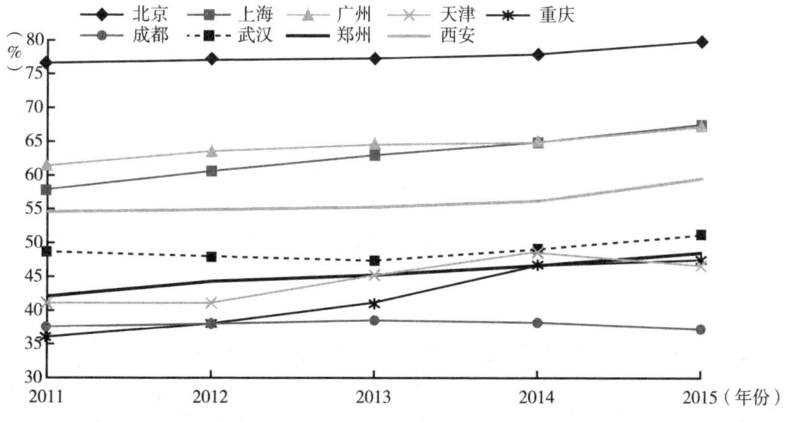

图 3－12　2011～2015 年 9 个国家中心城市第三产业增加值占地区生产总值比重

从图 3－12 可以看出，北京作为地区生产总值靠前的城市，其第三产业增加值占地区生产总值的比重遥遥领先于其他城市，而上海和广州之间的差距日趋减缓。排名第四位的西安在 2015 年表现出了迅猛的增长，其在 2011 年到 2014 年变化幅度不大，但是 2015 年则可以看出其增长幅度超过 5%；2015 武汉超过 50%，郑州、重庆、天津在 2015 年表现出微弱的差距，从整体排名顺序来看两两之间的差距都不超过 1 个百分点；反观成都在这方面的数据则表现较差，从整体来看有下降的趋势，而且在 9 个国家中心城市中排在末位，从图中可以看出另外 8 个城市相比于 2011 年都有不同程度的上升，只有成都 2015 年相比于 2011 年有所下降，在 2015 年，北京在这方面的数据是成都的两倍还多，从这方面来看，成都在提高第三产业增加值占地区生产总值的比重方面还有很大的进步空间，作为地区生产总值与武汉相差不大的城市，在这方面的表现不尽如人意。

三　人均地区生产总值

人均国内生产总值是人们了解和把握一个国家或地区的宏观经济运行状况的有效工具，常作为发展经济学中衡量经济发展状况的指标，是最重要的宏观经济指标之一，是衡量各国人民生活水平的一个标准。为了更加客观地衡量，经常与购买力评价结合。

人均地区生产总值 = 总产出（即地区生产总值总额，社会产品和服务的产出总额）/总人口。9 个国家中心城市 2011 ~ 2015 年人均地区生产总值数据如表 3－10、图 3－13 所示。

表 3-10　2011～2015 年 9 个国家中心城市人均地区生产总值数据

单位：元

城市＼年份	2011	2012	2013	2014	2015
北京	81658	87475	94648	99995	106497
上海	82560	85373	90993	97370	103795
广州	97588	105909	120294	128478	138377
天津	85213	93173	99607	105231	107960
重庆	34500	38914	43223	47850	52321
成都	49438	57624	63977	70019	74273
武汉	68315	79482	89000	98000	104132
郑州	56560	61685	68021	72993	77217
西安	45561	51449	57464	63794	66838

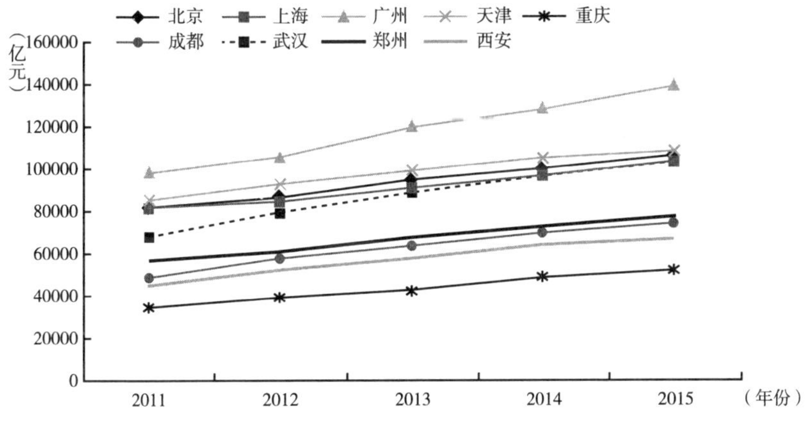

图 3-13　2011～2015 年 9 个国家中心城市人均地区生产总值

从图 3-13 中可以明显看出 9 个国家中心城市人均地区生产总值的排名，2015 年的排名从高到低依次是广州、天津、北京、武汉、上海、郑州、成都、西安、重庆。2015 年地区生产总值总量排名第一位的上海，人均地区生产总值仅排在第五位。成都和武汉相比，在地区生产总值总量（10801.16 亿元和 10905.6 亿元）不相上下的情况下，武汉的人均地区生产总值要高出成都很大一部分，从表 3－7 已经看出，在地区生产总值方面成都比郑州（7315.2 亿元）高出很大一部分的情况下，郑州的人均地区生产总值排名却比成都的靠前。

依据图 3－13，人均地区生产总值也可以分为三个层次。其中，第一层次为遥遥领先的广州；第二层次城为趋于相近的四个城市天津、北京、武汉、上海；第三层次为排名靠后的四个城市郑州、成都、西安、重庆。

从图 3－13 中可以看出第一层次中广州的人均地区生产总值遥遥领先于其他几个城市，在地区生产总值总量排名不是第一的前提下，人均地区生产总值始终排在第一的位置，而且从图 3－13 中可以看出与第二名的差距还在逐渐拉大。

第二层次城市比较如图 3－14 所示。

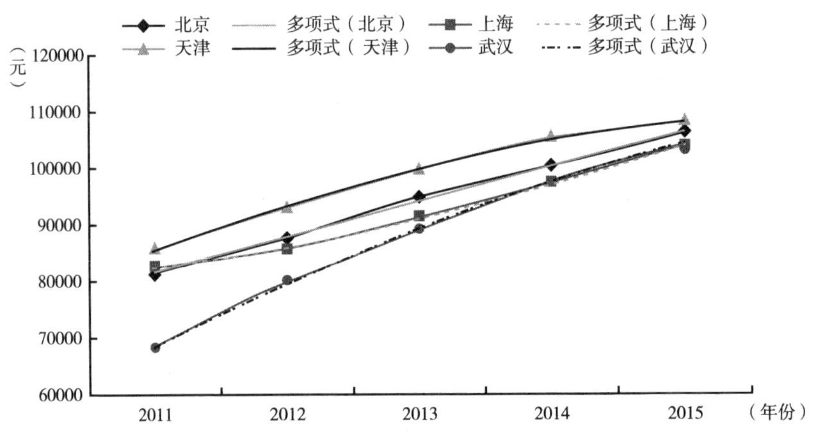

图 3－14　2011～2015 年第二层次城市人均地区生产总值及预测

从图 3－14 中可以看出第二层次城市的人均地区生产总值排名在 2011～2015 年中没有太大的变化，其中天津排在第二层次的首位，北京从 2012 年开始排在第二层次的第二位，其中第二层次的第三名和第四名上海和武汉从 2013 年开始人均地区生产总值趋于相同，武汉在 2014 年人均地区生产总值超过上海，2015 年武汉以微弱的优势胜过上海排在第二层次的第三位，上海排在第二层次的第四位。从图 3－14 中可以看出天津的人均地区生产总值有下滑的趋势，趋于下降，而北京的人均地区生产总值从 2011 年开始就大幅的线性增长，从线性预测有超过天津的趋势；上海的增长幅度以曲线形式的速度增长，而武汉在经历了 2011～2014 年的强势增长之后，2015 年增长速度趋于缓和。可以看出，北京和上海作为我国最重要的两个城市人均地区生产总值还有很大的增长空间。

第三层次城市人均地区生产总值比较如图 3－15 所示。

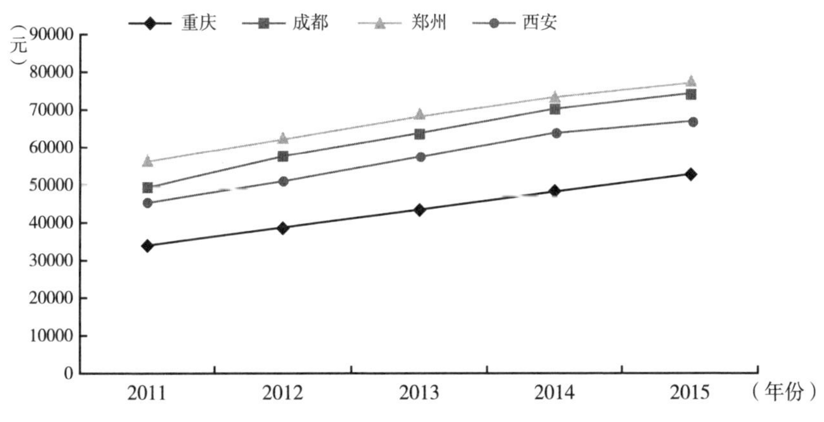

图 3－15　2011～2015 年第三层次城市人均地区生产总值比较

作为第三层次的四个城市郑州、成都、西安、重庆，从图 3－15 中可以看出排名最后的重庆人均地区生产总值与其地区生产总值的排名相比还有很大的增长空间，从图中可以看出成都、郑州、西安的人均地区生产总值增速开始减缓，而郑州和成都的差距也越来越小。从这一点上来看，在建设国家中心城市的过程中，成都人均地区生产总值这一指数还有很大的增长空间，提高人均地区生产总值相当于提高生活指数，所以在这个方面来看成都还需要很大的努力。如图 3－16 所示，成都市 2014 年以前人均地区生产总值增长速度大于地区生产总值增长速度，2014 年以后人均地区生产总值增长速度小于地区生产总值增长速度，可以看出在人口增长的情况下，地区生产总值增长速度小于一定的增长率，则人均地区生产总值增长速度将小于地区生产总值增长速度。

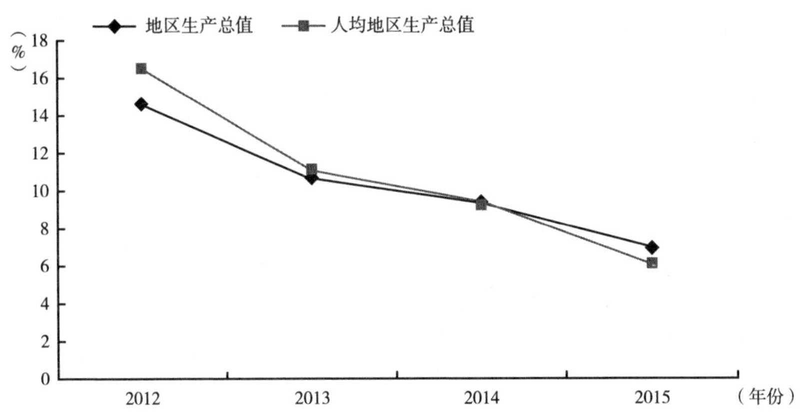

图 3－16　2012～2015 年成都市地区生产总值增长速度和人均地区生产总值增长速度

第四节　城镇化水平

城镇化水平，指一个地区所达到的城镇化程度，是区域经济发展程度的重要标志之一。其主要含义：一是反映一个地区或一个国家在大、中、小城镇中的人口占城乡总人口的比例；二是集聚程度达到称为“城镇”的居民点的数目；三是单个城市的人口和用地规模。国内众多学者围绕城镇化进行了探讨和研究，中明锐等[①]、董晓峰等[②]针对城镇化的产生背景、发展历程、本质内涵与特征进行了研究。有学者[③]通过经济发展水平、产业结构调整、经济开放程度、人力资本水平以及科技创新水平等五个方面来探究城镇化水平的影响因素。本文基于9个国家中心城市的比较研究，通过对指标的筛选从人口密度、城镇化率、户籍人口与常住人口比例、城市建成区面积几个方面来衡量城镇化水平。

一　人口密度

人口密度是指单位面积土地上居住的人口数。它是表示世界各地人口的密集程度的指标。通常以每平方公里或每公顷内的常住人口为计算单位。

从人口密度上来看，2015 年 9 个国家中心城市中，北京 1322.67 人/平方公里，上海 3809 人/平方公里，天津 1315 人/平方公里，重庆 366.09 人/平方公里，广州 1816.13 人/平方公里，成都 1159 人/平方公里，西安 861.26 人/平方公里，武汉

① 申明锐、张京祥：《新型城镇化背景下的中国乡村转型与复兴》，《城市规划》2015 年第 1 期。

② 董晓峰、杨春志、刘星光：《中国新型城镇化理论探讨》，《城市发展研究》2017 年第 1 期。

③ 李娜：《城镇化水平的影响因素研究》，《黑龙江工业学院学报》（综合版）2018 年第 3 期。

1237.89 人/平方公里，郑州 1285.12 人/平方公里。上海人口密度最大，广州次之，北京第三，西安、重庆最低。北京、天津、成都、武汉、郑州 5 个城市的数据相对比，差别不大，这 5 个城市中以北京的人口密度最大，而人口密度最低的两个城市重庆和西安相比，重庆的人口密度最低，低于 500 人/平方公里。

依表 3－11 数据，9 个国家中心城市的人口密度可以分为三个层次，其中排名第一的上海和排名第二的广州可以作为第一层次，二者的人口密度都在 1500 人/平方公里以上；其中人口密度相差不大的 5 个城市北京、天津、成都、武汉、郑州可以作为第二层次；重庆和西安两个城市可以作为第三个层次，这两个城市的人口密度每平方公里都不足千人。

表 3－11　2011～2015 年 9 个国家中心城市人口密度比较

单位：人/平方公里

城市＼年份	2011	2012	2013	2014	2015
北京	1230.10	1260.99	1288.73	1311.15	1322.67
上海	3702	3754	3809	3826	3809
天津	1152	1202	1252	1290	1315
重庆	354.25	357.40	360.44	363.03	366.09
广州	1715	1727	1739	1759	1816.13
武汉	1180	1191	1203	1206	1237.89
郑州	1189.50	1212.87	1234.35	1259.47	1285.12
西安	842.24	846.15	849.63	853.53	861.26
成都	1173	1181	1180	1190	1159

从图 3－17 中可以明显地看出第一层次的上海和广州两个城市在曲线两个波峰，第三层次的两个城市重庆和西安则位于曲线的波谷，其余 5 个城市在曲线上表现得较为平滑。

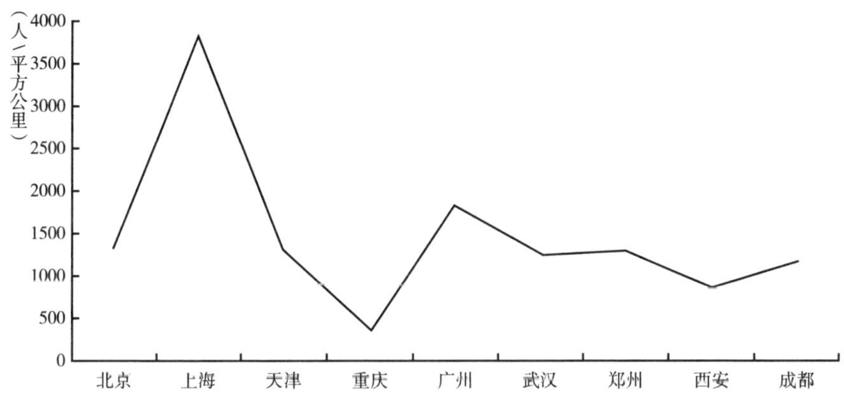

图 3－17　2015 年 9 个国家中心城市人口密度比较

如图 3－18 所示，人口密度第二层次城市比较图则表现出了波动幅度不大的情形，并且 5 个城市的人口密度都在 1000 人/平方公里以上、1350 人/平方公里以下。

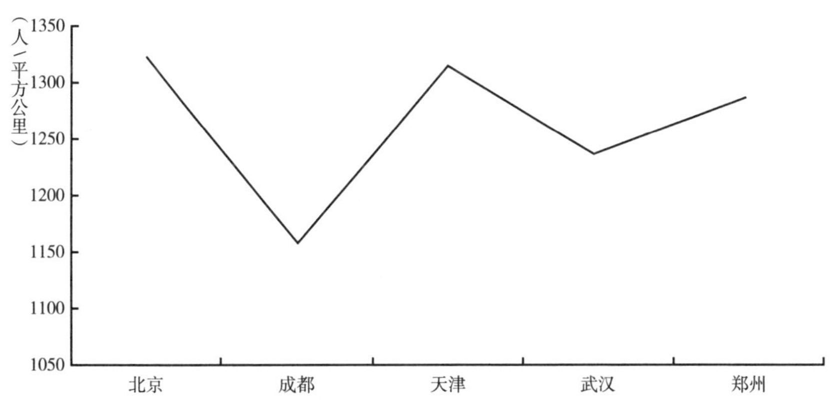

图 3－18　2015 年人口密度第二层次城市比较

二　城镇化率

城镇化一方面是人口由农村向城市迁移聚集的过程，同时又表现为地域景观的变化、产业结构的转变、生产生活方式的变革，是人口、地域、社会经济组织形式和生产生活方式由传统落后的乡村型社会向现代城市社会转化的多方面内容综合统一的过程，是一个国家或地区经济社会发展进步的主要反映和重要标志。

城镇化水平是衡量一个国家或地区社会经济发展水平的重要标志之一。城镇人口的实质内涵是居住在城市或集镇地域范围之内，享受城镇服务设施，以从事第二、三产业为主的特定人群，既包括城镇中的非农业人口，又包括在城镇从事非农产业或城郊农业的农业人口（其中一部分是长期居住在城镇但人户分离的流动人口）。据有关资料表明，城镇人口数据每增加1%，地区生产总值即增长1.5%；城镇化率每递增1%，经济就增长1.2%。

城镇化率是指一个地区城镇常住人口占该地区常住总人口的比例。城镇人口包括设区市的城市人口、镇区及镇政府所在地村委会（居委会）的人口、通过道路建筑物与镇区连接的村委会的人口。城镇化率统计方法：国家统计局规定，城镇化率=城镇人口/总人口（均按常住人口计算，不是户籍人口）。从此公式可以看出，城镇化率不是以户口性质计算，而是以常住人口计算。从2000年第五次人口普查起采用了新的计算办法，该办法采用了常住人口计算（即外地人口，只要在本地区居住半年以上，就统计为常住人口；反之，本地人口外出半年以后，就不把其统计为本地的常住人口），即城市常住人口与农村常住人口之比。

在做数据比较之前，首先对表 3－12 中数据加以说明，表中数据北京的城镇化率为计算得出，用北京历年的城镇人口除以常住人口得出的百分比；上海的统计年鉴无此数据，但是在中华人民共和国商务部官方网站 2014 年 8 月 1 日的新闻中称“按常住人口计算，上海城镇化率已高达 89%，位列全国第一”，因此可以看出上海的城镇化率当之无愧地排在所比较的 9 个国家中心城市的首位；天津、重庆、广州、成都的城镇化率来自各自历年的统计年鉴；武汉城镇化率的数据来自武汉的统计年鉴，但是其计算口径为户籍人口，为了比较方便，本文不再比较其中的差别；郑州的城镇化率来自郑州统计局官方网站公布的数据；西安的城镇化率也为计算得出，用西安历年统计年鉴的城镇人口除以常住人口得出的数据。

表 3－12　9 个国家中心城市 2011～2015 年城镇化率

单位：%

城市＼年份	2011	2012	2013	2014	2015
北京	86.23	86.20	86.30	86.40	86.51
上海	89	89	89	89	89
天津	80.50	81.55	82.01	82.28	82.64
重庆	55	57	58.30	59.60	60.90
广州	84.13	85.02	85.27	85.43	85.53
武汉	—	—	—	79.41	79.77
郑州	64.80	66.30	67.10	68.30	69.70
西安	70.10	71.51	72.05	72.61	73.02
成都	60.70	61.1	61.34	62.42	67.51

注：武汉 2011～2013 年数据缺失。

从表 3－12 中，我们可以看出上海的城镇化率居于所比较的 9 个国家中心城市的首位。横向来看，从表 3－12 中可以看出，在所比较的9个国家中心城市中北京的城镇化率一直在86%以上，2011～2015年北京的城镇化率依次为86.23%、86.20%、86.30%、86.40%、86.51%，从数据中可以看出北京的城镇化率在2012年有小幅度的下降，其余的4年从总体上来说趋于提升的过程，但是从数据比较来看，北京在这5年的时间中，城镇化率平均提高的百分比仅为28%。从表3－12中看天津的数据，天津2011～2015年这5年的城镇化率数据依次为80.5%、81.55%、82.01%、82.28%、82.64%，从数据中可以看出这5年中天津的城镇化率一直保持在80%以上，而且每年以不同幅度的增长来提高其城镇化水平，这5年中天津的城镇化率共提高了2.14个百分点。重庆城镇化率的数据就不太乐观，这5年分别为55%、57%、58.3%、59.6%、60.9%，可以看出，重庆的城镇化起点较低，但是这5年一直在增加，5年提高了5.9个百分点。广州2011～2015年这5年的数据依次为84.13%、85.02%、85.27%、85.43%、85.53%，可以看出，广州的数据和北京的数据类似，起点较高，这5年城镇化率增加了1.4个百分点。西安的城镇化率增加了2.92个百分点，但是西安的起点相比于郑州、成都、重庆来讲略高。成都这5年的城镇化率增加了6.81个百分点。武汉2011～2013年的城镇化率数据不详，但是武汉2015年的城镇化率排在第五位，所比较的9个国家中心城市的城镇化率比较如图3－19所示。

如图3－19所示，北京的城镇化率一直排在第二位，紧随其后的是广州、天津和武汉，由此可以看出，在排除上海之外

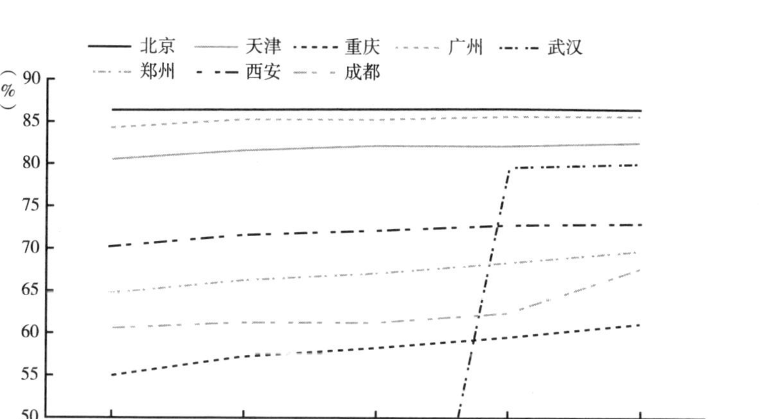

图 3－19　8 个国家中心城市城镇化率比较

的 8 个国家中心城市在 2014～2015 年城镇化率的排名始终没有变化，依次为北京、广州、天津和武汉。紧随其后的是西安和郑州，二者的城镇化率的起点相差不大，但是从图中可以看出二者的曲线没有交叉，并且西安的城镇化率一直在郑州之上，但是差距在逐年缩小。反观城镇化率最后两位成都和重庆，二者的城镇化率的排名也始终没有变化，稳固地排在 9 个国家中心城市的最后两位，但是从图中曲线可以看出重庆和成都的城镇化率增长幅度较大，但是因为其起点较低，所以城镇化水平与前几名还有很大的差距。

从图 3－19 中可以看出北京和广州的曲线趋于平缓，基本保持稳定状态；天津、西安和郑州三者的曲线表现类似，其中曲线的倾斜度相差不大，但是可以直观地看出郑州的曲线倾斜度略大，因此郑州的城镇化率增幅较大；武汉的曲线则表现出一种不太稳定的状态，时而增幅较大，时而平缓；成都和重庆因为城镇化率较低，所以二者的增长幅度较大。从图 3－19 可以简单地得出结论，城镇化率越低的城市，在最近几年城镇化水平增长得越快，而城镇化率高的城市，因其增长空间受限，所以导致增长幅度不大。

三　户籍人口与常住人口比例

（一）常住人口

表 3－13 是 9 个国家中心城市 2011～2015 年常住人口的数据。

表 3－13　2011～2015 年 9 个国家中心城市常住人口

单位：万人

城市 \ 年份	2011	2012	2013	2014	2015
北京	2018.60	2069.30	2114.80	2151.60	2170.50
上海	2347.46	2380.43	2415.15	2425.68	2415.27
天津	1354.58	1413.15	1472.21	1516.81	1546.95
重庆	2919	2945	2970	2991.40	3016.55
广州	1275.14	1283.89	1292.68	1308.05	1350.11
武汉	1002	1012	1022	1033.80	1060.77
郑州	885.70	903.10	919.10	937.80	956.90
西安	851.34	855.29	858.81	862.75	870.56
成都	1407.08	1417.78	1429.76	1442.75	1465.80

从表 3－13 中可以直观地看出重庆的常住人口一直位于第一的位置。2015 年，排名第二的是上海，排名第三的是北京，第四名是天津，随后是成都。排在后面的 4 个城市是广州、武汉、郑州、西安，其中西安排在最后一位，常住人口仅 800 多万人。因此可以直观地将该部分分为两个层次，即常住人口在

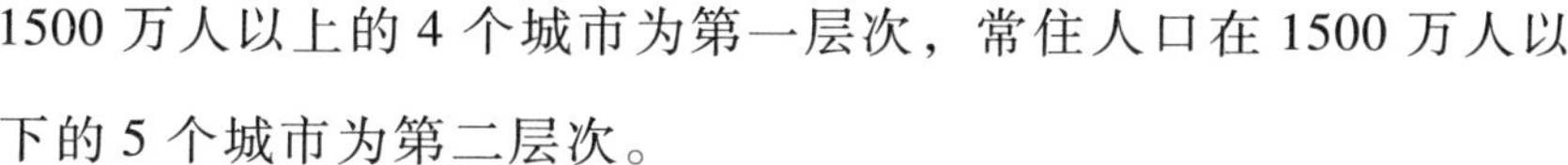

1500 万人以上的 4 个城市为第一层次，常住人口在 1500 万人以下的 5 个城市为第二层次。

1. 第一层次的比较

从表 3－13 中可以明显看出重庆、上海、北京、天津四个城市的常住人口在 2015 年均在 1500 万人以上，其中排名第一的重庆，其常住人口为天津的近两倍，上海和北京的差别不大，均为 2000 多万人；排名前四的重庆、上海、北京、天津在五年间人口呈缓慢增长趋势。

2. 第二层次的比较

从表 3－13 中可以看出第二层次的 5 个城市情况也相对稳定。这 5 个城市在 2012～2015 年的 4 年增长幅度各有不同。其中在第二层次排名第一的成都总人数呈小幅度的增加趋势。在 2015 年，这 5 个城市的常住人口排名依次是成都、广州、武汉、郑州、西安，其中成都和广州 2015 年常住人口相差不大，广州比成都少 100 多万人，紧随其后的武汉常住人口仅为 1000 余万人，排在最后的两个城市郑州和西安的常住人口不超过 1000 万人，从这一点上可以明显看出不同城市之间的差异。

截至 2015 年，国家 9 个中心城市中常住人口超过 1000 万的共有 7 个，分别为北京、上海、广州、天津、重庆、成都和武汉。常住人口在 1000 万以下的城市有两个，分别为郑州和西安。

（二）户籍人口

从表 3－14 中可以直观地看出 8 个国家中心城市在 2015 年

户籍人口数的排名中重庆排在首位，上海排在第二位，北京排在第三位，成都排在第四位，天津排在第五位，剩下的三个城市广州、武汉、西安户籍人口在1000万人以下（郑州数据不详）。

表3－14　8个国家中心城市2011～2015年户籍人口比较

单位：万人

城市＼年份	2011	2012	2013	2014	2015
北京	1277.9	1295.7	1316.3	1333.4	1345.2
上海	1419.36	1426.93	1432.34	1438.69	1442.97
天津	996.44	993.2	1003.97	1016.66	1026.9
重庆	3329.81	3343.44	3358.42	3375.2	3371.84
广州	814.58	822.3	832.31	842.42	854.19
武汉	827.24	821.71	822.05	827.31	829.27
西安	791.83	795.98	806.93	815.29	815.66
成都	1163.3	1173.4	1188.0	1210.74	1228.05

注：郑州只有常住人口数（无户籍人口数）。

从表3－14中可以明显地看出在所比较的8个国家中心城市中，重庆的户籍人口2011～2015年一直遥遥领先于其他7个国家中心城市，并且超过了3000万人。重庆的户籍人口2011～2015年的变化幅度不大，其中2011～2014年每年均小幅上升，只有2015年户籍人口数相比于2014年有小幅下降。从表中可以看出，2015年8个国家中心城市中北京、上海、天津、重庆、成都5个城市的户籍人口数均超过了1000万人，除了郑州，剩下的三个城市广州、武汉、西安的户籍人口都在800多万人，并且相差不大。

从图3－20中可以看出2015年8个（郑州无数据）国家中心城市户籍人口中，重庆以压倒性优势排在第一位，其中重庆的户籍人口比排在第二位的上海和排在第三位的北京的总和还多出 500 多万人。从图 3－20 中也可以看出，除了重庆的户籍人口排在曲线的波峰处之外，其他 7 个城市的户籍人口数波动不大（郑州数据不详）。

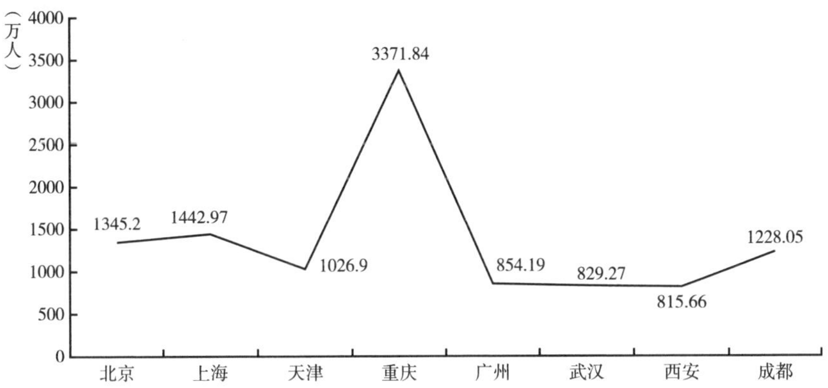

图 3－20 2015 年 8 个国家中心城市户籍人口比较

注：郑州只有常住人口数。

（三）户籍人口与常住人口比例

户籍人口与常住人口比例的计算方式为常住人口/户籍人口，该数值越大，则从一定程度上反映了这个城市对外来人口的吸引力，也从侧面反映了这个城市挽留人才的力度和发展的决心，这也解释了为什么从 2015 年开始全国多个城市开始争夺人才，因为城市发展，人是关键性因素，受益于各地人才新政，成千上万的优秀人才正在不同城市中各尽其能、各安其所。到了 2018 年，“抢人大战”不仅没有偃旗息鼓，反而愈演愈烈，连一线城市都加入其中，比如，3 月 21 日，北京出台“近十年最宽松的落户政策”；3 月 26 日，上海表态“要聚天下英才而用之!”。

由此可见该项数据在很大程度上反映了地区社会发展水平。

从表 3 – 15 及上文描述中可以看出，常住人口/户籍人口的数据越大，则这个城市吸引人才的力度和发展的前景越乐观。因此从表 3 – 15 中可以看出，上海在这项数据的表现中最优越，比值为 1.673819，排在第二位的北京与其差别不大，为 1.613515，排在第三位的则是广州，第四位的是天津，前四个城市的比值均在 1.5 以上，之后的排名依次为武汉、成都、西安、重庆。而在上述 8 个城市中只有重庆表现出有人口流失的情况，即该项比值小于 1（郑州数据不详）。

表 3 – 15　2015 年 8 个国家中心城市户籍人口与常住人口比值

城市	户籍人口(万人)	常住人口(万人)	比值
成都	1228.05	1465.80	1.193600
北京	1345.20	2170.50	1.613515
上海	1442.97	2415.27	1.673819
天津	1026.90	1546.95	1.506427
重庆	3371.84	3016.55	0.894630
广州	854.19	1350.11	1.580573
武汉	829.27	1060.77	1.279161
西安	815.66	870.56	1.067307

注：郑州只有常住人口数（956.90 人）。

图 3 – 21 更加直观地反映了 2015 年 8 个城市的户籍人口与常住人口的比值，其中排名前四的城市上海、北京、广州和天津在一定程度上受益于其前几十年经济发展程度对外来人口的吸引。而成都、武汉、西安则在近年中也趋于在“人才抢夺战”中加力。

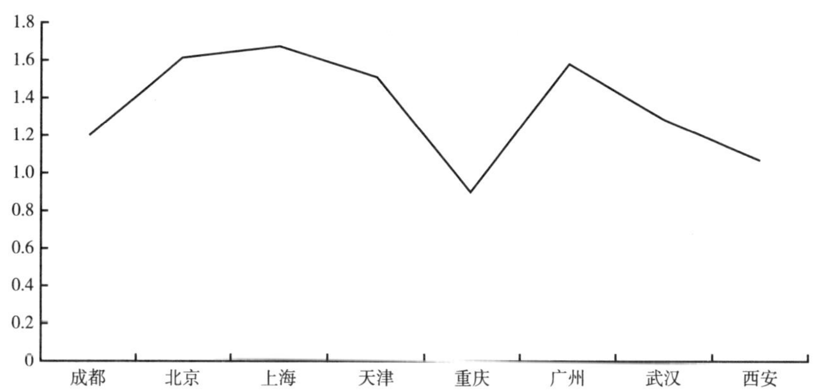

图 3－21　2015 年 8 个国家中心城市户籍人口与常住人口比值

说明：郑州数据不详，没有列出。

四　城市建成区面积

城市建成区面积是指城市行政区内实际已成片开发建设、市政公用设施和公共设施基本具备的区域。对核心城市，它包括集中连片的部分以及分散的若干个已经成片建设起来且市政公用设施和公共设施基本具备的区域；对一城多镇来说，它包括由几个连片开发建设起来的、市政公用设施和公共设施基本具备的地区组成。因此城市建成区范围一般是指建成区外轮廓线所能包括的地区，也就是这个城市实际建设用地达到的范围。它反映了一个城市的生产空间大小，也是城市规模的标志，建成区越大，说明城市的发展空间、规模越占优势。

表 3－16、图 3－22 是 2015 年 9 个国家中心城市和 11 个副省级城市的建成区面积数据。从城市建成区面积上看，截至 2015 年底，北京已达到 1400 平方公里，由此可见，北京作为

表 3－16　2015 年 20 个城市建成区面积

单位：平方公里

城　市	建成区面积	城　市	建成区面积
成　都	837.27	武　汉	585.61
北　京	1419.66	杭　州	541.38
上　海	998.75	沈　阳	588.26
广　州	1249.11	济　南	447.69
深　圳	923.25	西　安	517.74
天　津	1007.91	哈尔滨	435.28
重　庆	1350.66	长　春	519.04
南　京	773.79	厦　门	334.64
大　连	433.30	青　岛	599.32
郑　州	422.35	宁　波	330.75

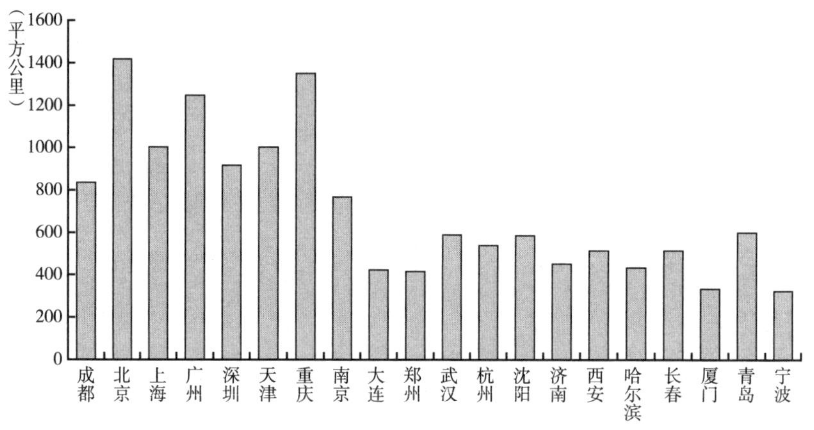

图 3－22　2015 年 20 个城市建成区面积比较

中国经济排名靠前的城市，其承载城市开发建设的区域也排在全国之首，重庆由于地域广阔，区县众多，其在建成区面积上位列 20 个城市的第二位也在情理之中。建成区面积超过 1000 平方公里的除了北京、重庆外，还有广州和天津，广州作为中国第三大城市，建设开发早，经济实力雄厚，人口密集，建成区面积已达到1249.11平方公里，展现了老牌一线城市的竞争实力。建成区面积在500平方公里以上1000平方公里以下的城市依次为上海998.75平方公里、深圳923.25平方公里、成都837.27平方公里、南京773.79平方公里、青岛599.32平方公里、沈阳588.26平方公里、武汉585.61平方公里、杭州541.38平方公里、长春519.04平方公里、西安517.74平方公里，这些城市的地区生产总值排名也都位于全国前列。上海作为中国四个公认的一线城市之一，其建成区面积位列第五位实至名归。成都、武汉和西安已被国家批复为国家中心城市，其城市建成区面积排位靠前，反映出其在设施领域具有较强竞争力。南京是我国的六朝古都，历史文化悠久，建城史超过2500年，建成区面积高于部门经济实力更强的城市（如武汉、杭州）。值得注意的是，郑州的建成区面积虽未达到500平方公里，只有422.35平方公里，仅仅排在本节研究的20个城市中的第十八位，但郑州的建成区面积较新中国成立之初已扩张了80多倍，而且近年来郑州经济迅猛发展，建成区面积扩张较快，因此郑州在这方面也表现出强劲的势头。

第五节　文明城市建设

全国文明城市（简称文明城市），是指在全面建成小康社会、推进社会主义现代化建设的新的发展阶段，坚持科学发展观，经济和社会各项事业全面进步，物质文明、政治文明与精神文明建设协调发展，精神文明建设取得显著成就，市民整体素质和城市文明程度较高的城市。全国文明城市是我国城市的最高荣誉，建设全国文明城市的目的是提高城市文明程度，提升市民的文明素质，提高市民的幸福指数。全国文明城市是中国大陆所有城市品牌中含金量最高和创建难度最大的，是反映城市整体文明水平的综合性荣誉称号，是目前国内城市综合类评比中的最高荣誉，也是最具价值的城市品牌。[①]

2003 年 8 月，《中央精神文明建设指导委员会关于评选表彰全国文明城市、文明村镇、文明单位的暂行办法》（中央文明委〔2003〕9 号文件）开始实施。办法提出了评选表彰的总则、标准及各项指导监督条例。条例第十四条规定："对全国文明城市、文明村镇、文明单位的荣誉称号，在届期内实行动态管理。各省（区、市）和中央、国家有关主管部门文明委每年要对获得全国文明城市、文明村镇、文明单位荣誉称号的单位进行一次复查，并向中央文明委办公室提出复查报告。对于工作停滞不前、出现突出问题的，应给予必要的批评警告，限期整改；对于工作严重滑坡、出现重大问题的，要查明情况，提出撤销荣誉称号的建议，报中央文明委办公室。直辖市的复查由中央文明委办公室负责。"条例第十五条规定："被撤销全国文明城市、文明村镇、文明单位称号的，不得参加下一届评选。经过认真整改，符合条件的，可参加以后的评选。"可见，全国文明城市评选表彰是一个持续性的过程，是一个城市各项指标综合竞争力的持续比较，它的评选表彰次数、荣誉称号、有无撤

---

① 四川文明网，http：//www. scwmw. com。

销均是本章研究的国家中心城市治理竞争力比较的重要参考指标。

全国文明城市每三年评选表彰一次。实行届期制，现已评选了四届。第一批评选是 2005 年 10 月 27 日，评出并表彰了第一批全国文明城市（区）12 个；第二批评选是 2009 年 1 月 23 日，评出并表彰了第二批全国文明城市（区）14 个；第三批评选是 2011 年 12 月 20 日，评出并表彰了第三批全国文明城市（区）27 个；第四批评选是 2015 年 2 月 28 日，评出并表彰了第四批全国文明城市（区）34 个。

一 从第一批全国文明城市（区）的评比中看协调发展竞争力的差距

表 3－17 列出了第一批全国文明城市（区）名单，可以看出其中有 3 个国家中心城市的直辖市辖区内城区被评为“全国文明城区”，它们分别是：北京市西城区、上海市浦东新区、天津市和平区。而在副省级城市中，首批入选“全国文明城市（区）”的有深圳、青岛、厦门、大连、宁波 5 个城市。说明在第一批国家中心城市评选中，相比成功入选的全国文明城市（区），成都在创建全国文明城市的相关指标方面，仍有提升发展空间。

表 3－17 第一批全国文明城市（区）

文明城市(9 个)	厦门市、青岛市、大连市、宁波市、深圳市、包头市、中山市、烟台市、张家港市
文明城区(3 个)	天津市和平区、上海市浦东新区、北京市西城区

二　从第二批全国文明城市（区）的评比中看协调发展竞争力的差距

表3－18列出了第二批全国文明城市（区）名单，可以看出9个国家中心城市中，成都作为后起之秀成功入选并出现在第二批“全国文明城市”的榜首，成为继国家中心城市北京、天津、上海外，第四个入选全国文明城市（区）的地区，也是国家中心城市中第一个以整个城市的形象被评为“全国文明城市”的国家中心城市。同时，重庆市的渝北区也同时入选，可以看出，在全国文明城市（区）的发展、提升上，成都与重庆作为成渝经济带的重要组成部分，有并驾齐驱之势。而作为首批就已入选的北京、上海、天津，从表3－18的数据中，可以看出，通过本次评选的仍有北京、上海——北京市东城区、上海市静安区入选全国文明城市（区）。通过数据可以看出，北京、上海作为经济最发达、人均地区生产总值最高的几个地区之一，其文明程度相应也是较高的。经济的发展与城市文明的发展呈正相关趋势。而在副省级城市中，成功入选文明城市（区）的仅有南京1个城市。数据表明，在该项指标比较上，南京成为副省级城市

表3－18　第二批全国文明城市（区）

省会、副省级城市(3个)	成都市、南京市、南宁市
地级市(6个)	惠州市、南通市、东莞市、马鞍山市、苏州市、大庆市
直辖市城区(3个)	北京市东城区、上海市静安区、重庆市渝北区
县级市(2个)	新疆库尔勒市、内蒙古满洲里市

注：成都2016年成为国家中心城市。

中继第一批成功入选全国文明城市（区）的深圳、青岛、厦门、大连、宁波外，第6个被成功评选上的城市。同时，相较于国家中心城市中的广州、武汉、郑州、西安，也更具先入优势。

随着第二批全国文明城市（区）名单出炉，第二批复查后继续保留荣誉称号的全国文明城市名单也相应公布。通过表3－19我们发现，第一批已入选的3个国家中心城市（区）：北京市西城区、天津市和平区、上海市浦东新区，经第二批复查后通过并继续保留荣誉称号的却仅有北京市西城区、天津市和平区两个，上海作为首批有市辖区被评出，而在2009年1月的第二届全国文明城市（区）评选中，又有新直辖市城区被评选上的老牌文明城市，其城区保持文明城市（区）情况在这一时间段连续性有待加强。而在副省级城市，第一批荣获全国文明城市（区）荣誉称号的深圳、青岛、厦门、大连、宁波5个城市，通过第二批复查后继续保留荣誉称号的全国文明城市名单有深圳、厦门、大连、宁波，青岛在该次复查中，荣誉称号被取消。

表3－19　第二批复查后继续保留荣誉称号的全国文明城市（区）名单

副省级城市(4个)	厦门市、大连市、深圳市、宁波市
地级市(3个)	包头市、烟台市、中山市
直辖市城区(2个)	北京市西城区、天津市和平区
县级市(1个)	张家港市

三　从第三批全国文明城市（区）的评比中看协调发展竞争力的差距

表3－20列出了第三批全国文明城市（区）评出名单，可

以看出，在本批全国文明城市（区）名单中，除已在前两批被评选出的北京、天津、上海、重庆、成都5个国家中心城市以外，此次有广州、郑州入选。现有的国家中心城市中仅有两个暂未入选。此次成功入选第三批全国文明城市（区）的国家中心城市，依然有北京、上海、重庆——北京朝阳区、上海长宁区、重庆渝中区入选。北京作为“三连冠”，从第一批直至第三批，不仅原有被评上的直辖市城区一直被保留全国文明城市（区）称号，每一批也都有新直辖市城区被评出，可以看出北京在文明城市（区）的创建、投入上关注较大、持续性较强。而上海作为第一批有直辖市城区被评选上，第二批复查确认中荣誉称号又被撤销的国家中心城市，在第二批也有新的直辖市城区被评选上，同时在第三批全国文明城市（区）评选中，新的直辖市城区长宁区也被评选上，从评选情况看，在这一点上，上海同北京一致，每一批次均持续有新的直辖市城区进入全国文明城市（区）名单。重庆市渝北区作为在第二批次与成都同时被评选出的直辖市城区，重庆依然保持强劲的发展势头，同时重庆市渝中区被评选进入。广州、郑州也作为新的全国文明城市（区）开始进入。

表3-20　第三批全国文明城市（区）

省会、副省级城市(9个)	长沙市、广州市、福州市、长春市、杭州市、郑州市、拉萨市、银川市、贵阳市
地级市(14个)	临沂市、常德市、扬州市、长治市、淄博市、鄂尔多斯市、洛阳市、绵阳市、宜昌市、唐山市、江门市、嘉兴市、常州市、克拉玛依市
直辖市城区(3个)	北京市朝阳区、上海市长宁区、重庆市渝中区
县级市(1个)	绥芬河市

而深圳、杭州、南京、沈阳等11个副省级城市，也是国家中心城市的重要候选城市中，成功入选文明城市（区）的有杭州、长春两个城市。数据表明，在该项指标比较上，杭州、长春成为副省级城市中继第一、二批成功入选全国文明城市（区）的深圳、青岛、厦门、大连、宁波、南京外，2个被成功评选上的城市。同时，相较于国家中心城市中的武汉、西安，也是更具先入优势。

根据第三批复查后继续保留荣誉称号的全国文明城市名单，通过表3－21可以发现，在国家中心城市中，北京被评选进入的直辖市城区一直保持着经复查后持续保留荣誉称号的优绩，此前评选上的北京市西城区、东城区全部进入保留名单。而天津在继第一批的和平区进入以后，已连续两批没有新的直辖市城区进入，表明天津和平区在文明城市（区）构建上发展较好，但该市其他直辖市城区或有不足，在该类指标上发展不平衡，整个城市联动发展的持续性不强。而重庆市渝北区作为与成都同时入选的直辖市城区也在此次复查后继续保留的名单中。第一批已入选的3个国家中心城市暨直辖市北京、上海、天津——

表3－21　第三批复查后继续保留荣誉称号的全国文明城市（区）名单

省会、副省级城市(7个)	厦门市、成都市、大连市、南宁市、南京市、宁波市、青岛市
地级市(8个)	惠州市、东莞市、大庆市、马鞍山市、南通市、包头市、烟台市、苏州市
直辖市城区(5个)	北京市西城区、天津市和平区、北京市东城区、重庆市渝北区、上海市浦东新区
县级市(3个)	张家港市、库尔勒市、满洲里市

北京市西城区、天津市和平区、上海市浦东新区入选。而在第二批通过复查后继续保留荣誉称号的却仅有北京市西城区、天津市和平区两个。而上海作为第一批有直辖市城区被评选上，第二批复查确认中荣誉称号又被撤销的国家中心城市，在此次复查确认中也出现了同样的问题，第二批次被评选上的新直辖市城区上海市静安区，在第三批复查确认中依然没有上榜，但是首次入选的上海市浦东新区在本批次中被评选进入，这说明上海市辖区城区发展虽从每批的评选名单看成绩斐然，但实则直辖市城区之间均有在全国文明城市（区）的创建、保持上不太连续的情况，其文明城市（区）的连续保持性有待加强。

而深圳、杭州、南京、沈阳等11个副省级城市，也是国家中心城市的重要候选城市，第一批入选荣获全国文明城市（区）荣誉称号的有深圳、青岛、厦门、大连、宁波5个城市，第二批入选的有南京1个城市，其中在第二批复查确认名单中，青岛被撤销荣誉称号，其余4个城市继续保留。而在第三次复查确认中，有5个城市被确认保留，即南京、青岛、厦门、大连、宁波，说明全国文明城市（区）的评选是一个持续的过程，在该项指标上，需把持续、不松懈作为维护保持的重要抓手。

四　从第四批全国文明城市（区）的评比中看协调发展竞争力的差距

表3－22列出了第四批全国文明城市（区）评出名单，可以看出，在本批全国文明城市（区）名单中，9个国家中心城市，除已在前三批被评选出的北京、天津、上海、重庆、成都、

表 3-22 第四批全国文明城市（区）

省会城市(6个)	武汉市、南昌市、哈尔滨市、合肥市、西安市、沈阳市
地级市(22个)	威海市、潍坊市、广安市、许昌市、东营市、镇江市、绍兴市、濮阳市、岳阳市、金昌市、三明市、铜陵市、珠海市、株洲市、芜湖市、宝鸡市、无锡市、佛山市、泰州市、泉州市、温州市、漳州市
直辖市城区(4个)	上海市奉贤区、北京市海淀区、重庆市南岸区、天津市河西区
县级市(2个)	济源市、石河子市

广州、郑州7个城市以外，最后两个国家中心城市武汉、西安也成功入选。北京、上海、天津、重庆4个直辖市城区的海淀区（北京）、奉贤区（上海）、河西区（天津）、南岸区（重庆）也成功进入。比较前三批入选的直辖市城区名单，第一批北京、上海、天津，第二批北京、上海、重庆，第三批北京、上海、重庆，通过数据可以看出，北京、上海作为最早被评选进入全国文明城市（区）的地区，从开始至今在新晋评选上均有不错的成绩。而重庆作为第二批被评选进入的后起之秀，在接下来的评选中均持续有新直辖市城区进入。比较而言，在这4个直辖市中，天津相对较弱。仅第一批和第四批有新的直辖市城区入选，中间两批均没有。

而深圳、杭州、南京、沈阳等11个副省级城市，也是国家中心城市的重要候选城市，本批成功入选文明城市（区）的有沈阳、哈尔滨，比较其他11个副省级城市，仅有济南还未成功入选过。数据表明，在该项指标比较上，济南相较于其他10个副省级城市稍显薄弱。

根据第四批复查后继续保留荣誉称号的全国文明城市名单（见表3-23），可以发现，9个国家中心城市中，北京被复查确认进入的直辖市城区为西城区、东城区、朝阳区，北京连续四批均一直保持着良好的全国文明城市创建势头，可以大胆猜测，在接下来下一批的评选和复查确认名单中，北京也会持续有所占比。对比上海，直辖市城区浦东新区、长宁区、静安区也在

表 3－23　第四批复查确认继续保留荣誉称号的全国文明城市（区）名单（50 个）

北　京	西城区、东城区、朝阳区
天　津	和平区
河　北	唐山市
山　西	长治市
内蒙古	包头市、鄂尔多斯市、满洲里市
辽　宁	大连市
吉　林	长春市
黑龙江	绥芬河市
上　海	浦东新区、长宁区、静安区
江　苏	南通市、苏州市、扬州市、常州市、张家港市
浙　江	杭州市、宁波市、嘉兴市
安　徽	马鞍山市
福　建	福州市、厦门市
山　东	青岛市、烟台市、临沂市、淄博市
河　南	郑州市、洛阳市
湖　北	宜昌市
湖　南	长沙市、常德市
广　东	惠州市、东莞市、江门市、深圳市、中山市
广　西	南宁市
重　庆	渝北区、渝中区
四　川	成都市、绵阳市
贵　州	贵阳市
西　藏	拉萨市
宁　夏	银川市
新　疆	克拉玛依市、库尔勒市

此次复查确认中全部入选保留，这在上海历届的全国文明城市（区）入选名单中，全部被复查确认选上，还是首次。对比天津，天津和平区从第一批评选开始，历届均创建保持良好，持续保持全国文明城市（区）称号。而在第三批次入选的宜昌和广州，在本批次复查后，仅宜昌被持续保留，广州落选。而重庆、成都，作为第二批入选的全国文明城市（区），从评选开始一直保持稳定成绩，每届复查评审均全部进入，这也说明成都在这项指标上相较于大多数副省级城市具有明显优越性，但是前后压力巨大，前有北京、上海等城市发展势头不减，后有武汉、西安等后起势头强劲，因而成都的发展也不能放松。

如图 3－23 所示，从除直辖市以外的 16 个城市被评为文明城市的次数上来看，9 个国家中心城市除去同样是直辖市的 4 个城市，还有广州、成都、武汉、郑州、西安，他们被评为文明城市的次数分别是 1 次、3 次、1 次、2 次、1 次。成都在该项分项指标中居于首位，郑州次之，广州、武汉、西安有待加强。

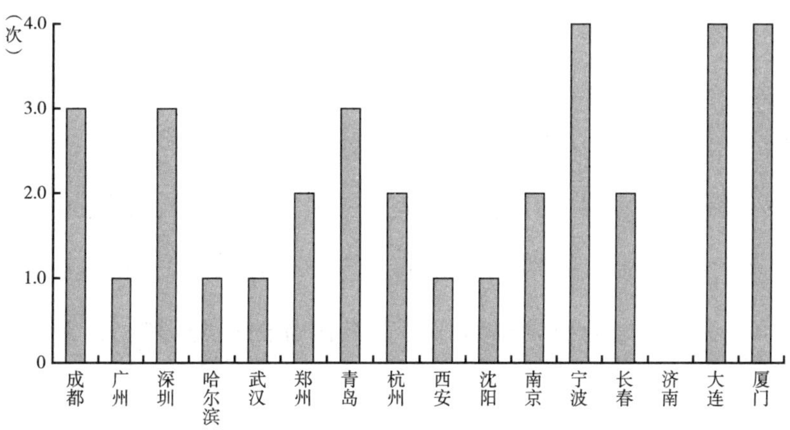

图 3－23　2016 年末 16 个城市评选表彰总次数

其余11个副省级城市，宁波、大连、厦门4次，深圳、青岛3次，杭州、长春、南京2次，沈阳、哈尔滨1次，仅有济南迄今为止暂未被评选进入全国文明城市名单。

从4个直辖市得到过文明城区总数量上来看，北京4个，上海4个，重庆3个，天津2个。北京进入全国文明城区的名单按时间顺序分别为：西城区、东城区、朝阳区、海淀区；上海进入全国文明城区的名单按时间顺序分别为：浦东新区、静安区、长宁区、奉贤区；重庆进入全国文明城区的名单按时间顺序分别为：渝北区、渝中区、南岸区；天津进入全国文明城区的名单按时间顺序分别为：和平区、河西区。从数据和城区分布情况看，北京、上海最具优势，但是从上文可以看出，北京各文明城区的发展持续性最好，从被评选上就一直保持荣誉称号不变，而上海，虽然文明城区数量与北京持平，但是文明城区保持的连续性不强，中间多次出现交替性的被评选上又撤销再复查通过的情况，直至第四批次评选，上海仍有一个城区未被恢复称号。重庆在数量上相较北京、上海次之，仅首届未被评选上，文明城区发展保持的持续性很好。天津相对较弱，在总数量和持续性的保持上均不占优势。

中国城市规划设计研究院原院长李晓江表示，国家中心城市不是一顶帽子，而是一份责任。“强调的是它带动区域发展的能力、在区域中的引领辐射作用、在国际国内的影响力。”①

① 李晓江：《长沙建设国家中心城市正当时》，http://www.icswb.com/newspaper_article-detail-198833.html，最后访问时间：2018年10月7日。

第六节　综合比较

根据层次分析法对本节的两层指标对协调发展竞争力的综合比较研究，以确定本文二级分类收入水平、经济结构、城镇化水平、文明城市建设在协调发展竞争力中所起到的作用。在确定二级分类所起到的作用时，采用三级分类将城镇居民人均可支配收入、农村居民人均纯收入、城乡居民人均可支配收入比、地区生产总值、第三产业增加值占地区生产总值比重、人均地区生产总值、人口密度、城镇化率、户籍人口与常住人口比例、城市建成区面积、被评为文明城市次数、文明城区数量来计算，通过对三级分类的比较分析确定分项目对二级分类因素的影响，从而使整个计算过程更加精确。

一　层次分析法确定指标权重

（一）三级指标权重

1. 收入水平的权重

首先，针对国家中心城市经济竞争力方案层构建两两比较判断矩阵，分析出每项指标对准则层决策的权重；其次，按照同样的方法构建准则层的判断矩阵，并且计算出准则层对目标层的决策权重；最后，根据三层目标体系的递进关系以及计算出来的权重数值进行计算，得出每个指标对目标层的决策权重。因此根据规则，对收入水平下的 3 个指标，即城镇居民人均可支配收入、农村居民人均纯收入、城乡居民人均可支配收入比数据计算如下，具体如表 3－24 所示。

表 3－24　收入水平矩阵

指标	城镇居民人均可支配收入	农村居民人均纯收入	城乡居民人均可支配收入比
城镇居民人均可支配收入	1	9/8	5/6
农村居民人均纯收入	8/9	1	4/5
城乡居民人均可支配收入比	5/6	5/4	1

对表 3－24 中的矩阵数据做归一化处理得到的结果如表 3－25 所示。

表 3－25　收入水平归一化处理

<table>
<tr><th>结果</th><th>城镇居民人均可支配收入</th><th>农村居民人均纯收入</th><th>城乡居民人均可支配收入比</th><th>一致性检验</th><th>权重</th></tr>
<tr><td>城镇居民人均可支配收入</td><td>0.3659</td><td>0.3306</td><td>0.4000</td><td rowspan="3">λ＝3.01
CI＝0.005
CR＝0.008</td><td>0.3655</td></tr>
<tr><td>农村居民人均纯收入</td><td>0.3293</td><td>0.2975</td><td>0.2667</td><td>0.2978</td></tr>
<tr><td>城乡居民人均可支配收入比</td><td>0.3049</td><td>0.3719</td><td>0.3333</td><td>0.3367</td></tr>
</table>

从表 3－25 可以得知 CR＝0.008，即 CR＜0.01，由此可以判断具有满意的一致性，矩阵有效。根据特征向量得出的各个指标的权重均有效，收入水平的 3 个指标的比重分别是城镇居民人均可支配收入为 36.55%、农村居民人均纯收入为 29.78%、城乡居民人均可支配收入比为 33.67%。从上述比重可以看出城镇居民人均可支配收入在收入水平中的比重居于首位。占比最少的为农村居民人均纯收入，其比重为 29.78%。从数据中反映

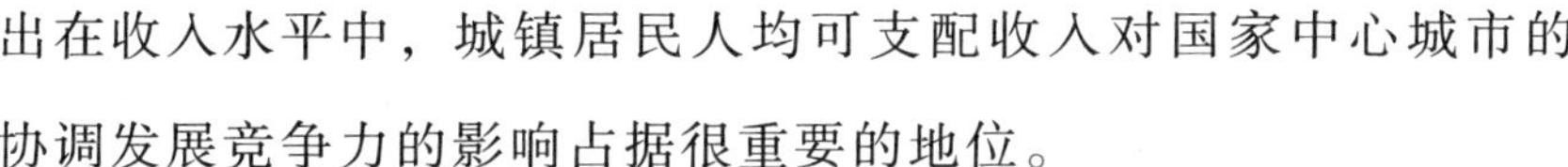

出在收入水平中，城镇居民人均可支配收入对国家中心城市的协调发展竞争力的影响占据很重要的地位。

2. 经济结构的权重

同理，应用层次分析法对经济结构的 3 个指标进行分析得到如表 3－26 所示的数据。

表 3－26　经济结构矩阵

指标	地区生产总值	第三产业增加值占地区生产总值比重	人均地区生产总值
地区生产总值	1	6/5	4/5
第三产业增加值占地区生产总值比重	5/6	1	5/6
人均地区生产总值	5/4	6/5	1

对表 3－26 中的数据进行归一化处理得到如表 3－27 所示数据。

表 3－27　经济结构归一化处理

结果	地区生产总值	第三产业增加值占地区生产总值比重	人均地区生产总值	一致性检验	权重
地区生产总值	0.3243	0.3529	0.3038	$\lambda = 3.005$ $CI = 0.002$ $CR = 0.004$	0.3270
第三产业增加值占地区生产总值比重	0.2703	0.2941	0.3165		0.2936
人均地区生产总值	0.4054	0.3529	0.3797		0.3794

从表 3－27 中可以看出 $CR = 0.004$，即 $CR < 0.01$，由此可以判断具有满意的一致性，矩阵有效。经济结构 3 个指标的权重如下：地区生产总值为 32.7%、第三产业增加值占地区生产总值比重为 29.36%、人均地区生产总值为 37.94%。从上述数据中可以

明显看出人均地区生产总值的影响力排在第一位，可以判断其对国家中心城市的协调发展竞争力的影响占据很重要的地位。

3. 城镇化水平的权重

同理，城镇化水平的矩阵及归一化计算出来的权重如表3－28、表3－29所示。

表3－28　城镇化水平矩阵

指标	人口密度	城镇化率	户籍人口与常住人口比例	城市建成区面积
人口密度	1	4/5	3/2	5/6
城镇化率	5/4	1	3/2	5/4
户籍人口与常住人口比例	2/3	2/3	1	2
城市建成区面积	6/5	4/5	1/2	1

表3－29　城镇化水平归一化处理

结果	人口密度	城镇化率	户籍人口与常住人口比例	城市建成区面积	一致性检验	权重
人口密度	0.2429	0.2449	0.3333	0.1639	λ＝4.16 CI＝0.0534 CR＝0.0593	0.2463
城镇化率	0.3036	0.3061	0.3333	0.2459		0.2973
户籍人口与常住人口比例	0.1619	0.2041	0.2222	0.3934		0.2454
城市建成区面积	0.2915	0.2449	0.1111	0.1967		0.2111

从表3－29可以看出，城镇化率在城镇化水平体系指标下的影响力排在首位，表明城镇化率在推进国家中心城市建设以及提高协调发展竞争力方面比其他因素更加具有说服力。

4. 文明城市建设的权重

在用层次分析法计算文明城市建设的权重时，原本文明城市建设的权重即被评为文明城市次数或文明城区数量，在国家评选文明城市的过程中，北京、上海、天津、重庆作为省级单位评选区的数量，而其他城市是按照整体来评选的，因此在计算该部分的权重时，将北京、上海、天津、重庆每个市的文明城区个数换算成每个城市的次数来计算，因此在此部分的权重仅仅有被评为文明城市次数。

（二）二级指标权重

以上数据为三级指标在二级指标分类中的权重确认，将二级分类的4个指标（收入水平、经济结构、城镇化水平和文明城市建设）依次用层次分析法进行分析，结果如表3－30所示。

表3－30　协调发展竞争力二级指标权重

指标	收入水平	经济结构	城镇化水平	文明城市建设
收入水平	1	1	6/5	9/8
经济结构	1	1	6/5	7/6
城镇化水平	5/6	5/6	1	10/11
文明城市建设	8/9	6/7	11/10	1

如表3－31所示，将二级权重的矩阵进行归一化处理，符合层次分析法的具体要求，因此得出收入水平、经济结构、城镇化水平、文明城市建设4个指标体系的权重分别为26.85%、27.10%、22.21%、23.84%，从数据中可以看出经济结构在协

表3－31　协调发展竞争力二级指标归一化处理

结果	收入水平	经济结构	城镇化水平	文明城市建设	一致性检验	权重
收入水平	0.2687	0.2710	0.2667	0.2678	λ＝4.04 CI＝0.0001 CR＝0.00015	0.2685
经济结构	0.2687	0.2710	0.2667	0.2777		0.2710
城镇化水平	0.2239	0.2258	0.2222	0.2164		0.2221
文明城市建设	0.2388	0.2323	0.2444	0.2381		0.2384

调发展竞争力中的权重最高，这也从另一个方面说明了经济基础决定上层建筑。

（三）总权重

4个二级指标和12个三级指标都已经如上述各表中所示，由此可以将三级指标在二级指标的权重乘以二级指标在一级指标的权重，得出各个三级指标在一级指标中所占的权重，如表3-32所示。

表3-32 协调发展竞争力权重指标

项目	收入水平	经济结构	城镇化水平	文明城市建设	权重
	0.2685	0.2710	0.2221	0.2384	
城镇居民人均可支配收入	0.3655				0.0981368
农村居民人均纯收入	0.2978				0.0799593
城乡居民人均可支配收入比	0.3367				0.0904040
地区生产总值		0.3270			0.0886170
第三产业增加值占地区生产总值比重		0.2936			0.0795656
人均地区生产总值		0.3794			0.1028174
人口密度			0.2463		0.0547032
城镇化率			0.2973		0.0660303
户籍人口与常住人口比例			0.2454		0.0545033
城市建成区面积			0.2111		0.0468853
被评为文明城市次数				1	0.2384000
合计					0.9999492

二 综合分析法确定综合评价值

前面已经将各影响因素的权重计算得出，而通过综合分析法将20个城市2015年的数据（如表3-33所示）进行标准化处理，即获得了20个城市的标准化数据。

表 3－33　20 个城市的比较数据①

城市	城镇居民人均可支配收入	农村居民人均纯收入	城乡居民人均可支配收入比	地区生产总值	第三产业增加值占地区生产总值比重	人均地区生产总值	人口密度	城镇化率	户籍人口与常住人口比例	城市建成区面积	被评为文明城市次数
北　京	52859	20569	0.3891300	23014.60	79.65	23014.60	1322.6690	86.510	1.613515	1419.66	4
上　海	52962	23205	0.4381440	25123.45	67.76	25123.45	3809	89	1.673819	998.75	4
广　州	46734	19323	0.4134680	18100	67.11	18100	1816.1290	85.530	1.580573	1249.11	1
天　津	34101	18482	0.5419780	16538.20	46.70	16538.20	1315	82.640	1.506427	1007.91	2
重　庆	27239	10505	0.3856600	15717.27	47.70	15717.27	366.0862	60.900	0.894630	1350.66	3
成　都	33476	17690	0.5284380	10801.16	37.55	10801.16	1159	67.510	1.193600	837.27	3
武　汉	36436	17722	0.4863870	10905.60	51	10905.60	1237.8940	79.770	1.279161	585.61	1
郑　州	31099	17125	0.5506610	7315.20	48.62	7315.20	1285.1200	69.700	1.150000	422.35	2
西　安	33188	14072	0.4240090	5801.20	59.55	5801.20	861.2584	73.020	1.067307	517.74	1
深　圳	44633	19323.10	0.4329330	17502.86	41.18	157985	5697	100	3.2053579	923.25	3
杭　州	48316	25719	0.5323081	8721.99	58.24	164886	543	75.300	1.2463548	541.38	2
沈　阳	36643	13486.06	0.3680392	7272.30	47.50	87734	568	80.545	1.1351314	588.26	1
济　南	39889	14232	0.3567901	6100.20	57.17	85919	872	0.680	1.1397887	447.69	0
哈尔滨	30978	13375	0.4317580	5751.20	55.90	59027	181.1000	43.538678	1.1093197	435.28	1
长　春	29090	11749	0.4038845	5530	43.70	73324	427.9115	61	1.1674184	519.04	2
厦　门	42606.62	17557.51	0.4120841	3466.02	55.70	90379	2271.4033	43.569948	1.3281709	334.64	4
青　岛	40370	16730	0.4144166	9300.07	52.79	102519	806.3287	69.986	1.1692802	599.32	3
宁　波	47852	26469	0.5531430	8003.61	45.24	102374	598	71.100	1.3339584	330.75	4
南　京	46104	19483	0.4225881	9720.77	57.31	118171	1248.4311	81.399	1.2604683	773.79	2
大　连	35889	14667	0.4086768	7731.60	50.82	110682	473	75	1.1770553	433.30	4

① 估算说明：上海城镇化率依据商务部 2014 年 8 月 11 日公布说明，郑州户籍人口与常住人口依照其在国家中心城市比较中其他数据排名，在成都和西安之间取值，哈尔滨常住人口数据来源百度百科。

对表 3－33 中的数据做标准化处理之前，先对该数据做如下解释，表中个别数据为根据实际情况进行的估算（估算说明见表下方），在估算的过程中考虑各种原因，存在不同程度的偏差，对上述数据做标准化处理可以得到如表 3－34 所示的数据。

表 3－34　数据标准化解读

指标	N	极小值	极大值	均值	标准差
城镇居民人均可支配收入	20	27239.00	52962.00	39523.2310	7873.26039
农村居民人均纯收入	20	10505.00	26469.00	17574.1835	4278.49432
城乡居民人均可支配收入比	20	0.36	0.55	0.4447	0.06335
地区生产总值	20	3466.02	25123.45	11120.8650	6118.63954
第三产业增加值占地区生产总值比重	20	37.55	79.65	53.5595	9.98438
人均地区生产总值	20	5801.20	164886.00	64315.8340	51840.67741
人口密度	20	181.10	5697.00	1342.9166	1310.26094
城镇化率	20	0.68	100.00	69.8349	21.40853
户籍人口与常住人口比例	20	0.89	3.21	1.3866	0.48754
城市建成区面积	20	330.75	1419.66	715.7880	338.30973
被评为文明城市次数	20	0.00	4.00	2.3500	1.26803
文明城区数量有效的 N(列表状态)	20				

将表 3－34 的标准化数值与权重相乘，即可得出 20 个城市的比较得分，如表 3－35 所示。

20 个城市的总竞争力得分如表 3－36 最后一列，将得分按照降序排序如表 3－37 所示。

从图 3－24 可以明显看出，20 个城市的城市协调发展竞争力排名顺序依次是上海、北京、深圳、宁波、杭州、厦门、南京、广州、大连、青岛、天津、成都、郑州、重庆、武汉、沈阳、长春、西安、哈尔滨、济南。在 9 个国家中心城市协调发

表 3－35 数据标准化

城市	城镇居民人均可支配收入	农村居民人均纯收入	城乡居民人均可支配收入比	地区生产总值	第三产业增加值占地区生产总值比重	人均地区生产总值	人口密度	城镇化率	户籍人口与常住人口比例	城市建成区面积	被评为文明城市次数
北 京	1.69381	0.69997	－0.87764	1.94385	2.61313	－0.79670	－0.01545	0.7789	0.4655	2.08055	1.30123
上 海	1.70689	1.31607	－0.10389	2.28851	1.42227	－0.75602	1.88213	0.89521	0.58919	0.83640	1.30123
广 州	0.91586	0.40875	－0.49343	1.14064	1.35717	－0.89150	0.36116	0.73312	0.39793	1.57643	－1.06465
天 津	－0.68869	0.21218	1.53528	0.88538	－0.68702	－0.92162	－0.02131	0.59813	0.24585	0.86348	－0.27602
重 庆	－1.56025	－1.65226	－0.93242	0.75121	－0.58687	－0.93746	－0.74552	－0.41735	－1.00902	1.87660	0.51261
成 都	－0.76807	0.02707	1.32153	－0.05225	－1.60345	－1.03229	－0.14037	－0.1086	－0.3958	0.35909	0.51261
武 汉	－0.39212	0.03455	0.65770	－0.03518	－0.25635	－1.03028	－0.08015	0.46407	－0.2203	－0.38479	－1.06465
郑 州	－1.06998	－0.10499	1.67236	－0.62198	－0.49472	－1.09953	－0.04411	－0.0063	－0.48523	－0.86736	－0.27602
西 安	－0.80465	－0.81856	－0.32703	－0.86942	0.59999	－1.12874	－0.3676	0.14878	－0.65484	－0.58540	－1.06465
深 圳	0.64900	0.40877	－0.18615	1.04304	－1.23989	1.80687	3.32307	1.40902	3.73057	0.61323	0.51261
杭 州	1.11679	1.90366	1.38263	－0.39206	0.46878	1.93999	－0.6105	0.25527	－0.28759	－0.51553	－0.27602
沈 阳	－0.36582	－0.95551	－1.21059	－0.62899	－0.60690	0.45173	－0.59142	0.50028	－0.51573	－0.37696	－1.06465
济 南	0.04646	－0.78116	－1.38818	－0.82055	0.36161	0.41672	－0.35941	－3.23027	－0.50617	－0.79246	－1.85327
哈尔滨	－1.08535	－0.98146	－0.20470	－0.87759	0.23442	－0.10202	－0.88671	－1.22831	－0.56867	－0.82915	－1.06465
长 春	－1.32515	－1.36150	－0.64472	－0.91374	－0.98749	0.17377	－0.69834	－0.41268	－0.4495	－0.58156	－0.27602
厦 门	0.39163	－0.00390	－0.51528	－1.25107	0.21438	0.50276	0.70863	－1.22685	0.90579	－1.12662	1.30123
青 岛	0.10755	－0.19731	－0.47846	－0.29758	－0.07707	0.73693	－0.40953	0.00704	－0.44568	－0.34426	0.51261
宁 波	1.05786	2.07896	1.71154	－0.50947	－0.83325	0.73414	－0.56853	0.05909	－0.10791	－1.13812	1.30123
南 京	0.83584	0.44614	－0.34946	－0.22882	0.37564	1.03886	－0.07211	0.5402	－0.25864	0.17145	－0.27602
大 连	－0.46159	－0.67949	－0.56907	－0.55392	－0.27438	0.89440	－0.66393	0.24126	－0.42973	－0.83500	1.30123

表 3-36　20 个城市协调发展竞争力得分

城市	城镇居民人均可支配收入	农村居民人均纯收入	城乡居民人均可支配收入比	地区生产总值	第三产业增加值占地区生产总值比重	人均地区生产总值	人口密度	城镇化率	户籍人口与常住人口比例	城市建成区面积	被评为文明城市次数	总分
上　海	0.1675086	0.1052320	-0.0093920	0.2028009	0.1131638	-0.0777320	0.000845	0.051431	0.0253713	0.0392149	0.3102132	1.045191783
北　京	0.1662250	0.0559691	-0.0793420	0.1722582	0.2079153	-0.0819150	-0.1029586	0.059111	0.0321128	0.0975472	0.3102132	0.924828414
广　州	0.0898795	0.0326834	-0.0446080	0.1010801	0.1079840	-0.0916620	0.0197566	0.0484082	0.0216885	0.0739114	-0.2538130	0.105309432
天　津	-0.0675860	0.0169658	0.1387954	0.0784597	-0.0546630	-0.0947590	-0.001166	0.0394947	0.0133996	0.0404845	-0.0658030	0.043623332
重　庆	-0.1531180	-0.1321140	-0.084294	0.0665700	-0.0466950	-0.0963870	-0.040782	-0.027558	-0.054995	0.0879850	0.1222062	-0.359181629
成　都	-0.0753760	0.0021645	0.1194715	-0.0046300	-0.1275790	-0.1061370	-0.007679	-0.007171	-0.021572	0.0168360	0.1222062	-0.089466675
武　汉	-0.0384810	0.0027626	0.0594587	-0.0031180	-0.0203970	-0.1059310	-0.004384	0.0306427	-0.012007	-0.0180410	-0.2538130	-0.363307422
郑　州	-0.1050040	-0.0083950	0.1511879	-0.0551180	-0.0393630	-0.1130510	-0.002413	-0.000416	-0.026447	-0.0406660	-0.0658030	-0.305488065
西　安	-0.0789660	-0.0654510	-0.029565	-0.0770450	0.0477386	-0.1160540	-0.020109	0.009824	-0.035691	-0.0274470	-0.2538130	-0.646578067
深　圳	0.0636908	0.0326850	-0.016829	0.0924311	-0.0986530	0.1857777	0.1817827	0.0930381	0.2033285	0.0287515	0.1222062	0.888210124
杭　州	0.1095981	0.1522153	0.1249952	-0.0347430	0.0372988	0.1994647	-0.033396	0.0168556	-0.015675	-0.0241710	-0.0658030	0.466639657
沈　阳	-0.0359000	-0.0764020	-0.109442	-0.0557390	-0.0482880	0.0464457	-0.032353	0.330337	-0.028109	-0.0176740	-0.2538130	-0.578240665
济　南	0.0045594	-0.0624610	-0.125497	-0.0727150	0.0287717	0.0428461	-0.019661	-0.213296	-0.027588	-0.0371550	-0.4418200	-0.924014363
哈尔滨	-0.1065130	-0.0784770	-0.018506	-0.0777690	0.0186518	-0.0104890	-0.048506	-0.081106	-0.030994	-0.0388750	-0.2538130	-0.726395866
长　春	-0.1300460	-0.1088650	-0.058285	-0.0809730	-0.0785700	0.0178666	-0.038201	-0.027249	-0.024499	-0.0272670	-0.0658030	-0.621892179
厦　门	0.0384333	-0.0003120	-0.046583	-0.1108660	0.0170573	0.0516925	0.0387643	-0.081009	0.0493686	-0.0528220	0.3102132	0.21393671
青　岛	0.0105546	-0.0157770	-0.043255	-0.0263710	-0.0061320	0.0757692	-0.022403	0.0004649	-0.024291	-0.0161410	0.1222062	0.054626301
宁　波	0.1038149	0.1662322	0.15473	-0.0451480	-0.0662980	0.0754824	-0.0311	0.0039017	-0.005881	-0.0533610	0.3102132	0.612585705
南　京	0.0820266	0.0356730	-0.031593	-0.0202770	0.0298880	0.1068129	-0.003945	0.0356696	-0.014097	0.0080385	-0.0658030	0.162394172
大　连	-0.0452990	-0.0543320	-0.051446	-0.0490870	-0.0218310	0.0919599	-0.036319	0.0159305	-0.023422	-0.0391490	0.3102132	0.097218921

表 3-37　20 个城市协调发展竞争力得分排序

城　市	总　分	城　市	总　分
上　海	1.0451918	天　津	0.0436233
北　京	0.9248284	成　都	-0.089467
深　圳	0.8882101	郑　州	-0.305488
宁　波	0.6125857	重　庆	-0.359182
杭　州	0.4666397	武　汉	-0.363307
厦　门	0.2139367	沈　阳	-0.578241
南　京	0.1623942	长　春	-0.621892
广　州	0.1053094	西　安	-0.646578
大　连	0.0972189	哈尔滨	-0.726396
青　岛	0.0546263	济　南	-0.924014

展竞争力方面的排名依次是上海、北京、广州、天津、成都、郑州、重庆、武汉、西安。作为国家经济中心的上海和北京遥遥领先于其他城市的协调发展竞争力得分，而作为计划单列市的深圳总得分也有非常优异的表现，位居第三。反观杭州的数据，则可以看出其在总体表现上排在第五位，其数据没有非常

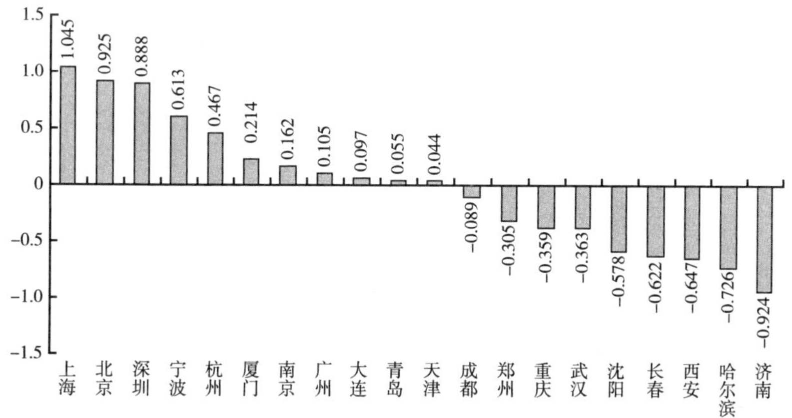

图 3-24　协调发展竞争力得分

突出，但是因为其总体表现都比较好，相对平均，所以杭州排在综合竞争力的第五位。而成都在9个国家中心城市的排名是第五位，从数据中可以看出拉低成都排名的主要因素是第三产业增加值占地区生产总值的比重及人均地区生产总值，由此可以看出在成都解决相应的问题后，可以提升总体水平。排名第四位的宁波因为其总体表现不错，且其文明城市建设方面占比较高，所以其总体排名第四位。

协调发展竞争力与经济水平、城镇化水平、城乡投资、社会需求、就业、城市建设等密切相关。因此，在推进国家中心城市建设过程中，将要素配置一体化、均衡化至关重要。要坚持政府引导和市场配置相结合，加强各类要素市场建设，不仅要把公共资源投向经济建设、基础设施建设、投资、就业、城市等，更多的要让生产要素流向全社会各个方面，促进全域范围内资源要素合理流动、优化配置。

第七节　协调发展实践案例：成都市建设美丽川西林盘*

习近平总书记指出："我国发展不协调是一个长期存在的问题。"[②] 四川省委在制定"十三五"规划时也明确指出要根据"五位一体"总体布局，坚持区域协同、城乡一体、物质文明精

---

* 本案例系成都市委党校（成都行政学院、成都市社会主义学院）2018年度校院智库重点课题"新时代成都市公共服务创新实证研究"成果，案例执笔人：李甲奇。

② 习近平总书记在党的十八届五中全会第二次全体会议上的讲话。

神文明并重，强化多点多极支撑，促进新型工业化、城镇化、信息化、农业现代化同步发展，增强发展协调性和整体性。成都市第十三次党代会强调，贯彻协调发展理念，首重城乡统筹。成都正以“强担当”的势头奋勇突起，不但凸显“大城崛起”的发展自信，而且突出了牢记使命的政治自觉、一往无前的精神状态。

2018 年 4 月，成都市发布《2018 年成都市实施乡村振兴战略推进城乡融合发展行动计划》，从构建乡村振兴规划体系、加快建设生态宜居美丽乡村等方面，对 2018 年重点工作做出全面部署。以“乡村振兴走廊”重塑城乡融合发展空间格局，力争农业产业增加值增长 3%，农商文旅融合新产业新业态产值增长 20%，全市居民人均可支配收入增长 9%，建立急需紧缺“人才资源库”，培训新型职业农民 1 万名。[①]

一　以历史视野建设美丽川西林盘

川西林盘发源于古蜀文明时期，成型于漫长的移民时期，延续至今已有几千年历史。它广泛分布于中国西南地区，尤以川西扇形冲积平原的林盘为典型。成都地处古蜀文化发源地，具有悠久的历史和深厚的文化底蕴[②]。成都周边广大的农村区域星罗棋布分布着乡村院落，这些院落空间以建筑实体形式和周

① 涂文全：《我市发布〈2018 年成都市实施乡村振兴战略推进城乡融合发展行动计划〉》，https://baijiahao.baidu.com/s?id=1597418506214127724&wfr=spider&for=pc，最后访问时间：2018 年 10 月 30 日。

② 百度百科，https://baike.baidu.com/item/%E5%B7%9D%E8%A5%BF%E6%9E%97%E7%9B%98/3418364?fr=aladdin，最后访问时间：2018 年 10 月 30 日。

边高大乔木、竹林、河流及外围耕地等自然环境有机融合，最终构成了以林、水、宅、田为主要要素的川西林盘，从而形成了成都平原特有的、在全国具有唯一性的川西田园风光。川西林盘作为一种集生态、生产、生活和景观于一体的复合型农村居住模式，以生态为基础、以生产为依托、以生活为目的、以景观为特征，具有重要的历史见证和实践价值，具有很高的生态价值和美学价值，是我国乃至世界的重要文化景观遗产。

随着我国城市化进程和农业产业化快速发展、汶川地震灾害破坏以及新农村规划建设出现的简单模仿城镇小区形式、缺乏多样性等现象，川西“林盘”的数量正在逐年锐减；此外，对传统文化的片面认识也影响到林盘文化，使得对林盘文化没有进行很好的挖掘，从而导致川西林盘这种具有深厚人文历史的生态聚落形态正面临着严峻的考验。林盘萎缩、林盘景观变差等现象频出①。虽然林盘是传统农耕文明的产物，但其以崇尚自然、培育自然、保护环境、维持生态平衡、降低资源消耗、促进资源永续利用等为基本特征，体现了协调发展。因此，林盘可以作为发展可持续农业生产的有机载体，经过建设和更新的林盘，不仅能适应和促进现代农业发展，还能创造美好的具有时代气息的现代乡村生活。

成都市第十三次党代会提出“建设全面体现新发展理念的国家中心城市”的总体目标和建设世界历史文化名城的总体定位，为此，贯彻绿色发展理念，建设美丽中国典范城市，大力

① 刘卫兵：《保护文脉　留住乡愁——川西林盘聚落保护与更新》，http：//www.zhjs.cc/article－52541－1.html，最后访问时间：2018年10月30日。

实施乡村振兴战略，确定了2018年成都市的“十大工程”，其中之一就是“实施川西林盘保护修复工程”。2018年4月《成都市川西林盘保护修复工程实施方案》正式出台，此方案充分依循传统川西林盘“田、林、水、院”空间格局，统筹实施山、水、林、田、湖整治，打造“中国川西林盘聚落”，在川西坝子逐步呈现“岷江水润、茂林修竹、美田弥望、蜀风雅韵”的锦绣画卷[①]。成都市将把林盘作为特色镇的延伸和组成部分，围绕特色镇布局林盘保护修复点位，采用“特色镇+林盘+产业园”“特色镇+林盘+农业园区”“特色镇+林盘+景区”三种建设模式推进林盘保护修复；依托天府绿道、环城生态区、龙泉山城市森林公园等特色资源，结合田园综合体建设等项目，统筹推进林盘保护修复。川西林盘保护修复将遵循“保护优先”的原则，保持川西林盘建筑形态与地形、林木等环境元素自然相融的特色，充分遵循传统川西林盘“田、林、水、院”空间格局、维持林盘周边环境景观要素完整；充分体现川西民居建筑风貌、历史遗迹、径、桥等特色要素，体现人文景观要素完整。在修复中将统筹实施山、水、林、田、湖等川西林盘基本要素，通过“整田、护林、理水、改院”，建设“宜居、宜业、宜游”的功能复合的现代林盘院落。成都市将设立100亿元特色镇和川西林盘建设发展基金，推动基金投入基础设施、公共服务配套设施及文化、旅游、产业园区等项目中；鼓励通过PPP模式

---

① 《1000个川西林盘告诉你什么叫“岷江水润、茂林修竹”〈成都市川西林盘保护修复工程实施方案〉出台》，http://www.yybnet.net/chengdu/dujiangyan/201804/7245737.html，最后访问时间：2018年10月30日。

等方式，引导社会资本参与特色镇和川西林盘建设，鼓励使用集体建设用地发展林盘产业项目。对开展特色镇（街区）建设和川西林盘整治的项目实施主体，采取股权投资、担保、贴息等方式给予支持。

2014 年有关统计显示，成都市共有林盘约 12.11 万个，总面积 54185.37 公顷，林盘内居住人口 362.56 万人，人均占地面积 150 平方米，其中居住 10 户以上、形态完整的大中型林盘约 1.02 万个。2014 年《成都市川西林盘保护利用规划》从 12 万多个林盘中优选出大中型林盘规划保护点 6645 个，其中，聚居及乡村旅游保护点 3567 个、特色农业产业利用林盘保护点 3078 个，林盘保护面积 15616.97 公顷。现具有保护利用价值的林盘仅存 5600 多个[①]。2018～2022 年，成都市将完成 1000 个川西林盘的保护修复。2018 年启动林盘建设 300 个（20～30 个川西林盘作为试点示范）；2019 年启动林盘建设 200 个；2020 年启动林盘建设 200 个；2021 年启动林盘建设 150 个；2022 年启动林盘建设 150 个。

二　以川西林盘建设推进乡村振兴战略

成都地处川西平原，地理环境和大气环境为发展现代都市农业提供了完美的条件。川西林盘是天府文化、成都平原农耕文明和川西民居建筑风格的鲜活载体，川西平原的林盘，结合了都江堰水利灌溉系统、农业生产和家庭体系与生活方式，整

① 《川西林盘缀田园　青山绿水绕林盘》，https：//baijiahao.baidu.com/s? id = 1591792348201631647&wfr = spider&for = pc，最后访问时间：2018 年 10 月 30 日。

合了成都平原生活、生产与生态环境，是文化象征和使用价值完美结合的空间形式，其独有的区位优势为深入推进乡村振兴创造了有利条件。川西林盘可以分为如下五类：农耕型林盘、旅游型林盘、经济型林盘、生态型林盘、新型聚居点林盘。[①] 田园风光、茂林修竹、农家小院、小桥流水、田坝果园，这些特有的乡村风光成为现代独特的旅游资源，因此对应的五种旅游形式为农耕型林盘生态旅游模式、旅游型林盘生态旅游模式、经济型林盘生态旅游模式、生态型林盘生态旅游模式、新型聚居点林盘生态旅游模式。林盘类型决定了它的旅游开发价值，每种林盘都有其独特的旅游价值，以川西林盘中最典型的也是最多的一类林盘——农耕型林盘为例，其主要功能是进行粮食生产，在以前以农耕为主的历史阶段发挥了重要作用。现在，对于旅游开发来说，这种林盘有其独特的价值。农耕型林盘在种植过程中会形成大面积的色块，这种色块对于生活在大城市中的人们而言是一种优美的自然风光，一种世外桃源般的田园牧歌式的景色，极具观赏价值[②]。

在建设川西林盘方面，成都各区县依据自身特点定制保护开发，例如有花卉苗木基础的温江，将依托 20 万亩花卉苗木和 3000 个特色川西林盘，大力发展“两养”产业，成片打造 167 平方公里的生态园林博览园，实现园林变景区、田园变公园。郫都区将重点打造 34 个特色林盘聚落群，形成独具魅力的“竹

① 毛林强、沈一：《城市化进程中川西林盘的开发与保护》，《湖南农业科技》2013 年第 13 期。

② 孙大远：《川西林盘景观资源保护与发展模式研究》，四川农业大学硕士学位论文，2011。

里”林盘景区，大力实施川西林盘聚落建设和乡村旅游提档升级工程。成都品牌“天府源”作为全国首个、目前唯一的副省级城市农业区域公用品牌正逐步“打响”。成都首次举办了天府源·成都首届农业文化创意设计大赛。为了贯彻党的十九大精神，成都大力实施乡村振兴战略，提出实施农业品牌建设工程，建设农业品牌的设计之都、以品牌运作资源的农产品集散之城。在实施农业品牌建设工程中，成都提出要彻底改变农产品以粗加工形态进入市场的弊端，提高品牌运营的意识，加强对农产品标识、产地、质量、包装、品牌的创意设计，大力推进品牌创造、品牌输出和品牌营销，以品牌整合资源、运作市场，把成都建设成为农业品牌的设计之都、以品牌运作资源的农产品集散之城。①

三　川西林盘的典型代表：崇州“竹艺村”

成都市所辖崇州市域范围内有 8086 个林盘，其中居住 20 户以上大中型林盘 1109 个，有 1084 个分布在平坝区，只有 25 个分布在山区及丘陵地区。林盘内居住了 166248 户村民，生产方式为小农经济、自给自足，稻作为主的灌溉农业，以粮油为主要产业。从林盘的水平空间形态上看，林盘空间过渡表现为，田（空）—林（虚）—宅院（实）。其颜色由黄绿（田）—葱翠（林）—灰白（宅院）点片交错的丰富层次，构成崇州独特的田园风光。川西林盘内住户多为小家独户，各家皆为独院，

① 《到 2022 年成都将完成修复 1000 个川西林盘》，《成都商报》2018 年 2 月 8 日。

人均占有宅基地（含林木地）122 平方米左右，生活密度宽松使得邻里关系融洽，数个相距不远的小型林盘构成较大的林盘群，林盘之间以田为界，宅院相距不远，间距多为几十米至百米不等。林盘居民大多保持传统农耕生活方式和习俗，鸡犬满院，日出而作、日落而归。竹艺村，位于中国竹编非遗小镇道明镇，坐落在中国最美乡村公路——重庆路旁，背靠无根山，紧邻成都白塔湖。严格来说，竹艺村并不是一个行政村，目前它指的是崇州市道明镇龙黄村九组、十一组、十三组所在区域，包括 86 户村民。[①]

崇州市于 2010 年完成了《崇州市川西林盘保护利用规划》。《规划》按照成都市林盘保护利用导则要求，将全市林盘划分为“聚居及乡村旅游利用林盘”和“特色农业产业利用林盘”两大类，对所有林盘进行定点、定位、定性。按照“大集中、小分散”“宜聚则聚、宜散则散”等原则，充分与全市土地综合整治规划、土地利用总体规划相结合。[②] 崇州市委、市政府以治理有效和生活富裕为目标的一系列工作推进，仅在 2018 年，就有 21 个项目被列入成都市乡村振兴重大项目，总投资达到 539 亿元。这些项目的落地实施，为乡村振兴带去了先进的治理、管理、开发理念，为实现村民生活富裕奠定了坚实的发展基础。[③]

---

① 成都市旅游局：《崇州竹艺村：走乡村振兴之路　打造梦想中的天府林盘》，http：//www. cdta. gov. cn/show－11－29531－1. html，最后访问时间：2018 年 10 月 31 日。

② 《崇州市川西林盘保护利用初探》，http：//gk. chengdu. gov. cn/govInfoPub/detail. action？id＝614100&tn＝2，最后访问时间：2018 年 10 月 31 日。

③ 成都市旅游局：《崇州竹艺村：走乡村振兴之路　打造梦想中的天府林盘》，http：//www. cdta. gov. cn/show－11－29531－1. html，最后访问时间：2018 年 10 月 31 日。

5 位竹编非遗传承人在这里居住、生活，传统的竹编手艺在这里代代传承，改变，源自一座叫“竹里”的建筑空间的诞生。“竹里”一词源自崇州的文化名片、南宋大诗人陆游的一首词——《太平时》，其中描绘了曲径通幽的中国风景画意境，成为设计这座建筑的灵感。“竹里房栊一径深，静愔愔。乱红飞尽绿成荫，有鸣禽。临罢兰亭无一事，自修琴。铜炉袅袅海南沉，洗尘襟。”上海著名建筑师袁烽及其设计团队用轻型预制的钢木构架支撑起一个内向折叠的环形青瓦屋面，这种形式来源于无限符号“∞”，也是太极图案的拓扑变形，代表着融合与无限。以“竹里”为中心，道明镇深度挖掘竹子的可能性，竹编产业提质升级，形成了集制作、加工、展销、教学、体验为一体的竹艺休闲产业。走进道明镇，游客可以听风赏竹、烹茶品茗，欣赏当地竹编匠人的手工艺品，参加艺术节、建造节等各类特色活动。随着周边城里人慕名而来，村民户均年租金收入 1.5 万元，人均务工每年增收 2000 元以上，道明镇成了成都市推动乡村振兴战略的典范。游客纷至沓来的同时，道明镇也吸引了越来越多愿意回到乡村进行创作的艺术家。他们成为村里的新村民，继承发扬当地以林盘为典型代表的人文特性，打造出更多元的新兴业态。

2017 年底，按照保护原生态、留下原住民、尊重原产权、使用原材料的“四原”原则，对竹艺村进行规划设计。规划特别注重三方面理念。一是本地特色农业、竹编产业、休闲体验、文化创意及美丽乡村建设的有机融合，保留原有林盘院落的空间结构和体量，空间设计体现川西林盘亲近自然、融合自然的特性。二是鼓励艺术家进入社区，与当地自然、人文环境产生互动，将艺术巧妙融入乡间和自然，推动文化挖掘和地域再生。三是依托林盘打造民宿酒店和休闲农田体验，形成独特的乡村文化旅游产业。建成后游客中心建在原宅基地上，尽量少占地，但挑高层设计，照样能满足员工办公需要。将游客中心旁的一片杂林地开发成湿地，变成村污水处理的重要一环，全村 86 户人家实现严格的雨污分流。停车场既没有新占耕地，也没有过多砍伐树木，而是通过整理杂林地形成新的空间。三径书院，村民家原来的客厅、卧室变身成了书房，可举办容纳近百人的会议、沙龙、讲座、展览，文艺青年可以在这里看书、喝咖啡、听音乐。遵生小院，体验古人合于道法又富诗意美感的生活方式，手工制作中草药膏等民间工艺、传统文化、中医养生、生活美学、亲子教育等各类课程应有尽有。来去酒馆，坐在院子里低头慢品小酌，抬头则是满眼绿意的农田和菜园。竹编博物馆，两千多年的竹编文化焕发新生命力，曾经被冷落的各种竹编用品，有的成为颇具设计感与美学的艺术品，有的则更具实用性，未来将走向市场走进更多人的生活。[①]

在川西平原上还有蒲江县甘溪镇明月村林盘、温江区万春镇和林林盘、青白江区祥福镇接龙岛西江月林盘、郫都区新民场镇鹿野苑林盘等，越来越多的百姓诉说着产业兴旺、生态宜居、乡风文明、治理有效、生活富裕的乡村振兴故事。

① 李倩：《乡村振兴的另一种可能——四川省崇州市道明竹艺村的启示》，http：//www.sohu.com/a/241637641_ 543939，最后访问时间：2018 年 10 月 31 日。

第四章
绿色发展竞争力比较

本章将从绿色发展理念的视角对比 9 个国家中心城市绿色发展竞争力指标的差异性，并将 11 个副省级城市在这些指标上的数据一并列入比较，最后进行 9 个国家中心城市和 11 个副省级城市绿色发展竞争力的综合比较，以期分析国家中心城市绿色发展竞争力的水平。通过本章的分析可以清晰地看到各个城市在绿色发展竞争力方面的优劣势。只有从本质上看到自己的优势和劣势，才能在后续的城市发展战略规划中发挥自己的优势，并对劣势部分进行改进，为各地政府加快建设具有综合竞争力的城市提供政策参考。

第一节　绿色发展竞争力指标构建

一　研究背景

改革开放 40 年来，我国的经济建设成就举世瞩目，国内生产总值从 1978 年的 3679 亿元增长到 2017 年的 827122 亿元，增长了 224 倍，年均增速达到 9.5%，连续 7 年位居全球第二大经济体。人均地区生产总值也由最初的 155 美元增长到 8800 美元，据预测，2022 年，中国人均地区生产总值有望达到 12600 美元，进入高收入国家行列。

经济的高速发展也带来了一系列突出的矛盾和问题，资源环境承载力逼近极限，高投入、高消耗、高污染的传统发展方式已不可持续。大范围雾霾、水体污染、交通拥堵、环境卫生状况堪忧等问题成为制约人民群众美好生活的巨大掣肘。基于此，2003 年 4 月，时任中共中央总书记胡锦涛在广东考察时，针对“非典”肆虐带来的严重损失，提出了“全面的发展观”概念，要求做到集约发展、全面发展、系统发展、可持续发展。并在当年 7 月 28 日召开的全国防治“非典”工作会议上提出“坚持以人为本，树立全面、协调、可持续的发展观，促进经济社会和人的全面发展”，按照“统筹城乡发展、统筹区域发展、统筹经济社会发展、统筹人与自然和谐发展、统筹国内发展和对外开放”[①] 的要求推进各项事业的改革和发展的方法论——科学发展观，这是党和国家层面首次对科学发展、统筹发展提出系统科学的观念[②]。2015 年，党的十八届五中全会在北京召开，以习近平同志为核心的党中央站在谋求中华民族长远发展、实现人民福祉的战略高度，提出创新、协调、绿色、开放、共享的五大发展理念。自此，绿色发展就成为指导我国经济社会发展的重要思想。

二　绿色发展理念的内涵

根据《中国共产党第十八届中央委员会第五次全体会议公

---

① 《胡锦涛在全国防治非典工作会议上发表重要讲话》，http：//www. gov. cn/ztzl/content_ 355315. htm，最后访问日期：2018 年 3 月 21 日。

② 《科学发展观形成记》，http：//theory. people. com. cn/n/2012/1116/c49151 - 19602891 - 1. html，最后访问日期：2018 年 3 月 13 日。

报》提出的绿色发展要求，绿色发展包含四个层面的含义。一是可持续发展，必须坚持节约资源和保护环境的基本国策，坚定走生产发展、生活富裕、生态良好的文明发展道路，加快建设资源节约型、环境友好型社会。二是人与自然和谐发展，构建科学合理的城市化格局、农业发展格局、生态安全格局、自然岸线格局，形成人与自然和谐发展的现代化建设新格局，推进美丽中国建设，为全球生态安全做出新贡献。三是节约和高效发展，全面节约和高效利用资源，树立节约集约循环利用的资源观，推进低碳循环发展，建设清洁低碳、安全高效的绿色循环发展产业体系，推动形成勤俭节约的社会风尚。加大环境治理力度，以提高生态环境为核心。四是严格环境保护制度，深入实施大气、水、土壤污染防治行动计划，实行省以下环保机构监测监察执法垂直管理制度，筑牢生态安全屏障，坚持保护优先、自然恢复为主，实施山、水、林、田、湖生态保护和修复工程，开展大规模国土绿化行动，完善天然林保护制度，开展蓝色海湾整治行动。

总的来说，绿色是永续发展的必要条件和人民对美好生活追求的重要体现。必须坚持节约资源和保护环境的基本国策，坚持可持续发展，坚定走生产发展、生活富裕、生态良好的文明发展道路，加快建设资源节约型、环境友好型社会，形成人与自然和谐发展的现代化建设新格局，推进美丽中国建设，为全球生态安全做出新贡献[①]。

① 《中共中央关于制定国民经济和社会发展第十三个五年规划的建议》，http://politics.people.com.cn/n/2015/1104/c1001－27773439.html，最后访问日期：2018年3月13日。

三 绿色发展的研究意义

(一) 绿色发展的理论意义

党的十八大以来，习近平总书记立足推进我国社会主义现代化建设的时代使命，洞悉从工业文明到生态义明跃迁的发展大势和客观规律，就促进人与自然和谐发展提出一系列新思想、新观点、新论断，凝聚形成绿色发展理念，推动了马克思主义生态文明理论在当代中国的创新发展。强调“生态兴则文明兴，生态衰则文明衰”①，科学揭示了生态兴衰决定文明兴衰的发展规律，实现了马克思主义生态观的与时俱进；强调“保护生态环境就是保护生产力，改善牛杰环境就是发展生产力”②，为马克思主义自然生产力理论注入新的时代内涵；强调树立“绿水青山就是金山银山”③ 的意识，强化尊重自然、传承历史、绿色低碳等理念，将环境容量和城市综合承载能力作为确定城市定位和规模的基本依据；强调“把生态文明建设融入经济建设、政治建设、文化建设、社会建设各方面和全过程”④，并从树立生态观念、完善生态制度、维护生态安全、优化生态环境，形成节约资源和保护环境的空间格局、产业结构、生产

① 《习近平：在十八届中央政治局第六次集体学习时的讲话》，http：//jhsjk. people. cn/article/28916113，最后访问日期：2018 年 8 月 25 日。

② 《习近平：在海南考察工作结束时的讲话》，http：//jhsjk. people. cn/article/29830095，最后访问日期：2018 年 8 月 25 日。

③ 《习近平：在中央城市工作会议上的讲话》，http：//cpc. people. com. cn/n1/2015/1223/c64094 - 27963704. html，最后访问日期：2018 年 5 月 21 日。

④ 《习近平：在十八届中央政治局第六次集体学习时的讲话》，http：//jhsjk. people. cn/article/28916113，最后访问日期：2018 年 8 月 25 日。

方式、生活方式等方面，对推进生态文明建设做出系统论述，提出明确要求。在这些规律性认识的基础上，党的十八届五中全会“十三五”规划提出“五大发展理念”，成为关系我国发展全局的理念集合体。其中，绿色发展理念与其他四大发展理念相互贯通、相互促进，是我们党关于生态文明建设、社会主义现代化建设规律性认识的最新成果，具有重大意义。

（二）绿色发展的现实意义

党的十九大报告指出：“中国特色社会主义进入新时代，我国社会主要矛盾已经转化为人民日益增长的美好生活需要和不平衡不充分的发展之间的矛盾。”并且提出，“人民美好生活需要日益广泛，不仅对物质文化生活提出了更高要求，而且在民主、法治、公平、正义、安全、环境等方面的要求日益增长”。解决好不平衡不充分的发展是党和国家当前和今后一段时期内各项工作的着力点，而美好生态环境供给的不平衡不充分是制约人民群众美好生活需要的瓶颈之一。从“盼温饱”到“盼环保”，从“求生存”到“求生态”，绿色优美的生态环境正成为亿万中国人民对美好生活的期盼。中国共产党作为一个永远把人民对美好生活的向往作为奋斗目标的政党，绿色发展理念不仅明确了我国当前发展的重要目标，而且回应了人民群众美好生活需求。坚持绿色发展、建设美丽中国，为当代中国人和我们的子孙后代留下天蓝、地绿、水清的生产生活环境，是新时期我们党执政兴国的重大责任和使命。

新常态背景下，资源约束趋紧、环境承受力脆弱、生态系统退化的形势十分严峻，已成为经济持续健康发展的重大阻碍。绿色发展是以效率、和谐、持续为目标的经济增长和社会发展方式，是在传统发展基础上的一种模式创新，是建立在生态环境容量和资源承载力的绿色发展约束条件下，将环境保护作为实现可持续发展重要支柱的一种新型发展模式[①]。2015 年，国务院正式发布《中国制造 2025》（国发〔2015〕28 号），“绿色”作为一个关键词出现了 46 次，并提出要实现产业结构和生产方式绿色化、应对资源能源约束和生态环境压力，绿色发展已成为我国走新型工业化、新型城镇化道路的重要遵循，成为促进经济结构转型升级、提高经济发展效益的重要动力。

2017 年 5 月 26 日，习近平总书记在十八届中共中央政治局第四十一次集体学习时的讲话中指出，推动形成绿色发展方式和生活方式，是发展观的一场深刻革命。这就要坚持和贯彻新发展理念，正确处理经济发展和生态环境保护的关系，像保护眼睛一样保护生态环境，像对待生命一样对待生态环境，坚决摒弃损害甚至破坏生态环境的发展模式，坚决摒弃以牺牲生态环境换取一时一地经济增长的做法，让良好生态环境成为人民生活的增长点、成为经济社会持续健康发展的支撑点、成为展现中国良好形象的发力点，让中华大地天更蓝、山更绿、水更清、环境更优美[②]。2018 年5 月，习近平总书记在全国生态环境保护大会上强调，

① 王胡林：《成都持续实施“三治一增” 提升绿色发展竞争力研究》，《成都行政学院学报》2018 年第 5 期。

② 《习近平主持中共中央政治局第四十一次集体学习》，http：//cpc. people. com. cn/n1/2017/0528/c64094 -29305569. html，最后访问日期：2018 年 3 月 21 日。

要把解决突出生态环境问题作为民生优先领域，坚决打赢蓝天保卫战是重中之重，要以空气质量明显改善为刚性要求，强化联防联控，基本消除重污染天气，还老百姓蓝天白云、繁星闪烁[①]。

（三）绿色发展的时代意义

一个时期以来，全球温室气体排放、臭氧层破坏等全球气候变化问题和化学污染、总悬浮微粒超标以及生物多样性减少等生态环境问题日益严重，全球生态安全遭遇前所未有的威胁。当今世界，绿色发展已经成为一个重要趋势，成为越来越多国家和人民的共识，许多国家把发展绿色产业作为推动经济结构调整的重要举措。习近平总书记指出，“建设生态文明关乎人类未来。国际社会应该携手同行，共谋全球生态文明建设之路”[②]。以此为认识基点，我国就推进生态文明建设做出系统的顶层设计与具体部署，而且将其上升到党和国家发展战略的高度，鲜明提出绿色发展理念，充分彰显了我们党作为负责任大国执政党的使命担当。

2017年1月18日，国家主席习近平在日内瓦万国宫出席“共商共筑人类命运共同体”高级别会议并发表题为《共同构建人类命运共同体》的主旨演讲，深刻、全面、系统阐述人类命运共同体理念，主张共同推进构建人类命运共同体伟大进程，坚持

① 《习近平出席全国生态环境保护大会并发表重要讲话》，http：//www.gov.cn/xinwen/2018-05/19/content_5292116.htm，最后访问日期：2018年6月10日。

② 《习近平在第七十届联合国大会一般性辩论时的讲话》，http：//cpc.people.com.cn/n/2015/0929/c64094-27644987.html，最后访问日期：2018年3月21日。

对话协商、共建共享、合作共赢、交流互鉴、绿色低碳，建设一个持久和平、普遍安全、共同繁荣、开放包容、清洁美丽的世界。在谈到绿色低碳时，他指出，我们应该遵循天人合一、道法自然的理念，寻求永续发展之路。要倡导绿色、低碳、循环、可持续发展的生产生活方式，平衡推进2030年可持续发展议程，不断开拓生产发展、生活富裕、生态良好的文明发展道路。各方要共同推动《巴黎协定》实施，不能让这一成果付诸东流。中国将继续采取行动应对气候变化，百分之百承担自己的义务[①]。“建设生态文明关乎人类未来。国际社会应该携手同行，共谋全球生态文明建设之路，牢固树立尊重自然、顺应自然、保护自然的意识，坚持走绿色、低碳、循环、可持续发展之路。”[②] 习近平在联合国大会上这一掷地有声的呼吁，表明绿色发展已不是一个国家、一个地区需要遵循的发展理念，而是全人类发展需要遵循的理念，这是经济全球化、能源全球化、气候全球化这一时代发展的要求。

四 绿色发展竞争力指标体系构建

目前研究城市竞争力的专家学者大多从多个维度构建指标体系，田美玲从经济、空间、文化、管理服务、对外开放、生态保护等方面构建了指标体系[③]。阎耀军在构建中国大城市社会发展综

① 《习近平主席在联合国日内瓦总部的演讲》，http://jhsjk.people.cn/article/29034230，最后访问日期：2018年6月10日。

② 《习近平在第七十届联合国大会一般性辩论时的讲话》，http://cpc.people.com.cn/n/2015/0929/c64094-27644987.html，最后访问日期：2018年3月21日。

③ 田美玲：《国家中心城市的理论与实践研究——以武汉市为例》，经济管理出版社，2016，第2~3页。

合评价指标体系时，提出对生态环境要给予特别重视，体现可持续发展思想，但是实际构建指标体系时将环境保护纳入基础设施、系统模块[①]。唐晓东提出，中国城市发展水平评价指标体系由综合层、系统层和基本层构成，建立了由经济、社会、人文和生态4个子系统共21个指标变量的函数模型构成的中国城市发展水平评价指标体系[②]。郑长德基于绿色发展视角，从效率、清洁和复原三个方面提出评估指标，形成绿色发展指数[③]。梳理现有研究成果，专门提出绿色发展竞争力的学者很少，也较少从绿色角度构建较为全面的评价指标体系。为使本章提出的绿色发展竞争力评价指标体系更加科学全面，本章拟采用专家评价法（德尔菲法）对构成绿色发展竞争力的各项一级指标、二级指标进行打分评价，经过几轮的意见综合，形成相对合理的绿色发展竞争力评价指标体系。

当前，虽然国家和许多地方政府、学者对绿色发展构建指标体系，但往往是着眼全局，没有针对城市这一特定场所来综合评判。本文参照国家发改委等四部门印发的《绿色发展指标体系》(发改环资〔2016〕2635号)，结合我国城市发展实际，拟从以下四个方面来构建绿色发展竞争力指标体系。一是绿化水平，包括建成区绿化覆盖率、人均公园绿化面积、森林覆盖率等；二是环境质量，包括空气质量优良天数比例、环境噪声等效声级、城市日照时间、公共厕所数量等；三是循环利用，包括城市污水处理

① 阎耀军：《中国大城市社会发展综合评价指标体系的建构》，《天津行政学院学报》2003年第2期。

② 唐晓东：《中国城市发展水平评价指标体系及实证研究》，《生产力研究》2005年第7期。

③ 郑长德：《“五个发展”理念与民族地区经济社会全面发展研究》，《民族学刊》2017年第1期。

率、城市燃气普及率、单位地区生产总值能耗、供水能力、降水量等；四是绿色交通，包括人均公共汽车数量，人均出租车数量、人均轨道交通里程、每百常住人口日均绿色交通客运量等。

按照上述指标体系构建思路，建立一级指标、二级指标，如表 4－1 所示。接着采用德尔菲法来对初步筛选的指标集进行再筛选，进而提出相对合理、完善的评价指标体系。本章研究的是城市绿色发展竞争力比较，根据研究目的，我们邀请了研究城市管理和绿色发展竞争力的 3 位专家学者并先后三次向他们发放调查问卷，3 位专家间没有接触沟通，每次调查问卷回收后根据汇总、分析结果重新设计问卷并将结果反馈给各位专家，经过三轮后，最终形成了绿化水平、环境质量、循环利用、绿色交通 4 个一级指标，建成区绿化覆盖率、人均公园绿化面积、森林覆盖率、空气质量优良天数比例等 16 个二级指标构成的国家中心城市绿色发展竞争力的指标体系（见表 4－2）。

表 4－1　国家中心城市绿色发展竞争力指标体系（专家评价前）

一级指标	二级指标	单位
绿化水平	建成区绿化覆盖率	%
	人均公园绿化面积	平方米
	森林覆盖率	%
生态环境	空气质量优良天数	天
	环境噪声等效声级	分贝
	城市生活垃圾无害化处理率	%
	城市日照时间	小时
	公共厕所数量	座
循环利用	工业用水重复利用率	%
	城市燃气普及率	%
	单位地区生产总值能耗	吨标准煤/万元
	供水能力	万立方米/日
	降水量	毫米

续表

一级指标	二级指标	单位
绿色交通	公共汽车数量	辆
	出租车数量	辆
	轨道交通里程	公里
	绿色交通客运量	人次/百人

表 4-2 国家中心城市绿色发展竞争力指标体系（专家评价后）

一级指标	二级指标	单位
绿化水平	建成区绿化覆盖率	%
	人均公园绿化面积	平方米
	森林覆盖率	%
环境质量	空气质量优良天数比例	%
	环境噪声等效声级	分贝
	城市日照时间	小时
	公共厕所数量	座
循环利用	城市污水处理率	%
	城市燃气普及率	%
	单位地区生产总值能耗	吨标准煤/万元
	供水能力	万立方米/日
	降水量	毫米
绿色交通	人均公共汽车数量	辆/万人
	人均出租车数量	辆/万人
	人均轨道交通里程	公里
	每百常住人口日均绿色交通客运量	人次/百人

第二节 绿化水平

在绿化水平上，主要包括建成区绿化覆盖率、人均公园绿化面积和森林覆盖率 3 个二级指标。建成区绿化覆盖率指在城市建成区的绿化覆盖面积占建成区的百分比，人均公园绿地面积指城镇公园绿地面积的人均占有量，这两个指标是反映城市市民生活区域中的绿化情况，数值越高，表明绿化越好。森林覆盖率指一个地区森林面积占土地面积的百分比，是反映一个地区森林面积占有情况或森林资源丰富程度及实现绿化程度的指标。这 3 个指标是评价一座城市绿化水平必不可少的项目。

一　建成区绿化覆盖率

从建成区绿化覆盖率来看（见表 4－3），2015 年 9 个国家中心城市，成都 42.00%，北京 48.40%，上海 38.50%，天津 32.10%，重庆 40.40%，广州 36.00%，武汉 34.19%，郑州 40.30%，西安 42.04%。通过数据可以看出，北京最高，西安次之，成都第三，重庆、郑州相差不大，其余国家中心城市均不低于 30%，这就说明，在城市建成区范围内，每座城市都很重视城市绿化。北京比第二的西安高出 6.36 个百分点，比第三的成都高出 6.4 个百分点，彰显了北京作为首都的生态环保意识，也是北京应对城市化发展带来的环保问题和冬季雾霾的有力措施。其他 8 个国家中心城市，除天津、武汉外，均达到了国家森林城市评价指标城市建成区绿化覆盖率的要求，即城市建成区（包括下辖区市县建成区）绿化覆盖率达到 35% 以上，绿地率达到 33% 以上，人均公共绿地面积 9 平方米以上，城市中心区人均公共绿地达到 5 平方米以上，说明天津、武汉应加大建设力度。纵向上比较，2011 年 9 个国家中心城市，北京 45.60%，上海 38.20%，天津 30.60%，广州 35.58%，武汉 32.28%，郑州 35.10%，西安 38.96%，成都、重庆未公布。通过表 4－3 可以看出，在该项指标上，2011 年数据相较

2015 年数据，均呈现增长趋势。这也说明，5 年中，重视城市绿化，是各个城市建设的共识。

表 4－3　2011～2015 年国家中心城市建成区绿化覆盖率情况

单位：%

年份＼城市	成都	北京	上海	天津	重庆	广州	武汉	郑州	西安
2011	—	45.60	38.20	30.60	—	35.58	32.28	35.10	38.96
2012	—	46.20	38.30	30.90	—	35.61	32.90	36.10	39.53
2013	—	46.80	38.40	31.00	—	35.65	32.90	38.00	40.29
2014	—	47.40	38.40	31.80	—	35.00	33.80	40.20	40.76
2015	42.00	48.40	38.50	32.10	40.40	36.00	34.19	40.30	42.04

注：如未特别说明，本章数据来源均根据 2011～2015 年各城市统计年鉴及国民经济和社会发展公报整理，部分城市部分年份数据缺失。

同时，对比 9 个国家中心城市和 11 个副省级城市 2015 年建成区绿化覆盖率来看，国家中心城市中只有北京、西安、成都排名在前 10 位，分列第 1、7、8 位，其余 6 个国家中心城市则排在后 10 位，特别是武汉、天津排在第 19、20 位。由此可见，对比副省级城市，国家中心城市建成区绿化覆盖率优势并不明显，甚至有些城市稍显落后。

二　人均公园绿化面积

从人均公园绿化面积来看（见表 4－4），2015 年 9 个国家中心城市，成都 13.5 平方米，北京 16.0 平方米，上海 7.6 平方米，天津 10.1 平方米，重庆 16.1 平方米，广州 16.5 平方米，武汉 11.12 平方米，郑州 7.1 平方米，西安 11.47 平方米。通过数据，可以看出，广州、重庆、北京位列前三，均不低于 16 平方米。成都第四，人均公园绿化面积刚刚达到 13.5 平方米的全国平均水平[①]，城市生态环境的公用事业打造还任重道远。人均公园绿化面积低于全国平均水平的依次为西安、武汉、天津、上海、郑州，尤其是上海和郑州，人均公园绿化面积低于 10 平方米，郑州更是排在 9 个国家中心城市末位，人均只有 7.1 平方米，距离国家森林城市建设评价指标中人均公园绿化面积评价标准“园林城市、园林县城和园林城镇达标值均为≥9 平方米/人”还有不少差距。纵向上比较，2011 年 9 个国家中心城市，北京 15.3 平方米，上海 13.1 平方米，天津 10.3 平方米，广州 15.05 平方米，武汉 9.59 平方米，郑州 10.8 平方米，西安 9.9 平方米，成都、重庆未公布。通过表4－4 可以看出，5 年间，北京增长 0.7 平方米，上海降低 5.5 平方米，天津降低 0.2 平方米，广州增长 1.45 平方米，武汉增长 1.53 平方米，郑州降低 3.7 平方米，西安增长 1.57 平方米，北京、广州、武汉、西安持续增长，天津相对持平，上海、郑州大幅降低。

表 4－4　2011～2015 年 9 个国家中心城市人均公园绿化面积情况

单位：平方米

年份＼城市	成都	北京	上海	天津	重庆	广州	武汉	郑州	西安
2011	—	15.30	13.10	10.30	—	15.05	9.59	10.80	9.90
2012	—	15.50	13.29	10.50	—	15.50	10.50	11.30	10.22
2013	—	15.70	13.38	11.00	—	15.87	10.50	12.00	10.70
2014	—	15.90	7.30	9.70	—	16.14	11.06	12.30	11.22
2015	13.50	16.00	7.60	10.10	16.10	16.50	11.12	7.10	11.47

① 《2016 年中国国土绿化状况公报》，http：//www.gov.cn/shuju/2017－03/13/content_5177009.htm#1，最后访问日期：2018 年 3 月 13 日。

同时，对比9个国家中心城市和11个副省级城市2015年人均公园绿化面积来看，国家中心城市中的广州、重庆、北京、成都排名在前10位，其余5个国家中心城市则排在后10位；对比9个国家中心城市和11个副省级城市的人均公园绿化面积的平均数来看，差距并不大。由此可见，在该项数据上，国家中心城市人均公园绿化面积的优势并不明显。

三　森林覆盖率

从森林覆盖率上来看，截至2015年底，杭州有1762.27万亩林地，森林面积1644.35万亩，森林覆盖率达65.22%，实现了从1986年开始连续30年的增长，森林覆盖率居全国省会城市及副省级城市首位，位列本章研究的20个城市的首位。按照国家森林城市评价指标要求："森林覆盖率南方城市达到35%以上，北方城市达到25%以上"，杭州的森林覆盖率远高于这一评价要求，已是名副其实的森林城市。紧随杭州的是宁波，也属于浙江省，森林覆盖率达到50.35%，表明浙江省的森林资源丰富、森林城市建设成效显著。森林覆盖率在40%～50%的城市依次为西安、哈尔滨、重庆、厦门、广州、北京、深圳、大连。需要指出的是，广州、北京、深圳作为我国经济最发达的城市，地少人密，用地矛盾非常突出，在这种情况下，这三个城市依然注重保护绿水青山，创造了生态与经济发展共赢的奇迹。尤其是深圳市，2015年初启动国家森林城市创建工作，通过加大森林公园、湿地公园、特色公园的建设力度，实施森林生态修复工程，大力推进国土绿化，开展河流水系、西部沿海和深圳湾滨海湿地的植被景观建设和生态修复，贯通山地森林之间、河流湿地之间的生态廊道，促进生物多样性保育，建设鸟语花香的近自然城市森林，这为其他城市建设森林城市提供了很好的样板。森林覆盖率在30%～40%之间的城市依次为青岛、成都、济南、郑州、沈阳、长春。这6个城市除成都以外均为北方城市，按照国家森林城市森林覆盖率评价要求，这些城市均达到标准，但成都作为南方城市，森林覆盖率刚刚超出达标线，森林城市建设还任重道远。森林覆盖率低于30%的城市有4个，依次为南京、武汉、上海、天津。尤其是上海和天津，森林覆盖率分别只有15%和9.87%，远低于其他城市，这可能是由于这两个城市均为直辖市，经济发达，地理面积较小，用地需求和土地面积之间的矛盾难以调和，建议参照深圳发展模式，多层次、多措施、多途径推进绿化水平（见图4－1）。

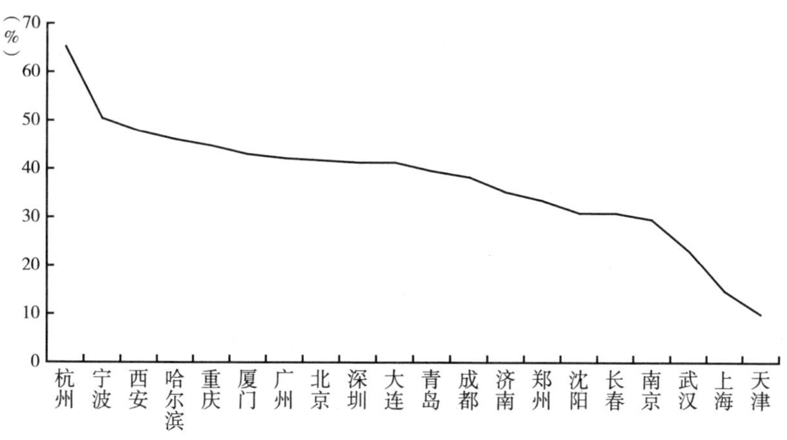

图4－1　2015年20个城市森林覆盖率

资料来源：各城市统计年鉴和城市生态环境公报、环境保护“十三五”规划。

第三节　环境质量

环境质量包含空气质量优良天数比例、环境噪声等效声级、城市日照时间、公共厕所数量四项指标。空气质量是指空气污染的程度，它是依据空气中污染物浓度的高低来判断的。优良天数比例是指全年某一地区空气质量达到良以上天数占全年总天数的比例，反映的是一年中空气整体受污染程度。按照我国现行空气质量等级分类标准[①]，空气质量指数（AQI）低于100才能算优良。环境噪声等效声级是世界大多数国家对噪声进行评价的主要指标。城市区域环境噪声包括工业噪声、交通噪声、施工噪声、社会生活噪声等。一般认为，分贝值在55以下的为良好。日照时间是指太阳在一地实际照射的时数，主要用于表征当地的气候和描述过去的天气状况。一般认为，日照时数较长有相对使人可以保持良好状态的心理效应。公共厕所是指供城市居民和流动人口共同使用的厕所，反映了一个城市的生态文明水平。

一　空气质量优良天数比例

从空气质量优良天数比例上来说，2015年，空气质量优良天数占比超过70%的城市有8个，依次为厦门、深圳、广州、宁波、青岛、重庆、大连和上海。厦门全年空气质量优良天数

① 生态环境部：《环境空气质量指数（AQI）技术规定（试行）》，http：//kjs.mep.gov.cn/hjbhbz/bzwb/jcffbz/201203/t20120302_224166.shtml，最后访问日期：2018年4月23日。

达到362天，占全年总天数的99.18%，为20个城市中最高的，紧跟其后的是深圳、广州和宁波，分别为340天、312天和303天，占比分别为93.15%、85.48%和83%，且这四座城市2013～2015年在全国36个直辖市、省会城市及计划单列市空气质量优良天数排名中一直榜上有名。空气质量优良天数占比在60%～70%区间的城市有6个，依次为西安、杭州、长春、南京、哈尔滨、天津。空气质量优良天数占比低于60%的城市有6个，依次为成都、沈阳、武汉、北京、济南、郑州。这6个城市中有四个属于北方城市，可见北方地区采暖季期间大气污染依然较重，尤其是济南和郑州，全年空气质量达到优良等级天数只有141天和138天，全年占比均不足40%，离《“十三五”生态环境保护规划》提出的到2020年地级及以上城市空气优良天数比例超过80%的目标还相距甚远（见图4－2）。

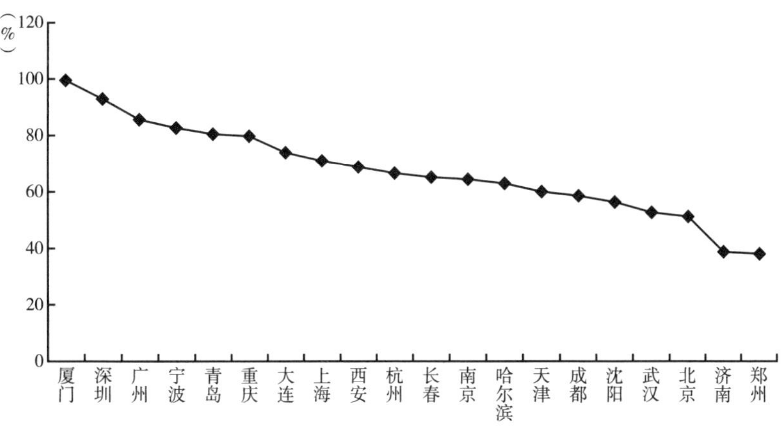

图4－2　2015年20个城市空气质量优良天数比例

资料来源：各城市统计年鉴和2015年环境（空气）质量公报。

二 环境噪声等效声级

如图 4 -3 所示，从环境噪声等效声级来看，2015 年，在 9 个国家中心城市中，北京的环境噪声等效声级最低，为 53.3 分贝，而上海的环境噪声等效声级最高，达到 56.2 分贝。一般认为，分贝值在 55 以下的为良好，分贝值在 55 ~57 的为轻度污染[①]。按照此标准，北京、重庆、成都、天津、西安 5 个城市的环境噪声等效声级为良好，其余为轻度污染。在 11 个副省级城市中，环境噪声等效声级为良好的仅有三个城市，分别为济南、南京和大连，济南以 53.6 分贝的数值位列最佳。环境噪声等效声级为轻度污染的有沈阳、长春、青岛、杭州、宁波、深圳、厦门 7 个城市，哈尔滨以 58.3 分贝的数值成为 20 个城市中唯一

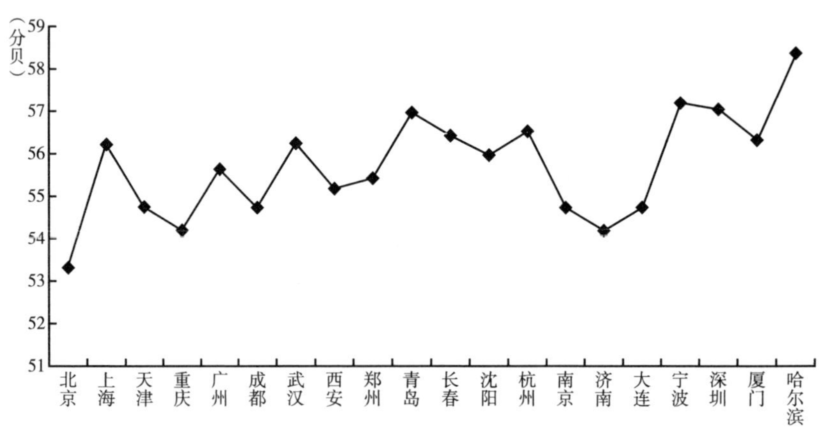

图 4 -3 2015 年 20 个城市环境等效声级

① 百度百科：区域环境噪声平均等效声级。

一个环境噪声等效声级高于 57 分贝的城市，达到了中度污染。由此可见，不一定城市越大、人口越多，环境噪声等效声级就越高，相反，如北京的环境噪声等效声级就是 20 个城市中最低的，说明北京在噪声防治方面的治理水平也相对较高。

三　城市日照时间

从日照时间上来看，北方城市普遍高于南方城市，沿海城市高于内陆城市（本章统计的 20 个城市中无高原城市）。日照时间最长的三个城市依次为大连、长春和北京，分别达到 2525 小时、2502.8 小时和 2420.2 小时，均为北方城市。除这三个城市外，日照时间高于 2000 小时的城市还有沈阳、天津、济南、哈尔滨、青岛和郑州，这六个城市也均为北方城市。其他 11 个城市中，日照时间从多到少排名依次为武汉、上海、深圳、南京、厦门、西安、杭州、广州、宁波、重庆、成都，且均达到 1000 小时以上，上海、深圳、南京、厦门、杭州、广州、宁波为沿海城市，西安为北方城市，排名最后的重庆、成都地处西南内陆，且属于四川盆地，故日照时间较短。

四　公共厕所数量

从公共厕所数量上来看，2015 年 9 个国家中心城市，成都 1500 座，北京 5401 座，上海 6197 座，天津 1327 座，重庆 3208 座，广州 1251 座，武汉 1383 座，郑州 966 座，西安 2239 座。通过比较可以看出，上海最多，北京次之，重庆第三，西安第四，其余 5 个国家中心城市均未超过 2000 座。说明上海、北京作为老牌国家中心城市，对作为现代城市文明形象的窗口——公共厕所这一城市建筑较为重视。这在一定程度上反映了城市中人们生活观念和环境意识的变革和进步，是城市公用事业发展的重要方面，也是城市治理的集中体现。纵向上比较，2011 年 9 个国家中心城市公共厕所数量，北京 5843 座，上海 5768 座，天津 1231 座，广州 1093 座，武汉 1540 座，郑州 945 座，西安 1493 座，成都、重庆未公布数据。通过表 4－5 可以看出，在该项指标上，与 2011 年数据相较，上海、天津、广州、郑州、西安在数量上均有所增长，北京、武汉有所下降。

表 4－5　2011～2015 年 9 个国家中心城市公共厕所数量

单位：座

年份＼城市	成都	北京	上海	天津	重庆	广州	武汉	郑州	西安
2011	—	5843	5768	1231	—	1093	1540	945	1493
2012	—	5773	6340	1192	—	1055	864	959	1594
2013	—	5563	6224	1193	—	1266	834	963	1770
2014	—	5429	6168	1266	—	1186	1203	963	2151
2015	1500	5401	6197	1327	3208	1251	1383	966	2239

同时，对比 9 个国家中心城市和 11 个副省级城市 2015 年公共厕所数量来看，国家中心城市中的上海、北京、重庆分列第一、二、三位，且远远超过 20 个城市公共厕所的平均数，而其余 6 个国家中心城市公共厕所的数量与其他副省级城市基本持平。从此项数据看，上海、北京等老牌国家中心城市在这方面走在了前列，而新近入选的国家中心城市仍需加大投入力度（见图 4－4）。

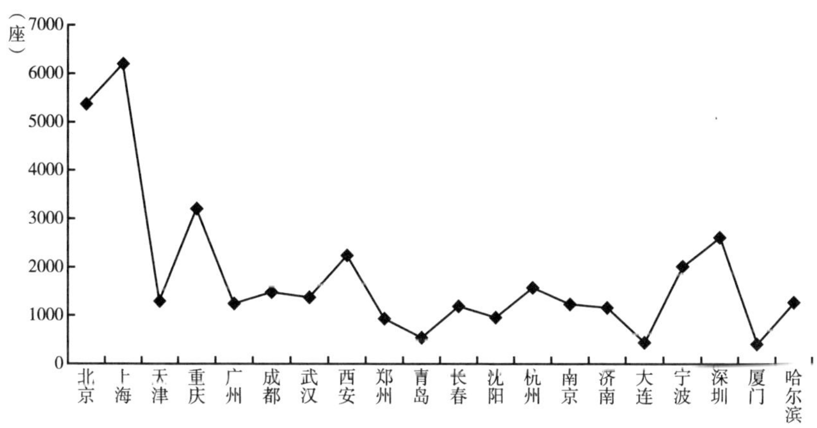

图 4-4　2015 年 20 个城市公共厕所数量

第四节　循环利用

循环利用包括城市污水处理率、城市燃气普及率、单位地区生产总值能耗、供水能力、降水量五项指标。污水处理率，是指污水处理量与污水排放总量的比率。供水能力是一个城市要素资源保障水平的重要标志之一，降水量是衡量一个地区降水多少的数据，可以从侧面反映一个地区的自然条件情况。通常北方城市尤其冬季降水量偏低，缺水较严重，而冬季又正是大气污染最严重的季节，降水的缺失会导致空气质量改善陷入困境。

一　城市污水处理率

从城市污水处理率上看，2015 年 9 个国家中心城市中，成都 92.00%，北京 87.90%，上海 92.80%，天津 91.60%，重庆 90.00%，广州 93.22%，武汉 95.00%，郑州 95.00%，西安

91.85%。通过比较，可以看出，武汉、郑州最高，北京最低，其余居于中间位置。说明武汉、郑州污水管网设施较好，污水处理能力较强。而北京由于工业生产废水及城市生活污水排放较多，水环境污染严重，且水资源紧缺，城市下游河道新水补充不足，故而北京污水处理强度大任务较重，这在一定程度上造成了北京污水处理率相对较低。北京需要持续加强重视，继续新建、扩建再生水厂和污水处理厂升级改造工程，加快老旧排水管网的更新改造和以城乡结合部为重点的管网工程建设。纵向上比较，2011 年 9 个国家中心城市，成都 96.70%，北京 82.00%，天津 86.80%，广州 95.81%，武汉 89.65%，西安 85.90%，上海、重庆、郑州未公布。通过表 4 - 6 可以看出，在该项指标上，成都降低 4.70 个百分点，北京增长 5.90 个百分点，天津增长 4.80 个百分点，广州降低 2.59 个百分点，武汉增长 5.35 个百分点，西安增长 5.95 个百分点，成都、广州呈现降低下滑态势，说明在污水处理率这一指标上，这两个城市应引起重视，加大污水处理力度和效率。其余城市均呈现总体上扬态势，尤其西安、北京、武汉，在这五年的发展中，增长态势最为明显，如表 4 - 6 所示。

表 4 - 6　2011 ~ 2015 年国家中心城市污水处理率情况

单位：%

年份＼城市	成都	北京	上海	天津	重庆	广州	武汉	郑州	西安
2011	96.70	82.00	—	86.80	—	95.81	89.65	—	85.90
2012	95.10	83.00	85.60	88.20	—	90.19	88.80	—	89.51
2013	91.70	84.60	87.70	90.00	—	91.38	95.40	—	90.72
2014	95.00	86.10	89.80	91.00	—	92.09	93.00	—	92.71
2015	92.00	87.90	92.80	91.60	90.00	93.22	95.00	95.00	91.85

同时，对比9个国家中心城市和11个副省级城市2015年城市污水处理率，国家中心城市中只有武汉、郑州、广州排名前十位，分列第四、五、十位，而北京排名第二十位。由此可见，一方面城市污水处理率与城市规模有一定的关系，另一方面国家中心城市在污水处理上还需进一步加大投入。

二　城市燃气普及率

从城市燃气普及率上看，绝大多数城市已达到100%，但仍有部分城市未完全普及燃气，例如广州普及率为99.75%，重庆普及率为94.64%，南京普及率为99.38%，西安普及率为98.79%。尤其是重庆，燃气普及率低于95%，与其他城市相比差距较大，主要由于重庆城市面积大，且呈现山区丘陵地段多、人口居住分散等特征，部分地域未能实现全部通气。

三　单位地区生产总值能耗

从单位地区生产总值能耗上看，9个国家中心城市中，郑州的单位地区生产总值能耗最高，达到0.895吨标准煤/万元，高于第二名重庆44.8%，也远高于其他城市，这也说明郑州的经济增长主要依靠第二产业推动，第三产业增加值相对偏低。成都、天津、武汉、西安、上海5个城市单位地区生产总值能耗值相差无几，都在0.5万吨标准煤/万元，北京、广州的单位地区生产总值能耗最低，仅为0.338吨标准煤/万元和0.314吨标准煤/万元，分别为郑州的37.8%和35.1%。可见，在9个国家中心城市中，单位地区生产总值能耗相差较大，尤其是人均地区生产总值相对偏低的一些城市，能耗水平更高。从 20 个城市整体来看，除东北的沈阳、大连、哈尔滨三个城市未公布单位地区生产总值能耗的相关数据外，其余 17 个城市中，郑州依然能耗水平最高，其次为南京市，达到 0.6516 吨标准煤/万元，但也比郑州低 27.2%。排名第三至第五位的依次为重庆、长春、成都，老牌工业城市长春的单位地区生产总值能耗为 0.6 吨标准煤/万元，表明长春在节能减排的路上还需再接再厉。排名第六到第十位的城市依次为天津、武汉、西安、上海、济南，前四个为国家中心城市，已经作了说明，这里不再赘述。泉城济南的单位地区生产总值能耗为 0.448 吨标准煤/万元，也处于较高水平。厦门、杭州、深圳、宁波、北京排在第十一至第十五位，这几个城市均为人均地区生产总值较高的城市，且拥有较强的创新能力和经济外向度，第三产业比较发达。北方明珠青岛排在第十六位，单位地区生产总值能耗为 0.326 吨标准煤/万元，作为北方重要的滨海港口城市，青岛的清洁能源使用在全国也具有示范效应，四大风电长廊“黄岛沿海风电长廊”、“即墨沿海风电长廊”、“平度风电长廊”和“莱西风电长廊”为青岛能源供应和使用提供了有力支撑。对外开放的前沿广州在已有数据的 17 个城市中排名最后，比青岛低 0.012 吨标准煤/万元，这也得益于广州持续推动的工业、建筑、交通、公共机构等全方位的节能规划的实施①。

① 广州市人民政府：《广州市人民政府办公厅关于印发广州市节能降碳第十三个五年规划（2016—2020 年）的通知》，http：//www.gz.gov.cn/gzgov/s2812/201705/3eb2f73813954563b6bb4791bb3c2ce7.shtml，最后访问时间：2018 年 3 月 13 日。

四　供水能力

就供水能力而言，南方城市普遍高于北方城市，人口多的城市普遍高于人口较少的城市。上海的供水能力达到 1137 万立方米/日，远超排在第二位的广州 749.8 万立方米/日，是北京单日供水能力的 2.25 倍、南京的 5.17 倍、哈尔滨的 11.8 倍，表明上海这座国际化大都市水资源保障能力非常充分。北京作为人口能级与上海相差无几的国际化大都市，供水能力不及上海的一半，在 20 个城市中排在第五位，表明北京的水资源保障能力尚有不足，国家实施的南水北调工程确有必要。

五　降水量

从降水量来看，南方城市普遍高于北方城市，沿海城市普遍高于内陆城市。2015 年，降水量排在首位的是广州市，达到 2245.5 毫米，是排名最末位的青岛的 5.3 倍。排在广州后面的是杭州，也高于 2000 毫米，达到 2126 毫米。降水量在 1000 毫米以上的城市依次为宁波、南京、上海、深圳、厦门、重庆、武汉，除重庆、武汉外，其余城市均为东部或南部沿海城市。降水量低于 1000 毫米的城市排在首位的是成都市，降水量为 880.2 毫米，高于第二位济南市 33%，除成都外，济南、郑州、大连、沈阳、天津、西安、哈尔滨、长春、北京、青岛全年降水量均在 400 ~ 600 毫米，这些城市均为北方城市，由此可见，北方城市降水不足，在一定情况下存在缺水问题，如图 4 - 5 所示。

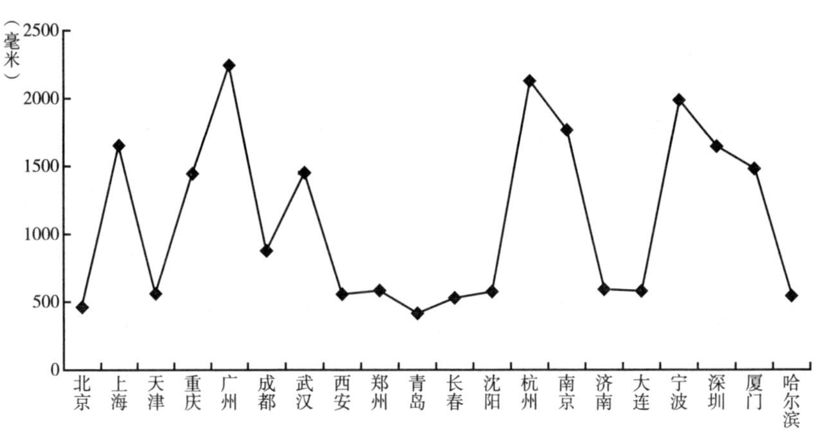

图 4－5　2015 年 20 个城市降水量

第五节　绿色交通

绿色交通方式是能耗小、排放低、运输效率高的集约化运输方式，是符合可持续发展原则的交通方式[①]。2012 年 12 月 29 日，国务院印发《关于城市优先发展绿色交通的指导意见》，指出要以城市人民政府为主体，突出城市绿色交通的公益属性，将城市绿色交通发展放在城市交通发展的首要位置，进一步实施城市绿色交通优先发展战略。绿色交通包括人均公共汽车数量、人均出租车数量、人均轨道交通里程和每百常住人口日均绿色交通客运量四项指标。由于当前水路客运已经不占优势，主要发展旅游游轮观光，与其他交通方式相比，客运量占比极

① 陆化普：《未来低碳城市的绿色交通系统前瞻》，《人民论坛·学术前沿》2015 年第 17 期。

少，故本章的绿色发展竞争力指标中每百常住人口日均绿色交通客运量不含水路客运量。

一 人均公共汽车数量和人均出租车数量

就公共汽车数量和出租车数量来说，北京作为我国的首都，绿色交通发展水平一直位居全国前列，其公共汽车数量和出租车数量均高于其他城市，尤其是公共汽车数量高达 23287 辆，是上海的 1.55 倍、成都的 1.89 倍、武汉的 2.86 倍，出租车数量达到 68284 辆，是上海的 1.38 倍、成都的 3.86 倍、杭州的 5.71 倍。上海作为我国经济最发达的城市，绿色交通发展程度仅次于北京，公共汽车数量和出租车数量分别达到 15056 辆和 49586 辆，尤其是出租车数量，远高于北京外的其他城市。由于城市面积和人口规模较大等因素，深圳、广州、重庆、成都、天津的绿色交通发展水平也较高，例如成都的公共汽车数量为 12305 辆，位列 20 个城市第六，与上海、广州等城市也相差无几。

但在人均公共汽车数量上，深圳和厦门位居全国前列，分别达到 13.29 辆/万人和 12.15 辆/万人，究其原因，深圳由于城市人口密度在 9 个国家中心城市和 11 个副省级城市中最高，且经济发展水平较高，万人拥有公共汽车数量排位靠前是应有之义。厦门作为海上花园城市，地铁等轨道交通设施发展起步较晚，主要以 BRT 等城市快速公交为主，快速公交系统是全国其他城市学习的榜样，人均公共汽车数量自然也较高。在人均出租车数量上，北京、沈阳、天津、上海等城市排位靠前，且均高于 20 辆/万人。

二　人均轨道交通里程

从人均轨道交通里程上来看，截至2015年底，上海的轨道交通里程达到617.5公里，北京的轨道交通里程554公里，远远高于第三位的广州市，这一数字也高于国外老牌的地铁城市伦敦、墨尔本、纽约、东京[①]，这也说明上海、北京是我国当之无愧的国际化大都市。广州的轨道交通里程为266公里，与第四位的南京（225.4公里）、第五位的重庆（202公里）均迈上了200公里的台阶，广州作为传统的一线城市，轨道交通里程位列第三，南京由于在2014年举办了青年奥林匹克运动会，是我国第二次举办的奥运赛事，为轨道交通发展提供了有力条件。重庆由于地形地貌原因，以山地、丘陵、坡地为主，传统绿色交通发展困难，且重庆城区面积较大，因此发展轨道交通成为必然选择。深圳、大连、武汉的轨道交通里程超过100公里，成都、天津、杭州的轨道交通里程也突破了80公里，说明这六个城市的经济发展水平和轨道交通竞争力也居于全国领先水平。值得一提的是成都市，2017年，成都市在建地铁13条400公里以上、有轨电车59公里，在建公里数位居全国第一[②]，超过了墨尔本、纽约、东京等国际化大都市的地铁运营总里程。值得注意的是，厦门和济南是截至2015年底唯一没有运营轨道交通的城市，济南由于是泉城，地下多为喀斯特地貌，水系发达，

① 《2015年全球城市地铁通车里程公里数前二十排名》，https：//tieba.baidu.com/p/3625887659？red_ tag=0727881143，最后访问日期：2017年11月22日。

② 《今年全市轨道交通在建里程再创新高》，《成都日报》2017年3月11日。

泉脉交错，一旦修建地铁，地下水系会受到破坏，因此施工难度较大。厦门由于地理环境、人口规模等因素地铁批复较晚，暂未有开通运行的轨道线路交通。

三　每百常住人口日均绿色交通客运量

从每百常住人口日均绿色交通客运量上看，9 个国家中心城市的排名依次为广州、北京、上海、西安、武汉、成都、天津、重庆、郑州，其中广州、北京分别为 101 人次/百人、93 人次/百人，远高于其他城市，表明这两个城市的绿色交通出行比例较高；上海、西安分别为 64 人次/百人、61 人次/百人，属于第二梯队；武汉、成都分别为 52 人次/百人、41 人次/百人，属于第三梯队；而天津、重庆、郑州分别为 33 人次/百人、30 人次/百人、30 人次/百人，是 9 个国家中心城市中绿色交通出行人数占比最少的，且不足广州的 1/3，表明这三个城市的绿色交通出行有待提升。在 11 个副省级城市中，排名由高到低依次为深圳、厦门、南京、长春、杭州、沈阳、大连、哈尔滨、济南、青岛、宁波。深圳、厦门作为我国的经济特区，经济发达的同时绿色交通发展也较为成熟，分别达到 77 人次/百人、65 人次/百人，超过了除广州、北京外的其余 7 个国家中心城市，南京、长春、杭州、沈阳在这项指标数据上也相对靠前，高于成都、天津、重庆、郑州 4 个国家中心城市。从 20 个城市整体来看，广州、北京、深圳位居前三，说明这三个城市的绿色交通出行水平较高，绿色交通体系也相对完善，上海、南京、武汉、杭州、成都的绿色交通水平也比较靠前，与这几个城市相对发达的绿色交通系统（尤其是地铁系统）有紧密关联。重庆、郑州、宁波在20个城市中排名靠后，一方面是这三个城市拥有相对较多的常住人口，其绿色交通服务系统人均占有量较低，另一方面这三个城市的地铁系统建设发力不足，需要尽快弥补这一短板（如图4-6所示）。

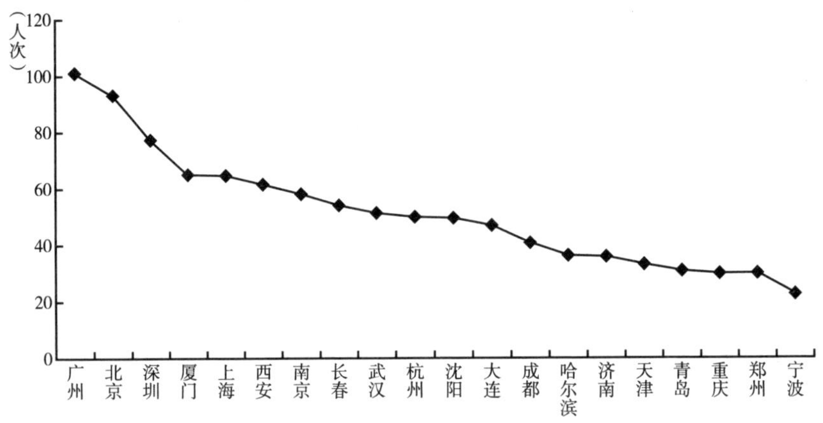

图4-6　2015年20个城市每百常住人口日均绿色交通客运量

第六节　综合比较

一　层次分析法确定指标权重

评价指标权重的确定是多目标决策的一个重要环节，是指标在评价过程中不同重要程度的反映，是评价过程中指标相对重要程度的一种主观评价和客观反映的综合度量。因此，权重的赋值必须做到科学和客观，这就要求寻求合适的权重确定方法。确定权重的方法有很多，例如专家评分法、调查统计法、序列综合法、公式法、梳理统计法、层次分析法和复杂度分析法等。为避免评价中的主观因素影响，采用层次分析法来确定指标权重。

第一步，针对国家中心城市绿色发展竞争力一级指标构建两两比较判断矩阵，分析出每项一级指标在资源整理竞争力上的权重；第二步再对每个一级指标下的二级指标构建两两比较判断矩阵，分析出每项二级指标在一级指标评价中的权重，从而可以得出每项最细项评价指标对整体的影响程度。为使判断矩阵更加科学、规范，本研究设计了专家评分表，经 3 名研究城市竞争力和治理的专家评分，按照最小原则确定了各比较要素最终的重要程度，再依次计算层次权重值，即依据判断矩阵，计算特征向量和最大特征值，并按照一致性检验步骤进行一致性检验，通过后即可获得每一层次各要素的权重值。最后汇总各个指标对总目标的权重，形成汇总表呈现。

首先对绿化水平、环境质量、循环利用、绿色交通四项一级指标的权重进行层次分析。分别将绿化水平用字母 A、环境质量用字母 B、循环利用用字母 C、绿色交通用字母 D 表示，由 3 位专家对四项一级指标的重要性进行评分比较，按照层次分析法两两比较，1/1 表示两个指标重要性相等，3/1 表示前一个指标稍微重要于后一个指标，5/1 表示前一个指标重要于后一个指标，7/1 表示前一个指标很重要于后一个指标，9/1 表示前一个指标特别重要于后一个指标，而 2/1、4/1、6/1、8/1 分别表示前一个指标对后一个指标的重要性介于 1/1 和 3/1、3/1 和 5/1、5/1 和 7/1、7/1 和 9/1 之间。反之，后一个指标与前一个指标的重要性比较就是上述数字的倒数。按照此方法，对 3 位专家的比较结果取最小值，形成判断矩阵，如表 4－7 所示。

表 4－7　绿色发展竞争力一级指标判断矩阵

指标	A	B	C	D	一致性检验	权重
A	1/1	2/3	4/5	3/5	λ =4.0338 CI =0.0113 CR =0.0125	0.1858
B	3/2	1/1	5/4	4/3		0.3073
C	5/4	4/5	1/1	4/3		0.2638
D	5/3	3/4	3/4	1/1		0.2431

将表 4－7 中判断矩阵的每一列向量做归一化处理，得到归一化的向量矩阵，然后将归一化后的向量矩阵各行求和并除以行数得到一列特征向量矩阵，再用判断矩阵与特征向量矩阵相乘，得到一列结果矩阵，将结果矩阵与特征向量矩阵相除后加总，再除以判断矩阵阶数即得到一级指标判断矩阵的最大特征值 $\lambda = 4.0338$。

按照层次分析法的运用规则，我们需要验证判断矩阵逻辑是否合理，即分析专家的判断有无较大反差或打分中存在相互矛盾等情况，以提高判断矩阵的准确性。如判断矩阵差异过大（即各位专家未形成大致统一的意见），则表明这次层次分析方法运用失败，需要再请专家进行评分，防止不同专家意见大相径庭造成的分析结果不准确。这里需要进行的是判断矩阵的一致性检验。按照层次分析法步骤，在判断矩阵的最大特征值 λ 计算出来后，需要计算一致性指标 CI（Consistency Index），即 $CI = (\lambda - n) / (n - 1)$，$n$ 为矩阵阶数，这次 CI＝0.0113，接着查表得到矩阵的平均随机一致性指标 RI＝0.90，计算一致性比率 CR = CI/RI，得到 CR 的值为 0.0125，最后比较 CR 值的大小，CR 值位于 0 与 0.1 之间，表明判断矩阵偏离程度不超过 10%，具有满意的一致性，判断矩阵有效。由此，由判断矩阵可以依次计算得出各项一级指标在总的指标体系中的权重，绿化水平指标 A、环境质量指标 B、循环利用指标 C、绿色交通指标 D 在总指标体系中的权重依次为 0.1858、0.3073、0.2638、0.2431，说明环境质量指标对国家中心城市绿色发展竞争力的占比最大，达到 30.73%，其次为循环利用指标，占比为 26.38%，第三为绿色交通指标，占比达 24.31%，占比最低的为绿化水平指标，为 18.58%，表明国家中心城市绿色发展竞争力大小主要还是反映在生态环境质量的持续改善和发展绿色循环经济，同时公共交通作为城市绿色出行的主要方式，也成为绿色发展竞争力的重要一环。

按照一级指标判断矩阵的分析计算方法和步骤，对绿化水平指标下的建成区绿化覆盖率（字母 A1 表示）、人均公园绿化面积（字母 A2 表示）、森林覆盖率（字母 A3 表示）3 个二级指标进行比较分析，最终得到判断矩阵和其一致性比率，如表 4-8 所示，CR 为 0.0212，小于 0.1 的阈值，表明基础指标的判断矩阵数据有效，可以用来计算权重。由此得到建成区绿化覆盖率 A1 的权重为 0.4053、人均公园绿地面积 A2 的权重为 0.3167、森林覆盖率 A3 的权重为 0.2781，说明建成区绿化覆盖率对绿化水平指标的贡献率最大，占比达 40.53%，其次为人均公园绿地面积，占比为 31.67%，贡献率最少的为森林覆盖率，占比为 27.81%，这说明建成区作为城市中对经济发展最有效率的区域，其绿化程度对一个城市的绿色发展竞争力最具代表性。人均公园绿化面积作为全体城市居民享有的绿化水平指标，是衡量一个城市直接服务于居民的公园绿化建设水平的重要指标。森林覆盖率是城市市域整体的绿化情况，一定程度上影响了城市整体绿色发展竞争力的大小（见表4－8）。

表4－8　绿色发展竞争力二级指标判断矩阵（绿化水平指标A）

指标	A1	A2	A3	一致性检验	权重
A1	1/1	3/2	5/4	λ＝3.0246	0.4053
A2	2/3	1/1	4/	CI＝0.0123	0.3167
A3	4/5	3/4	1/1	CR＝0.0212	0.2781

按照一级指标判断矩阵的分析计算方法和步骤，对环境质量指标下的空气质量优良天数比例（字母B1表示）、环境噪声等效声级（字母B2表示）、城市日照时间（字母B3表示）、公共厕所数量（字母B4表示）四个二级指标进行比较分析，最终得到判断矩阵和其一致性比率，如表4－9所示，CR为0.0339，小于0.1的阈值，表明设置指标的判断矩阵数据有效，可以用来计算权重。由此得到空气质量优良天数比例B1的权重为0.3042、环境噪声等效声级B2的权重为0.2934、城市日照时间B3的权重为0.1702、公共厕所数量B4的权重为0.2322，表明空气质量优良天数比例对生态环境指标的贡献率最大，占比达30.42%，这说明空气质量作为与老百姓生活最密切的因素，是衡量城市生态环境和整体环境水平最重要的标志之一，毋容置疑会较大程度影响城市整体绿色发展竞争力的大小。其次为环

境噪声等效声级，占比为29.34%，环境噪声等效声级作为一个城市噪声治理成效的指标，无时无刻不影响着居民的工作、生活等各个方面，当然对城市生态环境也占有一定的比重。公共厕所可以有效解决城市居民和外来流动人口在城市公共空间活动期间的生理需求，防止不良的行为习惯，提升城市公共空间的环境整洁度。公共厕所数量作为城市生态环境的影响因素之一，其占比也达到23.22%。贡献率最少的为城市日照时间，城市日照时间虽然很大程度反映出一个城市生态环境成效，但有些北方高纬度地区城市由于地理区位原因，城市日照时间本身就比较长，所以这项指标占比也最小，仅为17.02%。

表4-9　绿色发展竞争力二级指标判断矩阵（环境质量指标B）

	B1	B2	B3	B4	一致性检验	权重
B1	1/1	5/4	4/3	3/2	λ=4.0916 CI=0.0305 CR=0.0339	0.3042
B2	4/5	1/1	5/3	5/3		0.2934
B3	3/4	3/5	1/1	1/2		0.1702
B4	2/3	3/5	2/1	1/1		0.2322

按照一级指标判断矩阵的分析计算方法和步骤，对循环利用指标下的城市污水处理率（字母C1表示）、城市燃气普及率（字母C2表示）、单位地区生产总值能耗（字母C3表示）、供水能力（字母C4表示）、降水量（字母C5表示）5个二级指标进行比较分析，最终得到判断矩阵和其一致性比率，如表4-10所示，CR为0.0516，小于0.01的阈值，表明循环利用指标的判断矩阵数据有效，可以用来计算权重。由此得到城市污水处理率C1的权重为0.2136、城市燃气普及率C2的权重为

0.2004、单位地区生产总值能耗 C3 的权重为 0.2955、供水能力 C4 的权重为 0.1692，降水量 C5 的权重为 0.1212。单位地区生产总值能耗作为节能降耗、节约能源的重要衡量标准，其权重占比排名第一，达到 29.55%；城市污水处理作为一个城市资源循环最重要的因素之一，对循环利用指标的贡献率较大，占比达 21.36%。单位地区生产总值能耗和城市污水处理率是城市的水资源和各类能源循环利用最重要的指标，对城市绿色发展竞争力也最具影响力。燃气作为一种节能环保的资源，其普及率可以减少传统的煤炭资源消耗和大量的电力资源消耗，降低居民生活成本，改善生态环境，占比为 20.04% 是应有之义。供水能力反映城市的水资源生产能力，是水循环利用的判断标志之一，占比为 16.92%。降水量可以反映一个地区水资源的充沛程度，但同样会受地理区位影响，南方地区降水量普遍高于北方，故这项指标占比仅为 12.12%。

表 4－10　绿色发展竞争力二级指标判断矩阵（循环利用指标 C）

指标	C1	C2	C3	C4	C5	一致性检验	权重
C1	1/1	5/4	2/5	2/1	5/3	λ = 5.2313 CI = 0.0578 CR = 0.0516	0.2136
C2	4/5	1/1	3/5	3/2	2/1		0.2004
C3	5/2	5/3	1/1	4/3	3/2		0.2955
C4	1/2	2/3	3/4	1/1	2/1		0.1692
C5	3/5	1/2	2/3	1/2	1/1		0.1212

按照一级指标判断矩阵的分析计算方法和步骤，对绿色交通指标下的人均公共汽车数量（字母 D1 表示）、人均出租车数量（字母 D2 表示）、人均轨道交通里程（字母 D3 表示）、每百

常住人口日均绿色交通客运量（字母 D4 表示）四个二级指标进行比较分析，最终得到判断矩阵和其一致性比率，如表 4－11 所示，CR 为 0.0080，小于 0.1 的阈值，表明交通指标的判断矩阵数据有效，可以用来计算权重。在这四项指标中，每百常住人口日均绿色交通客运量作为公共交通供给效率的综合性指标，反映一个城市地铁、公交等绿色交通工具人均的使用效率，其占比也达到最高，为 31.27%。这说明公共交通作为城市绿色交通发展的承载，表明城市绿色交通这一公共资源的发展程度，反映了一个城市在绿色交通上的竞争能力，这在一定程度上影响了城市整体绿色发展竞争力的大小。轨道交通作为现代城市绿色交通发展最重要的交通方式之一，不仅是城市绿色发展竞争力，也是城市整体竞争力不可忽视的指标，其占比在四项指标中排位第二，达到 28.65%。公共汽车作为城市公共交通中最传统、覆盖区域最广的绿色出行方式，在绿色出行中占有不可或缺的位置，其占比为 21.72%。出租车数量的多少反映城市居民打车困难程度，是公共交通出行方式的重要补充，但随着网约车的兴起，传统意义的出租车不再具有一元性，因此这项指标占比相对较低，仅为 18.36%。

表 4－11 绿色发展竞争力二级指标判断矩阵（绿色交通指标 D）

指标	D1	D2	D3	D4	一致性检验	权重
D1	1/1	5/4	2/3	3/4	λ = 4.0215 CI = 0.0072 CR = 0.0080	0.2172
D2	4/5	1/1	3/5	2/3		0.1836
D3	3/2	5/3	1/1	3/4		0.2865
D4	4/3	3/2	4/3	1/1		0.3127

将一级指标对总目标体系的权重值与二级指标对一级指标的权重值相乘并进行汇总，得到每一个二级指标对总目标体系的权重，结果如表 4－12 所示。从表 4－12 中的 16 个二级指标可以看出，权重排名前五位的分别为空气质量优良天数比例 B1、环境噪声等效声级 B2、单位地区生产总值能耗 C3、每百常住人口日均公共交通客运量 D4、建成区绿化覆盖率 A1，其权重分别达到 9.35%、9.02%、7.8%、7.6%、7.53%，这五项指标占总权重的 41.3%，由此可见，在国家中心城市绿色发展竞争力的表现上，生态环境质量最主要的评价指标——空气质量优良天数比例，城市噪声污染治理的重要指标——环境噪声等效声级，绿色经济循环发展的指标——单位地区生产总值能耗，绿色交通效率的综合性评价指标——每百常住人口日均公共交通客运量，城市绿化的重要指标——建成区绿化覆盖率成为最重要的影响因素。

表 4－12　绿色发展竞争力所有指标对总指标体系的权重汇总

一级指标 / 二级指标	A	B	C	D	权重
	0.1858	0.3073	0.2638	0.2431	
A1	0.4053				0.0753
A2	0.3167				0.0588
A3	0.2781				0.0517
B1		0.3042			0.0935
B2		0.2934			0.0902
B3		0.1702			0.0523
B4		0.2322			0.0714
C1			0.2136		0.0563
C2			0.2004		0.0529

续表

二级指标 \ 一级指标	A	B	C	D	权重
	0.1858	0.3073	0.2638	0.2431	
C3			0.2955		0.0780
C4			0.1692		0.0446
C5			0.1212		0.0320
D1				0.2172	0.0528
D2				0.1836	0.0446
D3				0.2865	0.0697
D4				0.3127	0.0760

二　综合评价法确定综合评价值

（一）数量标准化处理

将本章中的16项指标数据输入SPSS统计软件，使用Z-score标准化方法，得到20个城市在16项指标上的标准化数据。根据16项指标的具体含义，建成区绿化覆盖率、人均公园绿化面积、森林覆盖率、空气质量优良天数比例、城市日照时间、公共厕所数量、城市污水处理率、城市燃气普及率、供水能力、降水量、人均公共汽车数量、人均出租车数量、人均轨道交通里程、每百常住人口日均绿色交通客运量14项指标与城市绿色发展竞争力呈现正相关，即数值越大，竞争力越强；而环境噪声等效声级、单位地区生产总值能耗两项指标与城市绿色发展竞争力呈负相关，即数值越大，竞争力越弱。9个国家中心城市和11个副省级城市（含计划单列市）绿色发展竞争力数据标准化后的结果如表4－13和表4－14所示。

表 4－13　9 个国家中心城市绿色发展竞争力标准化后数据

城市	北京	上海	天津	重庆	广州	成都	武汉	西安	郑州
建成区绿化覆盖率	2.1278	－0.7738	－1.7409	－0.4514	0.1934	0.1934	－0.4514	0.1934	－0.4514
人均公园绿化面积	1.2274	－1.9880	－1.0310	1.2657	1.4188	0.2704	－0.8626	－0.5066	－0.5908
森林覆盖率	0.3314	－1.8104	－2.2234	0.6052	0.3636	0.0738	－1.1759	0.8467	－0.3127
空气质量优良天数比例	－1.0459	0.1846	－0.4307	0.7998	1.4150	－0.4307	－1.0459	0.1846	－1.6611
环境噪声等效声级	－1.5251	0.6324	－0.8555	－1.3019	－0.1116	－0.8555	0.4092	－0.4836	－0.2604
城市日照时间	1.0630	0.0255	0.8351	－1.9853	－0.8051	－2.2012	0.0265	－0.4118	0.3222
公共厕所数量	2.3361	2.8592	－0.3414	0.8948	－0.3913	－0.2277	－0.3046	0.2580	－0.5786
城市污水处理率	－0.7152	－0.7152	－0.7152	－0.7152	－0.7152	－0.7152	1.3283	－0.7152	1.3283
城市燃气普及率	0.3249	0.3249	0.3249	－2.9240	0.3249	0.3249	0.3249	0.3249	0.3249
单位地区生产总值能耗	－0.2020	0.4557	0.6503	1.2712	－0.3283	－1.3701	－0.9808	0.4925	2.7286
供水能力	0.5858	2.9167	0.4034	0.9072	1.4864	－0.4196	－0.3757	－0.6996	－0.6295
降水量	－1.0065	0.8581	－0.8420	0.5411	1.7866	－0.3475	0.5161	－0.8611	－0.8134
人均公共汽车数量	0.9438	－1.0443	－0.4795	－1.9191	0.7620	－0.0885	－0.4052	0.1516	－0.9262
人均出租车数量	2.8503	0.8373	0.8589	－1.5063	0.0603	－0.7228	－0.0622	0.1152	－0.8444
人均轨道交通里程	1.6830	1.6941	－0.5299	－0.4075	1.0380	－0.4854	0.1596	－0.4965	－0.6744
每百常住人口日均绿色交通客运量	1.9803	0.6077	－0.8857	－1.0214	2.3308	－0.5113	0.0011	0.4711	－1.0310

表 4-14 11个副省级城市（含计划单列市）绿色发展竞争力标准化后数据

城市	深圳	杭州	南京	济南	青岛	长春	沈阳	大连	宁波	厦门	哈尔滨
建成区绿化覆盖率	1.1606	-0.4514	0.8382	-0.4514	1.1606	0.1934	0.1934	1.1606	-0.7738	0.1934	-2.0633
人均公园绿化面积	1.5719	0.8829	1.0360	-0.4760	0.6915	-0.3037	0.1020	-0.5717	-0.3650	-0.5104	-1.2607
森林覆盖率	0.3234	2.2332	-0.6380	-0.1807	0.1543	-0.5495	-0.5221	0.3234	1.0359	0.4361	0.6857
空气质量优良天数比例	1.4150	0.1846	-0.4307	-1.6611	0.7998	-0.4307	-0.4307	0.1846	0.7998	2.0302	-0.4307
环境噪声等效声级	1.0787	0.6324	-0.8555	-1.3019	1.0043	0.5580	0.1860	-0.8555	1.2275	0.4836	2.1946
城市日照时间	-0.0140	-0.4415	-0.2882	0.8148	0.3489	1.2582	1.0456	1.3106	-1.2128	-0.3383	0.6480
公共厕所数量	0.5084	-0.1823	-0.3920	-0.4439	-0.8658	-0.4249	-0.5826	-0.9040	0.1009	-0.9263	-0.3920
城市污水处理率	1.3283	1.3283	1.3283	-0.7152	1.3283	-0.7152	1.3283	-0.7152	-0.7152	-0.7152	-0.7152
城市燃气普及率	0.3249	0.3249	0.3249	0.3249	0.3249	-2.9240	0.3249	0.3249	0.3249	0.3249	0.3249
单位地区生产总值能耗	-0.5283	0.2820	-0.5020	0.3767	-1.1491	1.1765	-1.2228	-0.9071	-0.1336	0.3189	-0.4283
供水能力	1.2064	-0.5556	-0.4706	-0.7876	0.4233	-0.2084	-0.5851	-0.7846	-0.7746	-0.7107	-0.9276
降水量	0.8423	1.5998	1.0365	-0.8045	-1.0649	-0.8941	-0.8273	-0.8183	1.3742	0.5915	-0.8666
人均公共汽车数量	2.0756	0.3945	0.7067	-0.3676	-0.5206	-0.5706	-0.9842	0.5497	1.0791	1.5736	-0.9306
人均出租车数量	-0.2576	-0.5005	0.2404	-0.8422	-0.9125	0.7031	1.0200	0.6182	-1.4328	-0.1325	-0.0898
人均轨道交通里程	0.5821	-0.1073	1.8942	-1.1526	-1.0080	-0.4743	-0.4187	1.2827	-0.4520	-1.1526	-0.9746
每百常住人口日均绿色交通客运量	1.2021	-0.0715	0.3030	-0.7394	-0.9831	0.1147	-0.1127	-0.2128	-1.3534	0.6414	-0.7300

（二）综合评价及结果分析

将表 4－13、表 4－14 中各指标标准化后的数据与表 4－12 中所有指标对总指标体系的权重相乘，获得 9 个国家中心城市和 11 个副省级城市（含计划单列市）绿色发展竞争力得分数据。这里需要注意的是，有两项指标为负相关指标，在这两个指标的数据取值上应选取其标准化后数据的相反数。将每个城市在 16 项指标上的得分加总，即得到每个城市的绿色发展竞争力综合得分，如表 4－15、表 4－16 所示。

通过分析比较表 4－15、表 4－16 中各项指标得分，可以发现各城市的绿色发展竞争力主要优势指标如表 4－17 所示。这里需要特别说明的是，得分为正数表明高于平均水平（指标所有数据的标准差），而得分为负数表明低于平均水平（指标所有数据的标准差）。如果将单项指标排名进入前 1/3 作为优势指标计算（即单项排名进入前 7 名），在 9 个国家中心城市中，北京、广州的优势指标最多，分别为 10 项、9 项，而其他城市均不超过 6 项。在 11 个副省级城市（含计划单列市）中，深圳、南京的优势指标最多，均为 10 项，而其他城市均不超过 6 项。

将 20 个城市绿色发展竞争力综合得分进行排序（如表 4－18），可以得到在 9 个国家中心城市中绿色发展竞争力排序由高到低依次是北京、广州、上海、西安、成都、武汉、重庆、天津、郑州，其中北京 0.943 分，远高于其他 8 个国家中心城市，属于第一梯队。排在第二、第三名的分别是广州、上海，得分分别为 0.608 分、0.142 分，虽与第一名北京得分相差较大，但

表 4－15　9 个国家中心城市绿色发展竞争力得分

城市	北京	上海	天津	重庆	广州	成都	武汉	西安	郑州
建成区绿化覆盖率	0.1602	－0.0582	－0.1311	－0.0340	0.0146	0.0146	－0.0340	0.0146	－0.0340
人均公园绿化面积	0.0722	－0.1169	－0.0607	0.0745	0.0835	0.0159	－0.0507	－0.0298	－0.0348
森林覆盖率	0.0171	－0.0935	－0.1148	0.0313	0.0188	0.0038	－0.0607	0.0437	－0.0162
空气质量优良天数比例	－0.0978	0.0173	－0.0403	0.0748	0.1323	－0.0403	－0.0978	0.0173	－0.1553
环境噪声等效声级	0.1375	－0.0570	0.0771	0.1174	0.0101	0.0771	－0.0369	0.0436	0.0235
城市日照时间	0.0556	0.0013	0.0437	－0.1039	－0.0421	－0.1151	0.0014	－0.0215	0.0169
公共厕所数量	0.1667	0.2040	－0.0244	0.0639	－0.0279	－0.0162	－0.0217	0.0184	－0.0413
城市污水处理率	－0.0403	－0.0403	－0.0403	－0.0403	－0.0403	－0.0403	0.0748	－0.0403	0.0748
城市燃气普及率	0.0172	0.0172	0.0172	－0.1546	0.0172	0.0172	0.0172	0.0172	0.0172
单位地区生产总值能耗	0.0158	－0.0355	－0.0507	－0.0991	0.0256	0.1068	0.0765	－0.0384	－0.2127
供水能力	0.0261	0.1302	0.0180	0.0405	0.0663	－0.0187	－0.0168	－0.0312	－0.0281
降水量	－0.0322	0.0274	－0.0269	0.0173	0.0571	－0.0111	0.0165	－0.0275	－0.0260
人均公共汽车数量	0.0498	－0.0551	－0.0253	－0.1013	0.0402	－0.0047	－0.0214	0.0080	－0.0489
人均出租车数量	0.1273	0.0374	0.0383	－0.0673	0.0027	－0.0323	－0.0028	0.0051	－0.0377
人均轨道交通里程	0.1172	0.1180	－0.0369	－0.0284	0.0723	－0.0338	0.0111	－0.0346	－0.0470
每百常住人口日均绿色交通客运量	0.1506	0.0462	－0.0673	－0.0777	0.1772	－0.0389	0.0001	0.0358	－0.0784
综合得分	0.9430	0.1423	－0.4243	－0.2870	0.6075	－0.1160	－0.1452	－0.0197	－0.6279

表 4-16　11 个副省级城市（含计划单列市）绿色发展竞争力得分

城市	深圳	杭州	南京	济南	青岛	长春	沈阳	大连	宁波	厦门	哈尔滨
建成区绿化覆盖率	0.0874	-0.0340	0.0631	-0.0340	0.0874	0.0146	0.0146	0.0874	-0.0582	0.0146	-0.1553
人均公园绿化面积	0.0925	0.0519	0.0609	-0.0280	0.0407	-0.0179	0.0060	-0.0336	-0.0215	-0.0300	-0.0742
森林覆盖率	0.0167	0.1153	-0.0330	-0.0093	0.0080	-0.0284	-0.0270	0.0167	0.0535	0.0225	0.0354
空气质量优良天数比例	0.1323	0.0173	-0.0403	-0.1553	0.0748	-0.0403	-0.0403	0.0173	0.0748	0.1898	-0.0403
环境噪声等效声级	-0.0973	-0.0570	0.0771	0.1174	-0.0905	-0.0503	-0.0168	0.0771	-0.1107	-0.0436	-0.1979
城市日照时间	-0.0007	-0.0231	-0.0151	0.0426	0.0183	0.0658	0.0547	0.0686	-0.0634	-0.0177	0.0339
公共厕所数量	0.0363	-0.0130	-0.0280	-0.0317	-0.0618	-0.0303	-0.0416	-0.0645	0.0072	-0.0661	-0.0280
城市污水处理率	0.0748	0.0748	0.0748	-0.0403	0.0748	-0.0403	0.0748	-0.0403	-0.0403	-0.0403	-0.0403
城市燃气普及率	0.0172	0.0172	0.0172	0.0172	0.0172	-0.1546	0.0172	0.0172	0.0172	0.0172	0.0172
单位地区生产总值能耗	0.0412	-0.0220	0.0391	-0.0294	0.0896	-0.0917	0.0953	0.0707	0.0104	-0.0249	0.0334
供水能力	0.0538	-0.0248	-0.0210	-0.0352	0.0189	-0.0093	-0.0261	-0.0350	-0.0346	-0.0317	-0.0414
降水量	0.0269	0.0511	0.0331	-0.0257	-0.0340	-0.0286	-0.0264	-0.0262	0.0439	0.0189	-0.0277
人均公共汽车数量	0.1096	0.0208	0.0373	-0.0194	-0.0275	-0.0301	-0.0520	0.0290	0.0570	0.0831	-0.0491
人均出租车数量	-0.0115	-0.0223	0.0107	-0.0376	-0.0407	0.0314	0.0455	0.0276	-0.0640	-0.0059	-0.0040
人均轨道交通里程	0.0406	-0.0075	0.1320	-0.0803	-0.0702	-0.0330	-0.0292	0.0894	-0.0315	-0.0803	-0.0679
每百常住人口日均绿色交通客运量	0.0914	-0.0054	0.0230	-0.0562	-0.0748	0.0087	-0.0086	-0.0162	-0.1029	0.0488	-0.0555
综合得分	0.7111	0.1394	0.4312	-0.4052	0.0300	-0.4343	0.0403	0.2851	-0.2631	0.0543	-0.6617

表 4－17 20 个城市绿色发展竞争力主要优势指标

分 类	城 市	主要优势指标
9 个国家中心城市	北 京	建成区绿化覆盖率、人均公园绿化面积、环境噪声等效声级、城市日照时间、公共厕所数量、供水能力、人均公共汽车数量、人均出租车数量、人均轨道交通里程、每百常住人口日均绿色交通客运量
	上 海	公共厕所数量、供水能力、人均出租车数量、人均轨道交通里程
	天 津	环境噪声等效声级、城市日照时间、人均出租车数量
	重 庆	人均公园绿化面积、森林覆盖率、环境噪声等效声级、公共厕所数量、供水能力
	广 州	建成区绿化覆盖率、人均公园绿化面积、森林覆盖率、空气质量优良天数比例、供水能力、降水量、人均出租车数量、人均轨道交通里程、每百常住人口日均绿色交通客运量
	成 都	建成区绿化覆盖率、人均公园绿化面积、环境噪声等效声级、单位地区生产总值能耗
	武 汉	城市污水处理率、单位地区生产总值能耗、人均轨道交通里程
	西 安	建成区绿化覆盖率、森林覆盖率、公共厕所数量
	郑 州	城市日照时间、城市污水处理率
11 个副省级城市（含计划单列市）	深 圳	建成区绿化覆盖率、人均公园绿化面积、空气质量优良天数比例、公共厕所数量、城市污水处理率、单位地区生产总值能耗、供水能力、人均公共汽车数量、人均轨道交通里程、每百常住人口日均绿色交通客运量
	杭 州	人均公园绿化面积、森林覆盖率、城市污水处理率、降水量
	南 京	建成区绿化覆盖率、人均公园绿化面积、环境噪声等效声级、城市污水处理率、单位地区生产总值能耗、降水量、人均公共汽车数量、人均出租车数量、人均轨道交通里程、每百常住人口日均绿色交通客运量
	济 南	环境噪声等效声级、城市日照时间
	青 岛	建成区绿化覆盖率、空气质量优良天数比例、城市污水处理率、单位地区生产总值能耗
	长 春	建成区绿化覆盖率、城市日照时间、人均出租车数量
	沈 阳	建成区绿化覆盖率、城市日照时间、城市污水处理率、单位地区生产总值能耗、人均出租车数量
	大 连	建成区绿化覆盖率、环境噪声等效声级、城市日照时间、人均轨道交通里程
	宁 波	森林覆盖率、空气质量优良天数比例、降水量、人均公共汽车数量
	厦 门	建成区绿化覆盖率、森林覆盖率、空气质量优良天数比例、人均公共汽车数量、每百常住人口日均绿色交通客运量
	哈尔滨	森林覆盖率、城市日照时间

表 4－18　20 个城市绿色发展竞争力得分排名

分　类	城　市	绿色竞争力	分类排名	总排名
9 个国家中心城市	北　京	0.943	1	1
	上　海	0.142	3	6
	天　津	－0.424	8	17
	重　庆	－0.287	7	15
	广　州	0.608	2	3
	成　都	－0.116	5	12
	武　汉	－0.145	6	13
	西　安	－0.020	4	11
	郑　州	－0.628	9	19
11 个副省级城市（含计划单列市）	深　圳	0.711	1	2
	杭　州	0.139	4	7
	南　京	0.431	2	4
	济　南	－0.405	9	16
	青　岛	0.030	7	10
	长　春	－0.434	10	18
	沈　阳	0.040	6	9
	大　连	0.285	3	5
	宁　波	－0.263	8	14
	厦　门	0.054	5	8
	哈尔滨	－0.662	11	20

高于 20 个城市绿色发展竞争力的平均水平，位列第二梯队。其余 6 个国家中心城市则全部低于平均水平。表明西安、成都、武汉、重庆、天津、郑州在建设国家中心城市过程中加快提升绿色发展竞争力水平亟须发力，尤其是天津和郑州，得分分别为－0.424 分和－0.628 分，远低于其他城市，更需要着力补齐短板，提升绿色发展水平。

在 11 个副省级城市（含计划单列市）中，绿色发展竞争力排序由高到低依次是深圳、南京、大连、杭州、厦门、沈阳、青岛、宁波、济南、长春、哈尔滨。在这 11 个副省级城市中，深圳以 0.711 分位列第一梯队，是第二名南京的 1.65 倍，是第三名大连的 2.5 倍，其综合得分已经超过国家中心城市广州，仅次于北京，表明深圳在绿色发展竞争力方面已经具备成为国家中心城市的实力。南京以 0.431 分、大连以 0.285 分、杭州以 0.139 分位列第二梯队，表明南京、大连、杭州等副省级城市在绿色发展竞争力上势头强劲，达到建设国家中心城市的绿色发展水平，但还需要进一步发展完善。厦门以 0.054 分、沈阳以 0.040 分、青岛以 0.030 分位列 11 个副省级城市绿色发展竞争力第三梯队，表明这三个城市有一定的绿色发展竞争力，高于 20 个城市的平均水平，但与靠前的城市还有一定差距。排在第四梯队的城市依次为宁波 -0.263 分、济南 -0.405 分、长春 -0.434 分、哈尔滨 -0.662 分。这 4 个城市除宁波外，其余均为北方城市，表明北方城市在绿色发展竞争力上普遍低于南方城市。

从 20 个城市的整体绿色发展竞争力排名上来看，排名从高到低依次为北京、深圳、广州、南京、大连、上海、杭州、厦门、沈阳、青岛、西安、成都、武汉、宁波、重庆、济南、天津、长春、郑州、哈尔滨。深圳作为副省级城市在绿色发展竞争力上排名第二，且深圳面积较小，表明深圳在绿化水平、环境质量、绿色交通等指标上的资源配置和保障能力较强，弥补了地域空间方面的不足，也反映出深圳具备了冲击下一轮国家中心城市的资源实力。广州、南京、大连、上海、杭州、厦门均是我国沿海的经济发达城市，广州作为我国老牌一线城市，经济发达，其绿化水平相对发展靠前，加之处于沿海地带，气候适宜，绿色发展的基础较好。南京主要由于建城历史悠久和重大体育项目的实施，城市绿化水平、绿色交通等指标的发展基础较好，杭州作为下一轮进入国家中心城市中极具竞争力的城市，其绿色发展程度将会是一个有利因素，大连、厦门是我国著名的海滨花园城市，环境质量是这两座城市最大的本底，在城市绿色发展竞争力上也具有优势，可以向国家申请列入国家中心城市建设名单。排在前十的还有沈阳和青岛，沈阳作为东北老工业基地振兴的代表城市，在东北一个国家中心城市都未被批复的情况下，极有可能是下一轮国家中心城市的候选城市；青岛是我国第十二个地区生产总值过万亿元的城市，也是国家在山东半岛重点支持发展的城市，在绿色发展竞争力进入前十的前提下，也具有冲击国家中心城市的实力。西安、成都、武汉、重庆、天津作为已被列入国家中心城市建设名单的城市，在20个城市中绿色发展竞争力都没有进入前十，还有很大的提升空间，在建设国家中心城市过程中需要注意加大绿色发展相关资源要素的配置，提升绿色发展水平。宁波、济南、长春的绿色发展竞争力分别排第十四、第十六、第十八位，表明这三个城市需要努力加大绿色发展竞争力的水平，加快城市的升级改造，提升绿色基础设施配置水平和城市综合服务水平。宁波作为计划单列市的代表，经济发展水平较高，但主要由于城市绿化、公共交通利用效率等指标排名靠后，绿色发展竞争力水平相对不高。济南排名靠后，主要由于空气质量污染严重和轨道交通等绿色交通设施发展迟缓，这当然有地质条件和区位因素的影响，但也反映出济南在面对环境问题和城市地质问题时没有做出合理而有效的应对，致使发展缓慢，绿色发展竞争力水平低下。长春是国家的老工业基地，工业基础较好，但绿化水平、环境质量、循环发展等方面发展相对落后，需要加快补齐短板。2016年12月经国务院批复国家发改委发布《促进中部地区崛起“十三五”规划》中明确提出支持武汉、郑州建设国家中心城市，但从绿色发展竞争力看，郑州离国家中心城市建设的目标还有不小差距，在20个城市中排名倒数第二，且综合得分比排名第18位的长春低47.7%，主要表现在过去郑州只是普通的省会城市，经济发展水平、城市绿色设施建设水平、城市公共交通发展水平均相对较低，郑州唯有抓住建设国家中心城市的历史机遇，从城市规划、城市绿色设施建设、生态环境保护、城市公共交通等方面下大力气、啃硬骨头、上新台阶。哈尔滨近年来由于受人口负流入、冬季环境污染严重等影响，各方面发展呈现滞缓状态，相应的城市绿色要素水平也没有得到有效保障，在绿色发展竞争力排名中靠后也在情理之中。

绿色发展水平是一个城市的生态本底，是市民除经济收入增长外共享优质生活的最关心的因素之一，也是新发展理念的核心要素之一。优美的生态环境、良好的空气质量、舒适的城市生活、高效的绿色交通可以极大地提升一座城市的美誉度和宜居性，也会加快促进人才聚集、资源聚拢，进而促进经济可持续增长，城市的生活才能更美好，城市的发展才能更有序。根据《全国城镇体系规划纲要（2010—2020年）》，国家中心城市作为我国城镇体系的最高层级，在创新、协调、绿色、开放、共享的新发展理念指导下，建设新时代绿色可持续的代表性城市，将是国家中心城市的使命。目前已进入国家中心城市行列的城市除了提升创新能力、解决协调程度、提高开放水平、践行共享理念外，更要着力提升绿色发展能力，加大城市的绿化发展、环境卫生、循环发展和绿色通勤，践行新发展理念。暂未进入国家中心城市队列的城市，可以以建设国家中心城市为目标，对标国家中心城市的绿色发展措施，积极回应人民对绿色优美生态环境的美好追求，提升城市的宜居性，让绿色成为城市最亮丽的名片。

第七节　绿色发展实践案例：成都市建设世界最长绿道体系*

党的十八大以来，习近平总书记立足推进我国社会主义现代化建设的时代使命，洞悉从工业文明到生态文明跃迁的发展大势和客观规律，就促进人与自然和谐发展提出一系列新思想、新观点、新论断，凝聚形成绿色发展理念，推动了马克思主义生态文明理论在当代中国的创新发展。2018 年 2 月，习近平总书记来川视察，明确提出支持成都建设全面体现新发展理念的城市，肯定天府新区公园城市发展理念，绿色发展作为新发展理念的重要一环，也是新时代成都实现高质量发展的重要组成部分。成都自第十三次党代会召开以来，切实树立“绿水青山就是金山银山”的意识，在发展经济的同时，将绿色生态目标

* 本案例系成都市委党校（成都行政学院、成都市社会主义学院）2018 年度校院智库重点课题“新时代成都市公共服务创新实证研究”成果，案例执笔人：王胡林。

作为工作重点推进，规划建设共16930公里世界最长的天府绿道体系，让绿色发展成为城市最鲜明的底色和最持久的优势。

一 顶层设计谋划全域绿道建设

绿道是一种线形绿色开敞空间，通常沿着河滨、溪谷、山脊、风景道路等自然和人工廊道建立，内设可供行人和骑车者进入的景观游憩线路。目前，美国、英国、德国、新加坡以及国内的珠江三角洲、成都、武汉等地都有比较成功的实践。美国学者查理斯·莱托（Charles Little）在其经典著作《美国的绿道》（*Greenway for American*）中将绿道定义为沿着诸如河滨、溪谷、山脊线等自然走廊，或是沿着诸如用作游憩活动的废弃铁路线、沟渠、风景道路等人工走廊所建立的线形开敞空间，包括所有可供行人和骑车者进入的自然景观线路和人工景观线路，它是连接公园、自然保护地、名胜区、历史古迹及其他与高密度聚居区的开敞空间纽带。从地方层次上讲，就是指某些被认为是公园路（parkway）或绿带（greenbelt）的条状或线形的公园①。

成都绿道从2010年开始建设，是国内起步比较早的绿道建设，例如温江绿道、府河绿道、沙西绿道等，同时部分区域绿道复合有生态湿地，例如白鹭湾湿地等。2017年，成都推动全域增绿，升级绿道建设体系，充分借鉴日本、美国、德国、新加坡等地经验，出台《天府绿道规划建设方案》（以下简称

---

① 王珺、周亚琦：《美国丹佛南普拉特河绿道建设及其启示》，《广东园林》2012年第34期。

《规划方案》)，按照建设大生态、构筑新格局的思路，梳理市域11534平方公里生态基地和2800平方公里城乡建设用地情况，结合“双核联动、多中心、网络化”城市格局和“两山两环两网六片”生态禀赋，以府河为轴，龙门山和龙泉山为支架，以三环路绿化带、环城生态区、第二绕城高速为环，通过市内7条主要河道向外辐射，规划总长1.69万公里的市域三级绿道体系，其中“一轴两山三环七带”区域级绿道1920公里，城区级绿道5380公里，社区级绿道9630公里，着力打造“绿满蓉城，花重锦官，水润天府”的盛景，为目前世界最长的绿道系统[①]（见图4－7）。

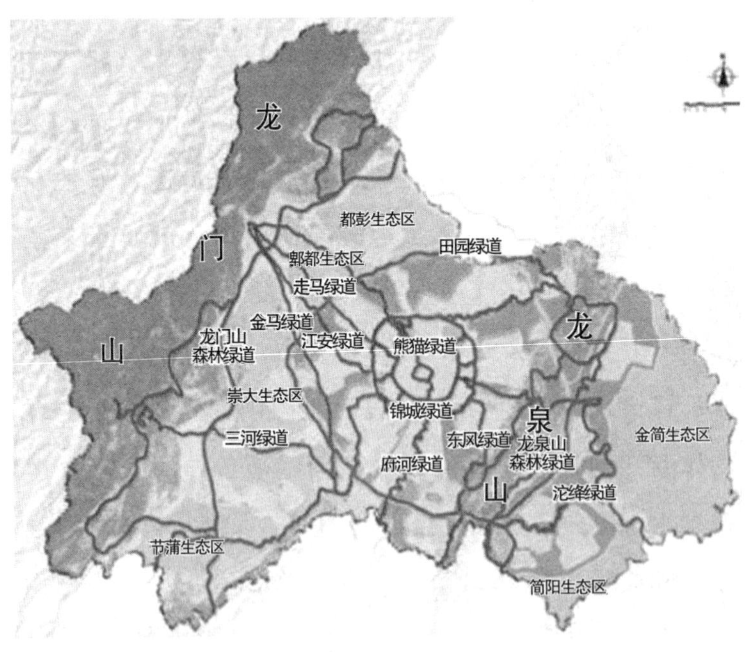

图4－7　成都市全域绿道体系规划图

① 程怡欣、袁弘：《天府绿道：全球最长慢行系统》，《成都日报》2018年1月21日。

区域级绿道具体是府河绿道、熊猫绿道、锦城绿道、田园绿道、龙门山森林绿道、龙泉山森林绿道、滨河绿道。

（1）府河绿道：沿府河从都江堰紫坪铺至双流黄龙溪，总长度约200公里，串联10个区（市）县。

（2）熊猫绿道：沿三环路总长100公里，以慢行交通为主，兼具生态、休闲、体育、文化等功能。

（3）锦城绿道：依托环城生态带，打造“轨道+公交+慢行”绿色交通体系，主线总长度200公里（次线300公里），串联11个中心城区。

（4）田园绿道：沿第二绕城高速路，总长度约300公里，串联10个区（市）县。

（5）龙门山森林绿道：沿龙门山东侧，长度约350公里，串联6个区（市）县。

（6）龙泉山森林绿道：沿龙泉山西侧，长度约200公里，串联5个区（市）县。

（7）滨河绿道：包含走马河、江安河、金马河、杨柳河—斜江河—江河—临溪河、东风渠、沱江—绛溪河、毗河等河段，总长度约570公里，串联15个区（市）县。

城区级绿道是在城市各组团内部成网，与区域级绿道衔接，与城市慢行系统相结合，体现“绿满蓉城”的宜居品质。

社区级绿道是与城区级绿道相衔接，串联社区内幼儿园、卫生服务中心、文化活动中心、健身场馆、社区养老机构等设施。

按照分级分类推动实施的步骤，计划到2020年建成840公里“一轴两环”绿道（府河绿道、锦城绿道、熊猫绿道），建成城区级、社区级绿道共2400公里；2025年建成“一轴两山三环七带”1920公里的区域级绿道，建成城区级、社区级绿道8680公里；2035年全面建成天府绿道三级体系。

截至2018年9月底，成都已建成各级绿道2112公里，总投资约270亿元，其中，区域级绿道300公里，城区级绿道729公里，社区级绿道1083公里。

二　重拳治水助推绿道品质提升

成都因水而生，因水而兴，因水而美，被称作“来了就不想走的城市”。但是，随着经济社会的不断发展和城镇的扩张、人口的增加，穿越成都中心城区和天府新区的府河（又称锦江）污染问题日趋严峻，部分区段水质为劣Ⅴ类，严重影响人民群众对美好生态环境的需求。

习近平总书记2018年4月26日在深入推动长江经济带发展座谈会上的讲话中提到：“府河成都段是天府新区的重要生态廊道，为了治理严重污染问题，当地政府在做好顶层设计的基础上，按照一年治污、两年筑景、三年成势的时序要求，推动截污、清淤、补水同向发力，并采取景观提升、长效管理等措施，计划在今年5月底前实现干流和重要支流无污水下河，最终彻底解决河段严重污染问题。府河黄龙溪国控断面2015～2016年总体水质为劣Ⅴ类，2017年总体水质为Ⅴ类，今年前两个月均为Ⅳ类，整体趋势是不断好转的。”[①] 总书记对天府新区的实地

① 《习近平：在深入推动长江经济带发展座谈会上的讲话》，新华网，2018年6月13日。

考察，是对成都重拳治水成效的充分肯定。

2017 年 6 月，成都出台《实施“治水十条”推进重拳治水工作方案》，府河水生态治理和绿道建设工程项目被成都市政府列为生态环境建设的“一号工程”，提出“一年治污、两年筑景、三年成势”的时序要求，将府河打造升级为成都平原的生命水脉、天府文化的承继轴线、蜀风雅韵的山水画廊、锦城内外的宜居水岸。为此，由四川省委省政府和成都市委市政府牵头，成都市属国企成都文旅集团、成都兴蓉集团与中国交建集团旗下中交疏浚股份有限公司签订了战略合作协议，共同组建成立了锦江流域投资公司，由流域投资公司对流域综合治理项目进行统一的投资、设计、规划、建设、运营管理等工作，有效解决了以往因“碎片化”治理方式导致的流域水环境治理投入大、效率低、效果差等问题。同时，按照专业化及板块化运营思路，又在流域投资公司之下再分别按照投资建设、项目运营等设立了专业化子公司，负责各区（市）县投建管一体化流域治理项目的具体实施。①

2017 年下半年，在一系列措施实施后，在成都市岷江、沱江水系设置市控及以上地表水监测所有断面中，Ⅰ~Ⅲ类水质断面占比与 2016 年下半年相比有明显提高，劣Ⅴ类水质断面占比明显下降，Ⅳ~Ⅴ类水质断面占比也渐趋下降；而在 2018 年上半年，Ⅰ~Ⅲ类水质断面占比与 2017 年上半年相比也有明显提高，劣Ⅴ类水

① 淡佳庆:《流域治理成就“天府绿道”》,《交通建设与管理》2018 年第 2 期。

质断面占比保持全部月份均有所下降[①]。根据治理要求，府河水质治理将在保障防洪排涝安全、水质洁净优良、生态系统健康、环境整洁优美的基础上，使河道由“单一功能”向“综合功能”转变，由“工程水利”向“生态水利”转变，由“传统水利”向“现代水利”转变，达到为打造府河绿道提供生态保障、为居民生活提供亲水空间、为农村改革提供强劲动力、为城市发展提供绿色脉络的最终目标。

三　功能拓展引领城市绿色发展

按照《规划方案》，天府绿道将具备生态保障、慢行交通、休闲游览、城乡统筹、文化创意、体育运动、农业景观、应急避难八大功能[②]，将补齐城区市民运动、休闲、文化等公服设施配套短板并将各项公共要素串联形成有机系统，引导全新的绿色生活方式，推进城市绿色发展，为建设美丽宜居公园城市奠定基础。

（一）彰显各具特色的文化元素

天府绿道将连接起区域内的主要公园、自然保护区、风景名胜区、历史古迹和居民区等，供人们休闲、享受自然风光，彰显各具特色的文化元素。深挖历史文脉，在天府绿道的“一

① 王胡林：《成都持续实施“三治一增”提升绿色发展竞争力研究》，《成都行政学院学报》2018年第5期。

② 《成都天府绿道规划方案出炉　沿天府绿道走向“绿重锦官城”》，四川省人民政府网，2017年9月2日。

轴”上，这条沿成都母亲河——府河形成的绿道主轴，在文化表达上被定位为“天府文化的核心轴线，成都文脉的历史画卷”，将主要体现水文化、古蜀文化、蜀都文化、创新创意文化等。其中，水文化主要以都江堰水利工程为核心，突出“水润天府”的文化主题，充分挖掘治水兴蜀的历史文化元素。同时，该河段周边富集众多古蜀文化遗存，以及以古蜀历史为原型的文化活动和史志传说。绿道将充分汲取周边古蜀文化元素，分段展示蚕丛、鱼凫、杜宇、开明古蜀国重要的文化内涵，打造古蜀历史文化长卷。天府绿道中的“两山”主要为龙泉山与龙门山的景观资源形成的绿道，其在文化区域上定位为“多元文化之双屏，人文交流之绿道”。“三环”绿道的主要文化元素包括生态文化、创新创意文化、古蜀文化、川西民俗文化。而“七带”的文化定位则为“星罗棋布的璀璨结晶，精巧灵动的文脉网络”，其主要文化元素有教育文化、近现代工业文化、古蜀文化、郊游文化、川西民俗文化、诗歌文化等。

天府绿道将规划天府人文画卷创意园。园区将以北宋画家李公麟的名作《蜀川胜概图》为蓝本，结合历代文人雅士描写成都的名篇名句，在环城生态区依山傍湖的适当空间，规划描绘成都历史著名人文景观的文化画卷，内置充满生机、人文情怀的文创、观光、游赏、生态等业态，使之成为天府绿道上“一站式”展示天府文化内涵、彰显别样成都风采的门户，有望展现《蜀川胜概图》（又称《蜀江卷》）的胜景。同时，天府绿道线形景观还将采用“介入式设计”，充分利用零星地块和闲置土地，通过设施、装置、标识系统、公共艺术和景观节点等形式展示绿色廊道经过区域的成都历史文化特色，实施“小游园”“微绿地”天府文化记忆展示工程。

（二）建设遗址公园群

天府绿道将构建以成都平原史前城址群和考古遗址为代表的遗址公园群。遗址公园群包括金沙国家考古遗址公园、邛窑国家考古遗址公园、东华门遗址公园、郫县古城遗址公园、芒城遗址公园、紫竹遗址公园、双河遗址公园、明蜀王陵遗迹公园、鱼凫古城遗址公园、怀安军古城遗址公园……树立大遗址保护理念，运用保护、修复、展示等一系列手法，对有效保护下来的大遗址进行重新整合、动态规划，通过天府绿道有机串联成都片区大遗址点位，全面布局、集中实施，推动成都片区大遗址实现整体保护利用和可持续发展，以绿道为纽带，形成天府文化史前风貌和古代重要遗迹遗址展示路线，努力建立国家级大遗址保护示范区。

（三）拓展体育运动功能

对绿道体育设施建设出具标准，科学规划天府绿道体育设施体系，并根据体育设施配套点位现状配建相应体育设施。同时，主动对各区（市）县原有的运动休闲小镇建设进行指导，形成绿道体育设施—绿道—运动休闲小镇互联体系，满足市民健身休闲和体育赛事需求。根据规划，绿道体育设施布局以全民健身设施为主，竞赛训练设施为辅，以露天室外场地为主，室内场馆为辅。绿道一期建设将建足球场、篮球场、乒乓球场、门球场、羽毛球场、网球场、健身设施等1050处；四级驿站也将分别配套体育综合体、全民健身中心、全民健身路径等设施，其中体育综合体初步计划由一座大型体育场、一座大型体育馆和一座游泳馆组成，并在场馆周边配置商业综合体，使体育产业、商业、餐饮业和休闲娱乐业合为一体，使市民能感受到最佳的绿道健身体验。绿道还计划建设能满足垂钓、攀岩、滑板、户外拓展、跑酷等活动的特色运动场地，创办成都天府绿道国际马拉松赛、天府绿道国际公路自行车赛、天府绿道国际徒步大赛和天府绿道国际定向越野赛等一系列赛事，逐步形成天府绿道赛事体系。

（四）完善娱乐休闲功能

对标泰晤士河、塞纳河等国外滨河经济带的成功经验，从成都三千年历史与城市文化特质出发，重点以府河绿道为轴线，深度挖掘府河绿道与周边区域经济、文化、交通、生活的互补性、互动性，将沿江要素分配和空间关系初步梳理为三个片区：具备湿地、林盘、小型公园、农家乐初级形态的都江堰传统成熟旅游目的地，聚集高密度历史人文资源、已具雏形的亲水休闲娱乐段、初具规模的现代开放公园、产业分割清晰的城市中心价值区，以及具备成片原生态农耕用地、初级生态亲水公园、少量历史遗迹的黄龙溪综合文旅开发升级区。以府河绿道建设为标杆，带动整个天府绿道建设成为体现城市文明程度的滨河示范带，天府成都亲水生活方式示范区，世界级的亲水文化旅游目的地，展示流动的城市独特生命观，从而焕发天府绿道整体活力，成为推动城市绿色发展的重要支点。

第五章
开放发展竞争力比较

本章将从开放发展理念的视角，观察9个国家中心城市和11个副省级城市，分析这20个城市开放发展竞争力各项指标的差异性。然后对这20个城市开放发展竞争力进行综合比较，以期分析这些城市开放发展竞争力的水平。通过本章的比较、分析，可以清晰地看到各个城市在开放发展竞争力方面的优劣势，进而思考在后续的城市发展战略规划中如何继续发挥自己的优势并就劣势部分进行改进，为各个城市政府抢抓国家开放格局调整重大机遇、主动融入和服务“一带一路”建设、构建多向度战略通道、建设高能级开放平台、创造国际化营商环境，加快开放发展提供政策参考。

第一节　开放发展竞争力指标体系构建

党的十八大以来，习近平总书记以世界眼光审时度势、在全球范围谋篇布局，围绕实施积极主动开放战略、发展更高层次的开放型经济提出了一系列新理念、新思想、新战略。习近平总书记关于开放发展理念的一系列重要论述也是指导城市开放发展的理论指引。

一　开放发展理念的科学内涵

习近平总书记在党的十九大报告中强调，“推动形成全面开放新格局。开放带来进步，封闭必然落后。中国开放的大门不会关闭，只会越开越大。要以‘一带一路’建设为重点，坚持‘引进来’和‘走出去’并重，遵循共商共建共享原则，加强创新能力开放合作，形成陆海内外联动、东西双向互济的开放格局”。①

（一）开放发展理念强调完善开放发展新布局

习近平总书记指出，“改革开放只有进行时没有完成时”。②在开放意义上，强调“当今世界，开放融通的潮流滚滚向前。人类社会发展的历史告诉我们，开放带来进步，封闭必然落后。世界已经成为你中有我、我中有你的地球村，各国经济社会发展日益相互联系、相互影响，推进互联互通、加快融合发展成为促进共同繁荣发展的必然选择”。③对于新时代中国对外开放的新篇章，习近平同志强调，“中国人民将继续扩大开放、加强合作，坚定不移奉行互利共赢的开放战略，坚持‘引进来’和

① 《习近平：决胜全面建成小康社会　夺取新时代中国特色社会主义伟大胜利——在中国共产党第十九次全国代表大会上的报告》，http：//www. 12371. cn/2017/10/27/ARTI1509103656574313. shtml，最后访问日期：2018 年 9 月 17 日。

② 《习近平：在十八届中共中央政治局第二次集体学习时讲话》，http：//jhsjk. people. cn/article/25195773，最后访问日期：2018 年 9 月 17 日。

③ 《习近平：开放共创繁荣　创新引领未来——在博鳌亚洲论坛 2018 年年会开幕式上的主旨演讲》，http：//jhsjk. people. cn/article/29918031，最后访问日期：2018 年 9 月 17 日。

‘走出去’并重，推动形成陆海内外联动、东西双向互济的开放格局，实行高水平的贸易和投资自由化便利化政策，探索建设中国特色自由贸易港。中国人民将继续与世界同行、为人类作出更大贡献，坚定不移走和平发展道路，积极发展全球伙伴关系，坚定支持多边主义，积极参与推动全球治理体系变革，构建新型国际关系，推动构建人类命运共同体”。[①]

（二）开放发展理念强调形成开放发展新体制

习近平同志指出，“以开放促改革、促发展，是我国改革发展的成功实践。改革和开放相辅相成、相互促进，改革必然要求开放，开放也必然要求改革。要坚定不移实施对外开放的基本国策、实行更加积极主动的开放战略，坚定不移提高开放型经济水平，坚定不移引进外资和外来技术，坚定不移完善对外开放体制机制，以扩大开放促进深化改革，以深化改革促进扩大开放，为经济发展注入新动力、增添新活力、拓展新空间。利用国际国内两个市场、两种资源的能力，要牢牢抓住体制改革这个核心，坚持内外统筹、破立结合，坚决破除一切阻碍对外开放的体制机制障碍，加快形成有利于培育新的比较优势和竞争优势的制度安排”。[②] 在对外交往中，他强调中国尊重非歧

① 《习近平：开放共创繁荣　创新引领未来——在博鳌亚洲论坛2018年年会开幕式上的主旨演讲》，http：//jhsjk.people.cn/article/29918031，最后访问日期：2018年9月17日。

② 《习近平：在中央全面深化改革领导小组第十六次会议上讲话》，http：//syss.12371.cn/2015/09/15/ARTI1442308014374131.shtml，最后访问日期：2018年9月17日。

视性规则的国际营商惯例，遵守国民待遇等世贸组织原则，公平公正对待包括外商投资企业在内的所有市场主体，欢迎跨国公司同中国企业开展各种形式合作。我们将及时解决外国投资者合理关切，保护他们的合法权益，努力营造公开透明的法律政策环境、高效的行政环境、平等竞争的市场环境，尤其是保护好知识产权，为我们同包括美国在内的世界各国开展合作开辟更加广阔的空间。[①] 并重申，中国利用外资的政策不会变，对外商投资企业合法权益的保护不会变，为各国企业在华投资兴业提供更好服务的方向不会变。中国开放的大门永远不会关上！[②]

（三）开放发展理念强调形成开放发展新格局

对于开放发展的新格局，习近平总书记强调："我们将实行更加积极主动的开放战略，完善互利共赢、多元平衡、安全高效的开放型经济体系，促进沿海内陆沿边开放优势互补，形成引领国际经济合作和竞争的开放区域，培育带动区域发展的开放高地。"[③] 我们将继续创造更具吸引力的投资环境，加强同国际规则对接，增加透明度，坚持依法办事，鼓励竞争，反对垄断。我们将加强知识产权保护，加大执法力度，提高违法成本，

① 《习近平：在华盛顿州当地政府和美国友好团体联合欢迎宴会上的演讲》，http：//jhsjk. people. cn/article/27626927，最后访问日期：2018 年 9 月 17 日。

② 《习近平：发挥亚太引领作用，应对世界经济挑战——在亚太经合组织工商领导人峰会上的主旨演讲》，http：//jhsjk. people. cn/article/25195773，最后访问日期：2018 年 9 月 17 日。

③ 《习近平：深化改革开放，共创美好亚太——在亚太经合组织工商领导人峰会上的主旨演讲》，http：//jhsjk. people. cn/article/23117743，最后访问日期：2018 年 9 月 17 日。

鼓励企业间正常技术交流合作，保护所有企业的合法知识产权。我们将主动扩大进口，促进经常项目收支平衡。[①]

这些重要论述，深刻思考人类前途命运、中国和世界发展大势，鲜明彰显了深化对外开放的高度自信与坚定决心，深刻阐明了推动新时代全方位对外开放的战略方向和着力重点，富有中国特色、体现时代精神、引领人类发展进步潮流。

二　开放发展竞争力指标体系构建

通过深入学习习近平总书记关于开放发展理念的一系列重要论述，本文在参考前人研究并对国内外相关文献综述和评价进行梳理的基础上，重点对城市抢抓国家开放格局调整重大机遇、主动融入和服务“一带一路”建设、构建多向度战略通道、建设高能级开放平台、建设国际化营商环境等进行观察。为科学全面构建城市开放发展竞争力指标体系，在开放发展竞争力的总体目标下可以形成四个评价维度：经济外向依存度、金融发展水平、国际交往、外向通道建设。在每个评价维度之下又可以选择若干个治理指标来进行定量分析，其中，经济外向依存度可以选择进出口总额、实际到位外商投资金额、旅游业创汇收入等指标；金融发展水平可以选择金融机构存款余额、金融机构贷款余额、保费收入等指标；国际交往可以选择外国使领馆数量、国际友好城市数量等指标；外向通道建设可以选择铁路客运量、公路客运量、民航吞吐量、货运量、民航货邮吞

① 《习近平：顺应时代潮流　实现共同发展——在金砖国家工商论坛上的讲话》，http：//jhsjk. people. cn/article/30170246，最后访问日期：2018 年 9 月 17 日。

吐量、人均高速公路里程等指标。

按照上述指标体系构建思路，建立一级指标、二级指标如表 5 - 1 所示。接着采用专家评价法来对初步筛选的指标集进行再筛选，进而提出相对合理、完善的评价指标体系。本章研究的是城市开放发展竞争力比较，根据研究目的，我们邀请了城市开放治理研究方面的 5 位专家学者并先后三次向他们发放调查问卷，通过对原始数据进行相关性分析，经过三轮筛选，最终形成了经济外向依存度、金融发展水平、国际交往、外向通道建设 4 个一级指标 14 个二级指标构成的城市开放发展竞争力的指标体系，如表 5 - 2 所示。

表 5 - 1　城市开放发展竞争力指标体系（专家评价前）

一级指标	二级指标	单位
经济外向依存度	进出口总额	亿元
	实际到位外商投资金额	亿美元
	旅游业创汇收入	亿美元
	一般贸易出口额占出口总额比重	%
	境外游客占旅游游客比重	%
金融发展水平	金融机构存款余额	亿元
	金融机构贷款余额	亿元
	保费收入	亿元
国际交往	外国使领馆数量	个
	国际友好城市数量	个
	国际航线数	条
外向通道建设	铁路客运量	万人次
	公路客运量	万人次
	民航吞吐量	万人次
	货运量	万吨
	民航货邮吞吐量	万吨
	人均高速公路里程	公里/万人

表 5－2 城市开放发展竞争力指标体系（专家评价后）

一级指标	二级指标	单位
经济外向依存度	进出口总额	亿元
	实际到位外商投资金额	亿美元
	旅游业创汇收入	亿美元
金融发展水平	金融机构存款余额	亿元
	金融机构贷款余额	亿元
	保费收入	亿元
国际交往	外国使领馆数量	个
	国际友好城市数量	个
外向通道建设	铁路客运量	万人次
	公路客运量	万人次
	民航吞吐量	万人次
	货运量	万吨
	民航货邮吞吐量	万吨
	人均高速公路里程	公里/万人

第二节 经济外向依存度

在经济外向依存度这个维度下，主要包括进出口总额、实际到位外商投资金额、旅游业创汇收入三个二级指标。这三个指标是评价一个城市经济外向依存度的重要指标。

一 进出口总额

进口总额通常包括各种形式的进口，如一般贸易、加工贸易等。出口总额也是指同样含各种形式的出口，如一般贸易、加工贸易等。其统计对象包括对外贸易实际进出口货物，来料加工装配进出口货物，国家间、联合国及国际组织无偿援助物资和赠送品，华侨、港澳台同胞和外籍华人捐赠品，租赁期满归承租人所有的租赁货物，进料加工进出口货物，边境地方贸易及边境地区小额贸易进出口货物（边民互市贸易除外），中外合资企业、中外合作经营企业、外商独资经营企业进出口货物和公用物品，到岸、离岸价格在规定限额以上的进出口货样和广告品，从保税仓库提取在中国境内销售的进口货物，以及其他进出口货物。

9 个国家中心城市的进出口总额如图 5－1 所示。

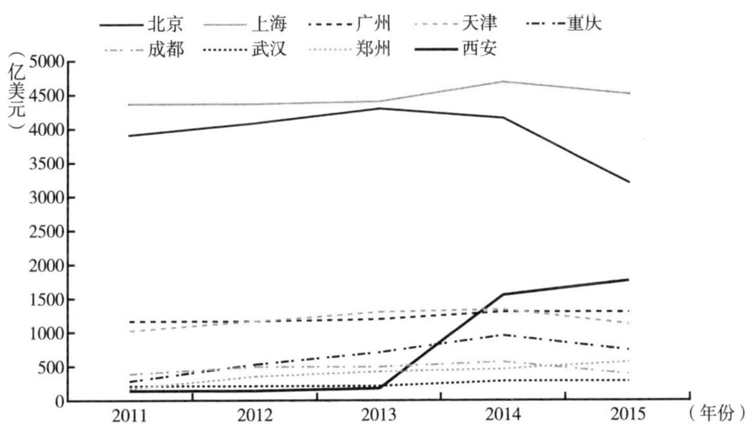

图 5－1　2011～2015 年 9 个国家中心城市进出口总额

说明：如未特别说明，本章数据来源均根据 2011～2015 年各城市统计年鉴及国民经济和社会发展公报整理。

9 个国家中心城市的进口、出口以及进出口情况如表 5－3 所示。

表 5-3　2011～2015 年 9 个国家中心城市进出口详细数据

单位：亿美元

城市＼年份	2011	2012	2013	2014	2015	类别
北京	3305.85	3484.75	3668.44	3532.02	2647.50	进口总额
	589.97	596.32	630.97	623.35	546.65	出口总额
	3895.82	4081.07	4299.41	4155.37	3194.15	进出口总额
上海	2276.47	2299.51	2371.54	2563.45	2547.64	进口总额
	2097.89	2068.07	2042.44	2102.77	1969.69	出口总额
	4374.36	4367.58	4413.98	4666.22	4517.33	进出口总额
广州	596.94	582.52	560.89	578.77	578.70	进口总额
	564.74	589.15	628.07	727.13	727.10	出口总额
	1161.68	1171.67	1188.96	1305.90	1305.80	进出口总额
天津	588.93	673.09	795.03	813.16	631.64	进口总额
	444.98	483.14	490.25	525.97	511.83	出口总额
	1033.91	1156.23	1285.28	1339.13	1143.47	进出口总额
重庆	93.79	146.33	219.07	320.41	192.86	进口总额
	198.38	385.70	467.97	634.09	551.89	出口总额
	292.17	532.03	687.04	954.50	744.75	进出口总额
成都	149.50	171.87	186.98	219.86	154.94	进口总额
	229.55	303.69	318.82	338.09	237.80	出口总额
	379.05	475.56	505.80	557.95	392.74	进出口总额
武汉	100.57	96.06	98.09	126.38	129.19	进口总额
	117.33	107.48	119.43	137.91	151.53	出口总额
	217.90	203.54	217.52	264.29	280.72	进出口总额
郑州	63.57	155.67	176.83	197.73	257.80	进口总额
	96.37	202.64	250.66	266.57	312.45	出口总额
	159.94	358.31	427.49	464.30	570.25	进出口总额
西安	67.75	57.15	95.07	797.47	941.81	进口总额
	58.27	72.99	84.78	734.68	819.88	出口总额
	126.02	130.14	179.85	1532.15	1761.69	进出口总额

注：西安前三年数据为亿美元，后两年为亿元人民币。

2011 年成都的进口总额为 149.50 亿美元，出口总额为 229.55 亿美元。2012 年的进口总额和出口总额分别为 171.87 亿美元和 303.69 亿美元。2013 年的进口总额和出口总额分别为 186.98 亿美元和 318.82 亿美元。2014 年的进口总额和出口总额分别为 219.86 亿美元和 338.09 亿美元。2015 年的进口总额和出口总额分别为 154.94 亿美元和 237.80 亿美元。从 2011 年到 2014 年成都市进口总额每年递增，其中 2012 年相较于 2011 年进口总额多出 22.37 亿美元，2013 年和 2014 年相较于前一年的进口总额分别多出 15.11 亿美元和 32.88 亿美元。而 2015 年成都市进口总额明显减少，相比于 2014 年成都市进口总额减少 64.92 亿美元。从 2011 年到 2014 年成都市出口总额每年递增，其中 2012 年相较于上一年出口总额多出 74.14 亿美元，2013 年和 2014 年相比于前一年出口总额均分别多出 15.13 亿美元和 19.27 亿美元。2015 年的出口总额相对于 2014 年有较大的减少，总量少出 100.29 亿美元。从进口和出口的差额来看，从 2011 年到 2015 年成都地区始终保持在贸易顺差，并且顺差额均高于 80 亿美元。从 2011 年到 2015 年的进出口顺差分别为 80.05 亿美元、131.82 亿美元、131.84 亿美元、118.23 亿美元、82.86 亿美元。从这一点上可以看出虽然成都市 2015 年进口总额和出口总额都在减少，但是在进出口差额上总量始终保持顺差。

二　实际到位外商投资金额

实际到位外商投资金额反映了一个地区招商引资的能力，说明了一个地区对外商的吸引力，同时也反映了一个地区的经济活跃能力，它证明了外资企业肯定该地区经济发展的前景。

表5－4是2011～2015年北京、上海、广州、重庆、天津、成都、郑州、武汉、西安9个国家中心城市的实际到位外商投资金额。其中，天津和上海基于其独特的沿海地理优势遥遥领先于其他7个城市，上海尽管在2012年小幅度领先于天津，其他几年中天津均排在上述9个城市的第一位，排在最末位的广州在这五年中相比于另外8个城市每年的增长幅度很小，在2015年其实际到位外商投资金额仅为8.36亿美元。截至2015年的排名依次为天津、上海、北京、重庆、武汉、西安、郑州、成都、广州，重庆在这五年中的变化不大，在105亿美元上下浮动，表现出趋于稳定的状况，武汉在这方面的表现比较优异，增长幅度从2011年的37.6亿美元，2012年的44.44亿美元，2013年的52.5亿美元，2014年的61.99亿美元，到2015年的73.43亿美元，相比于2011年增长了将近一倍。

表5－4　2011～2015年9个国家中心城市实际到位外商投资金额

单位：亿美元

城市＼年份	2011	2012	2013	2014	2015
北京	70.50	80.40	85.20	90.40	130
上海	126.01	151.85	167.80	181.66	184.59
广州	6.74	6.80	7.11	8.03	8.36
天津	132.39	151.65	172.46	203.89	223.69
重庆	105.78	105.76	105.97	106.29	107.65
成都	11.97	16.15	21.20	21.40	15.04
武汉	37.60	44.44	52.50	61.99	73.43
郑州	31.00	34.28	33.21	36.30	38.26
西安	20.05	24.78	31.30	37.03	40.08

三　旅游业创汇收入

旅游经济是以旅游活动为前提，以商品经济为基础，依托现代科学技术，反映旅游活动过程中，旅游者和旅游经营者之间，按照各种利益而发生经济交往所表现出来的各种经济活动和经济关系的总和①。

近几年国家将继续加快和发展旅游产业，完善旅游市场法治建设，依法治理和规范旅游市场秩序。加强了基础设施建设，包括高铁、飞机航线、高速公路等方面，促进了旅游业的发展。这些措施对于开发旅游资源、促进全国旅游市场的健康发展具有重要的意义。而旅游业的发展也给各地的经济带来了很大的刺激，因此旅游业经济在我国经济发展到现阶段的情况下很大程度上刺激了消费，带动了地方的经济发展。北京、上海、广州、天津、重庆、成都、武汉、西安（无郑州数据）8 个国家中心城市的旅游业创汇收入如表 5－5 所示。

表 5－5　2011～2015 年 8 个国家中心城市旅游业创汇收入

单位：亿美元

城市＼年份	2011	2012	2013	2014	2015
北京	54.16	51.49	47.94	46.07	46.05
上海	58.35	55.82	53.37	57.05	59.60
广州	48.53	51.44	51.68	54.75	52.70
天津	17.55	22.26	25.91	29.92	32.98

① 来自百度百科，https：//baike.baidu.com/item/旅游经济/4595500，最后访问日期：2018 年 9 月 17 日。

续表

城市＼年份	2011	2012	2013	2014	2015
重庆	9.60	11.68	12.68	13.54	14.68
成都	4.56	6.27	7.31	7.40	8.72
武汉	6.06	8.52	9.14	9.34	13.37
西安	8.06	9.42	10.09	—	—

注：西安无2014年、2015年数据。

从表5－5中可以看出在旅游业创汇收入这项数据上，所对比的8个城市之间的差距，以北京、上海、广州、天津为代表的4个城市在旅游业创汇收入方面遥遥领先于其他城市。这得益于改革开放以来北京的政治中心、上海的金融中心、广州的贸易中心以及天津重要港口城市的重要地位。因此依表5－5中的数据可以将旅游业创汇收入分为两个层次，第一层次为北京、上海、广州、天津，第二层次为重庆、成都、武汉、西安四个内陆城市。

如图5－2所示，可以明显看出2011～2015年这5年间8个城市旅游业创汇收入的情况，也可以明显看出以天津作为界限的两个层次的比较。

第一层次，在第一层次的4个城市北京、上海、天津、广州中，上海在这5年中一直稳居第一位，虽然在2013年有小幅度下滑，但依然保持第一的位置。北京在这5年中则有不同的下降，从2011年的排名第二到2015年的排名第三。广州则明显有所起伏，在2011～2014年均有所增长之后，在2015年则下降趋势明显，但在2015年依然保持其第二的位置。重点来看第一层次的天津，在2011年仅为第一层次其他几个城市的三分之一，只有 17.55 亿美元，2015 年为 32.98 亿美元，增长了近一倍，2011 ~2015 年这 5 年间天津以一种趋于线性增长的趋势稳步增长，逐步缩小了与第一层次的其他几个城市的差距。

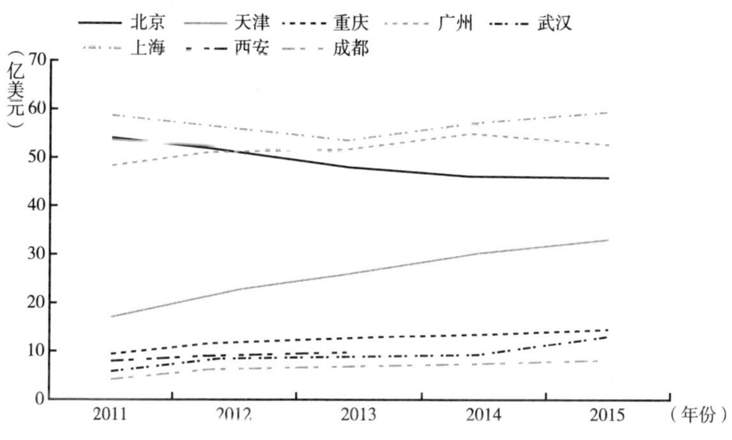

图 5 －2　8 个国家中心城市旅游业创汇收入比较

第二层次，从图 5 －3 中可以看出重庆、武汉、成都、西安四个城市的旅游业创汇收入情况。四个城市从 2011 年到 2015 年均小幅度增加，可以明显看出武汉 2014 ~2015 年增长速度增加，抬头明显，成都虽然增长幅度可观，但是和武汉相比总量和增速均还有一定的差距。再看重庆，在 2011 ~2015 年则表现出趋于线性的增长趋势。纵观成都 2011 ~2015 年旅游业创汇收入，2011 年为 4.56 亿美元，2012 年为 6.27 亿美元，2013 年为 7.31 亿美元，2014 年为 7.4 亿美元，2015 年为 8.72 亿美元。这五年成都旅游创汇收入增长幅度虽然近乎一倍，但是由于基数小，距离其他国家中心城市依然有很大的差距。而反观成都以及四川在国际上的名气，这和成都的旅游业创汇收入不符。

因此，旅游业创汇收入还有待提高，可以通过进一步的宣传引导，通过好的政策指引及相应的优惠条件，大力提高成都的旅游业创汇收入，从而提高地区收入。

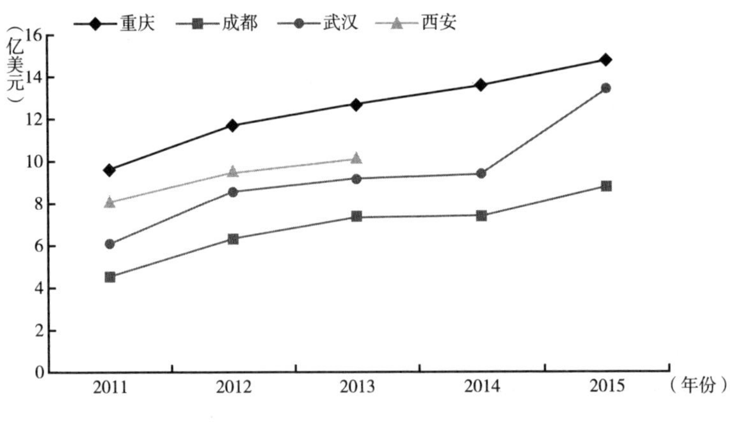

图 5－3　重庆、武汉、成都、西安旅游业创汇收入对比

第三节　金融发展水平

在金融发展水平这个维度下，可以选择金融机构存款余额、金融机构贷款余额、保费收入等三个二级指标。这三个指标是评价一个城市金融发展水平的重要指标。

一　金融机构存款余额

金融机构各项存贷款余额指某一时点金融机构存款金额与金融机构贷款金额。其中，金融机构主要包括商业银行和政策性银行、非银行信贷机构和保险公司。存款的大幅波动和骤然减少，存款的持续减少，可能导致银行贷款潜力受到抑制，可能导致企业尤其是中小企业信贷投放的大幅波动，对中小企业投资和生产安排或将形成一定干扰，影响金融支持实体经济的力度，使得通过扩大信贷刺激经济增长的政策意图难以实现，影响“稳增长”成效。

为保持和促进经济的健康稳步增长，政府部门应注意金融机构存款余额对经济增长的作用机理，一方面要发展经济，让居民和社会企业有“款”可存，为存款积累打好坚实基础；另一方面要把存款与投资结合起来考虑，使存款向投资顺利地转化。而发挥金融机构存款余额对经济增长的促进作用，重点和关键是要推动信贷对民间投资发展的支持力度①。本文将北京、上海、广州、天津、重庆、成都、郑州、武汉、西安 9 个国家中心城市进行综合比较分析，数据及图如表 5－6、图 5－4 所示。

表 5－6　2011～2015 年 9 个国家中心城市金融机构存款余额

单位：亿元

城市＼年份	2011	2012	2013	2014	2015
北京	72655.40	81389.60	87990.60	95370.50	123767.40
上海	58186.48	63555.25	69256.32	73882.45	103760.60
广州	26460.80	30186.57	33838.20	35469.20	—
天津	17197.51	19675.68	22684.59	23959.42	27145.93
重庆	15832.81	18934.83	22202.10	24501.54	28094.37
成都	17098.00	20354.00	23662.00	26797.00	29475.00
郑州	8964.86	10448.29	12450.45	13955.58	16936.27
武汉	11519.58	13131.59	14915.69	16268.71	19393.16
西安	10430.27	12125.53	13763.19	15166.78	17796.38

注：广州 2015 年无数据。

① 袁奥博：《金融机构存款余额与经济发展关系实证分析——以海南为例》，《财经界》（学术版）2013 年第 1 期。

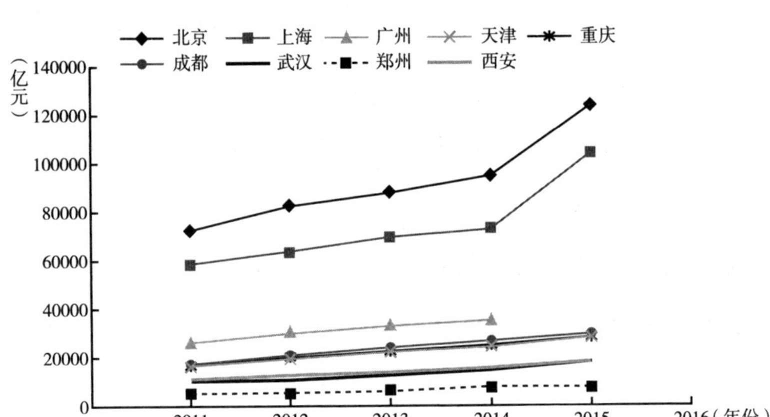

图 5-4　2011~2015 各年末金融机构人民币存款余额

从图 5-4 的曲线可以看出，北京和上海 2011~2015 年各年末金融机构人民币存款余额始终稳居 9 个城市的第一位和第二位，而且二者的曲线也类似，在 2015 年有大幅的提升。

反观另外 7 个城市，与北京和上海的差距还很大，其他几个城市的曲线大致走向类似。成都在这五年中也有了大幅的提升，从 2011 年的 17098 亿元到 2015 年的 29475 亿元，增长了 1 万多亿元。排名顺序依然保持不变，稳居第六名。

二　金融机构贷款余额

金融机构贷款是指企业向商业银行和非银行金融机构借入的资金。其中商业银行是国家金融市场的主体，资金雄厚，可向企业提供长期贷款和短期贷款，因此商业银行贷款是企业负债经营时采用的主要筹资方式。

关于我国银行信贷对经济增长的影响，国内学者的研究方法主要分为 OLS 回归分析、时间序列分析等，且大多数研究认为贷款额度对经济增长有显著影响，而根据研究证实人均贷款额的增长拉动人均地区生产总值的增长，二者呈显著的正相关关系，该结论合理地解释了贷款增加能加大资本投入、扩大生产规模，从而促进经济增长，符合经济意义①。

另外，利用Granger因果检验的方法，构建了误差修正模型，对青岛市存贷款余额增量与经济发展之间的关系进行了实证研究。结果表明：二者之间存在着双向的“因果关系”，存贷款量的增加促进了经济的增长，经济的发展带来存贷款量的增加，并且二者之间相互影响的时间跨度不超过一年②。

因此，本书将北京、上海、广州、天津、重庆、成都、郑州、武汉和西安9个城市结合进行比较分析，2011～2015年金融机构贷款余额数据如表5－7及图5－5所示。

表5－7　2011～2015年9个国家中心城市金融机构贷款余额

单位：亿元

城市＼年份	2011	2012	2013	2014	2015
北京	33367	36441.30	40506.70	45458.70	50559.50
上海	37196.79	40982.48	44357.88	47915.81	53387.21
广州	17732.88	19936.52	22016.18	24231.70	—
天津	15242.17	17392.06	19453.31	21715.99	24500.91
重庆	13001.39	15131.22	17381.55	20011.50	22393.93
成都	13767.00	15630.00	17618.00	19779.00	21971.00
郑州	6112.78	6794.12	9342.31	10868.34	12650.26
武汉	10157.53	11575.84	12803.87	14463.40	17135.79
西安	7564.93	8635.22	10023.63	11668.14	13714.02

注：广州2015年无数据。

① 牛硕：《浅谈贷款额度对地区经济增长的影响》，《数量经济学视野下经济管理与贵州发展研究国际研究2013年》（会议论文），2013，第6页。

② 李文锐、任烨：《青岛市金融机构存贷款增量与经济增长的实证研究》，《经济研究导刊》2012年第34期。

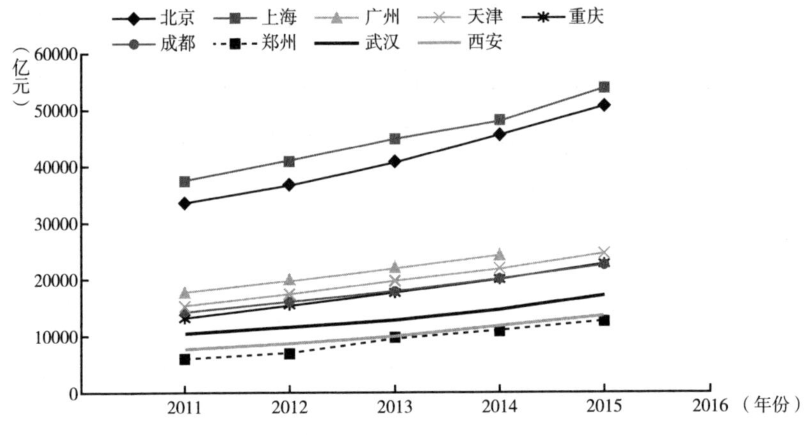

图 5－5　2011～2015 年各年年末金融机构人民币贷款余额

从图 5－5 的曲线可以看出，上海和北京的年末金融机构人民币贷款余额始终分别稳居 9 个城市的第一位和第二位，而且二者的曲线增长幅度也类似，结合上文所说年末金融机构人民币贷款余额可知，上海的贷款余额排在第一位，存款余额排在第二位，北京的存款余额排在第一位，贷款余额则排在第二位。成都在这五年中也有了大幅的提升，从 2011 年的 13767 亿元到 2015 年的 21971 亿元，增长了 7000 多亿元，排名顺序则维持在第五名没有变化。郑州则在 2014 年才超过万亿元大关，截至 2015 年，郑州和武汉依然没有超过 2 万亿元大关，武汉和郑州分别居于年末金融机构贷款余额的第 8 名和第 9 名。

三　保费收入

保费收入是保险公司为履行保险合同规定的义务而向投保人收取的对价收入。保费收入所带来的经济效果是现金资产的流入，并且保险公司利用资金流入与流出的时间差，通过资金运用以及对保险风险的集中与分散的管理，形成损益，与其他行业存在明显的差异。同时，对于短期保险业务与长期保险业务保费收入也存在内涵上的差异[①]。

金融增长和经济增长始终是经济学者研究的热点领域。保险业作为金融领域的重要组成部分，发挥着更加重要的作用，研究保险业与宏观经济之间的关系对于发挥保险业作用及促进保险业健康发展具有重大意义。目前在研究宏观经济波动对保险业发展的关系文献中，部分是肯定宏观经济增长对于保险业发展的影响作用，较有代表性的是经济增长促进保险增长理论[②]。

经过研究人员运用 VAR 模型以及协整性检验，可以看出，总的来说，四川省内的保险业与金融业仍处于发展阶段，均能对经济增长有一定的促进作用。然而，相对于保费收入，金融从业人数的增加更能促进四川经济的增长。因而，目前四川省内应该积极鼓励从业人员前往金融机构深造。另外，大批量具有知识的高技能金融从业人员应作为省内培养人才的一项议程。相对于金融从业人员，保险行业更加突出的特点是不稳定性，故在未来的发展中，保险公司应从提高保险行业的竞争力着手改革[③]。

---

① 百度百科，https：//baike. baidu. com/item/保费收入/9016730？fr = aladdin，最后访问时间：2018 年 9 月 17 日。

② 金宁：《中国宏观经济增长对保险业增长影响的分析》，《经济研究导刊》2013 年第 18 期。

③ 王莫明、赵思颀、林文萱、张珊珊：《金融机构从业人数与保费收入对四川经济增长的实证研究》，《企业技术开发》2015 年第 34 期。

因此，本书将北京、上海、广州、天津、重庆、成都、武汉和西安8个国家中心城市结合进行比较分析（无郑州数据），数据如表5-8和图5-6所示。

表5-8　2011~2015年8个国家中心城市保费收入

单位：亿元

城市＼年份	2011	2012	2013	2014	2015
北京	820.90	923.10	994.40	1207.20	1403.90
上海	753.11	820.64	821.43	986.75	1125.16
广州	397.20	420.80	474.80	601.80	710.07
天津	211.74	238.15	276.80	317.75	398.34
重庆	311.81	331.03	359.23	407.26	514.58
成都	306.80	369.00	400.10	475.00	575.00
武汉	187.24	175.28	202.23	265.71	324.57
西安	162.56	173.20	202.40	219.49	263.00

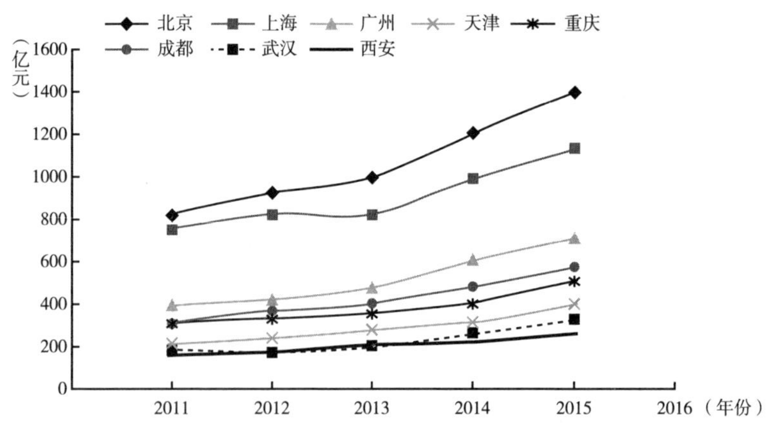

图5-6　2011~2015年8个国家中心城市保费收入增长趋势

从图5-6可以看出北京和上海依然是遥遥领先于其他6个城市，分别居第一位和第二位，这与北京和上海两地的经济增长息息相关。从图中也可以看出，保费收入每年的层次都很鲜明，每年的排名顺序也很明确，2014 年和 2015 年的排名由高到低依次是北京、上海、广州、成都、重庆、天津、武汉和西安。

第四节 国际交往

在国际交往这个维度，主要选择外国使领馆数量、国际友好城市数量两个二级指标，这两个指标是评价一座城市国际交往水平的重要指标。

一 外国使领馆数量

外国使领馆是大使馆、领事馆的简称。大使馆是一国在建交国首都派驻的常设外交代表机关，代表整个国家的利益。馆长是大使，由国家元首任命并作为国家元首的代表履行职责。大使馆的职责是代表派遣国，全面促进两国的政治、经济、文化、教育、科技等方面的关系。大使馆的职责范围遍及驻在国各个地区。而领事馆是一国政府派驻对方国家某个城市并在一定区域执行领事职务的政府代表机关，其职责是领事工作，如维护本国公民和法人的合法权益，向本国公民颁发或延期护照、向外国公民颁发签证。[①]

从外国使领馆数量上来看，2015 年 9 个国家中心城市中，

① 百度百科，https：//baike. baidu. com/item/% E4% BD% BF% E9% A2% 86% E9% A6% 86/299408？fr = aladdin，最后访问日期：2018 年 9 月 1 日。

成都15个，上海74个，重庆10个，广州53个，武汉4个，西安3个，郑州0个，天津0个，北京作为首都不具备对比分析的价值。从数量上看，上海、广州作为我国相对较早对外开放的城市和港口，外国使领馆数量较多；其余6个城市，成都数量最多，重庆次之，武汉第五，西安第六，天津、郑州没有外国使领馆。从使领馆的设立时间来看，美国驻成都总领事馆于1985年开馆，美国驻上海总领事馆于1980年开馆，美国驻广州总领事馆于1979年开馆，美国驻武汉总领事馆于2008年开馆，重庆、西安没有美国领事馆。领事馆的设立和领区的划分，都与城市在区域所处的地位有关，例如美国领事馆设在成都而不是重庆应该就有这方面的考量。

纵向比较，2011年9个国家中心城市，除北京外，成都有外国使领馆9个，上海67个，重庆6个，广州41个，武汉3个，西安2个，天津、郑州0个（表5－9）。从数据上看，5年间，成都新增外国领事馆6个，上海新增7个，重庆新增4个，广州新增12个，武汉新增1个，西安新增1个，广州新增数量最多，上海、成都次之，重庆、武汉、西安新增较少。这些数据的变化与各城市这5年的对外开放程度相关。

同时，对比9个国家中心城市和11个其他副省级城市2015年外国使领馆数来看，国家中心城市的天津和郑州没有外国领事馆，其他副省级城市中只有沈阳、青岛分别有6个、3个外国领事馆。外国领事馆的选址和国家中心城市的入选条件上有一定的相似之处，都是本区域内的中心城市，对其他城市具有辐射作用（见图5－7）。

表 5－9　2011～2015 年 9 个国家中心城市外国使领馆数

单位：个

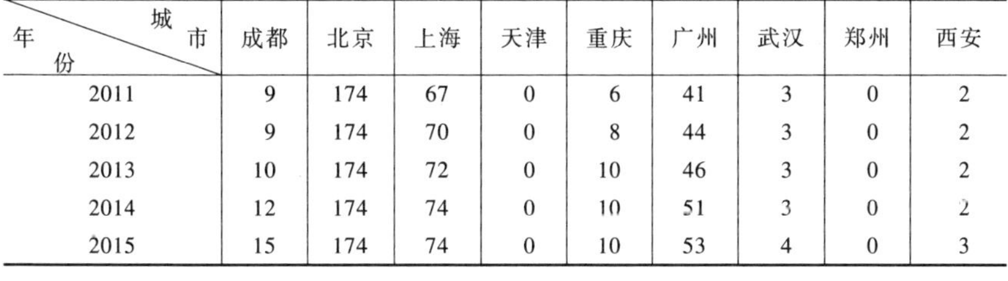

城市 年份	成都	北京	上海	天津	重庆	广州	武汉	郑州	西安
2011	9	174	67	0	6	41	3	0	2
2012	9	174	70	0	8	44	3	0	2
2013	10	174	72	0	10	46	3	0	2
2014	12	174	74	0	10	51	3	0	2
2015	15	174	74	0	10	53	4	0	3

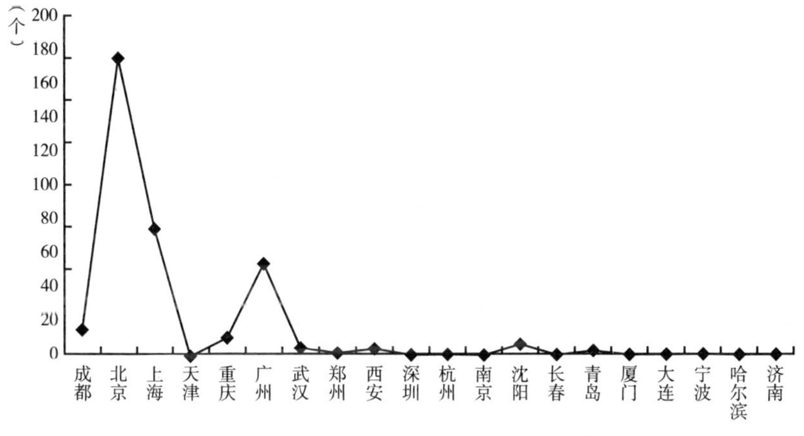

图 5－7　2015 年 20 个城市外国使领馆数量

二　国际友好城市数量

国际友好城市是指一国的城市（或省、州、郡、县）与另一国相对应的城市（或省、州、郡、县），签署正式协议书，双方城市依托该协议积极开展经济、科技、教育、文化、卫生、体育、环境保护和青少年交流等领域的交流合作，以增进相互友谊，促进共同发展。这种正式、综合、长期的友好关系或制度安排被称为国际友好城市。①

① 李小林主编《中国城市竞争力专题报告》，社会科学文献出版社，2016，第 65 页。

从国际友好城市数量上来看，2015 年 9 个国家中心城市，成都 28 个、北京 52 个、上海 61 个、天津 23 个、重庆 37 个、广州 36 个、武汉 21 个、郑州 11 个、西安 27 个。上海最多，北京次之，成都第五，郑州最少。成都对比天津、武汉两个对外开放较早的城市，国际友好城市数量分别多 5 个、7 个，但对比临近的重庆市仍有一定的差距。

纵向上比较，2011 年 9 个国家中心城市，成都的国际友好城市 16 个、北京 46 个、上海 58 个、天津 23 个、重庆 26 个、广州 22 个、武汉 17 个、郑州 10 个、西安 21 个。从表 5－10 中可以看出，5 年的时间，成都的国际友好城市增加 12 个、北京增加 6 个、上海增加 3 个、天津没有增加、重庆增加 11 个、广州增加 14 个、武汉增加 4 个、郑州增加 1 个、西安增加 6 个。广州增加数量最多，增长率为 63.6%，成都增长数量第二，增长率为 75%。从这一数据不难看出，成都近几年在对外开放合作方面做出的巨大努力。

表 5－10　2011～2015 年 9 个国家中心城市国际友好城市数

单位：个

年份＼城市	成都	北京	上海	天津	重庆	广州	武汉	郑州	西安
2011	16	46	58	23	26	22	17	10	21
2012	18	48	58	23	29	31	18	10	21
2013	21	49	59	23	31	32	20	10	23
2014	22	51	60	23	34	36	20	11	25
2015	28	52	61	23	37	36	21	11	27

数据来源：2011～2015 年相关城市年鉴及国民经济和社会发展公报。

同时，对比9个国家中心城市和11个副省级城市2015年国际友好城市数量，9个国家中心城市的国际友好城市平均数量为33个，远高于11个副省级城市的平均数19个。由此可见，国家中心城市在对外开放程度上要好于副省级城市。

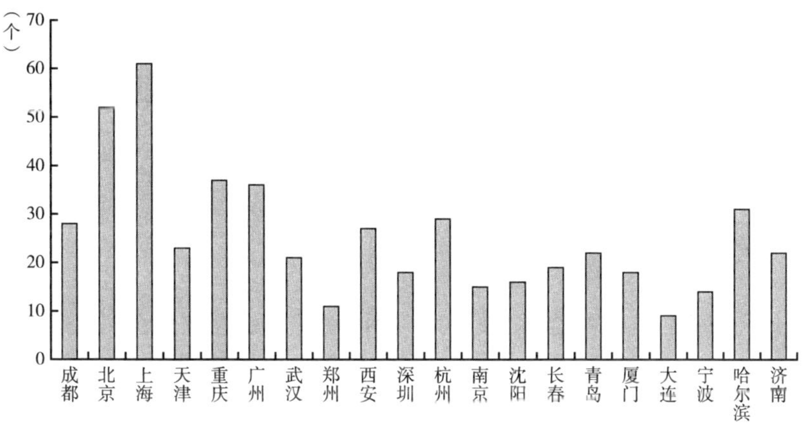

图5－8　2015年20个城市国际友好城市数量

第五节　外向通道建设

在外向通道建设这个维度，主要选择铁路客运量、公路客运量、民航吞吐量、货运量、民航货邮吞吐量、人均高速公路里程6个二级指标。这六个指标是评价一座城市与外界联系的重要指标。

一　铁路客运量

铁路客运量是一个城市所有车站（基层运输单位）在一个自然年内发送和到达旅客的总量，单位为万人次。

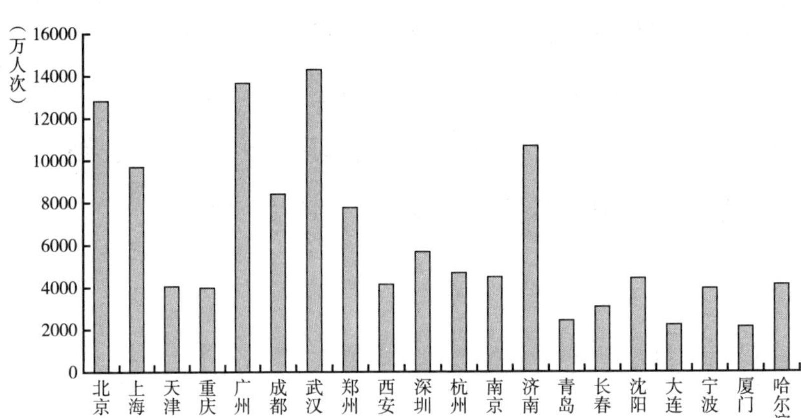

图 5－9　20 个城市的铁路客运量

从图 5－9 的数据来看，武汉作为我国纵贯东西、连接南北的铁路枢纽，其铁路客运量达到 14300 万人次，在 20 个城市中排名第一，在高铁时代武汉成为全国的铁路客运中心枢纽。广州、北京、济南紧接其后，且均超过 10000 万人次，这也反映出这几座城市在铁路客运上的旺盛需求和枢纽作用。客运量低于 10000 万人次的城市排名最靠前的是上海，达到 9692 万人次，其次为西部城市成都和西安。这两个城市都是人口稠密，且是国家中心城市和区域性中心城市。

二　20 个城市的公路客运量

公路客运量是指以客票为依据，不论乘车远近和票价多少，一个自然年内实际运送的旅客人次。从图 5－10 的数据分析来看，广州作为珠三角的门户城市，流动人口多，以 85108.3 万人次的公路客运量使其成为客运量最大的城市。重庆作为西部直辖市，广袤的面积和巨大的人口使其公路客运量位于第二位，达到64781万人次。北京作为首都，人口多，流动大，49931万人次的公路客运量也是名副其实。公路客运量大于10000万人次的城市还有杭州、成都、天津、沈阳、西安、武汉、郑州、南京和大连。

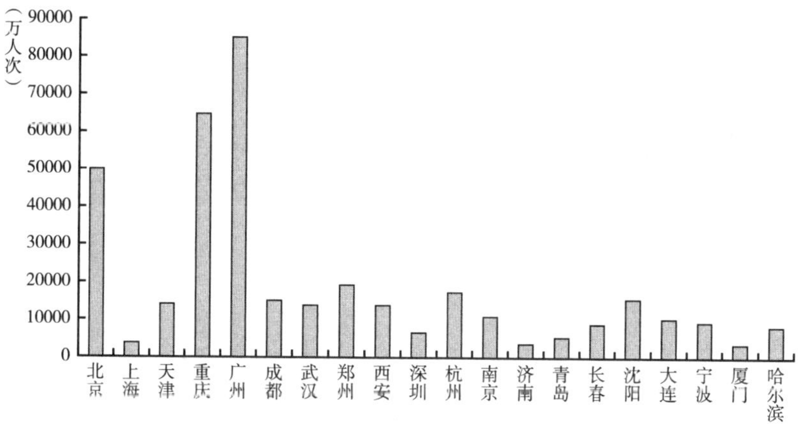

图5－10　20个城市的公路客运量

三　民航吞吐量

民航吞吐量是指一个自然年内经由城市的所有航空口岸进、出港区范围的旅客数量，不包括免票儿童以及空乘人数。从民航吞吐量上来看，上海机场（浦东国际机场和虹桥国际机场）累计旅客吞吐量共计9918.9万人次，位列全国第一，超过北京机场（首都国际机场和南苑机场）的9520.4万人次，广州的吞吐量达到5520.1万人次，虽然与上海机场、北京机场吞吐量还相差较远，但作为我国航空第三城地位仍然无可撼动。成都以4223.9万人次的吞吐量排名第四，超过第五名深圳机场251.7万人次，更加巩固了其航空第四城地位。西安、重庆两座城市机场旅客吞吐量也超过了3000万人次，分别达到3297万人次、3240.4万人次。在这20个城市中，旅客吞吐量超过2000万人次的还有杭州和厦门，这两个城市的航空资源竞争力也较高（如图5－11所示）。

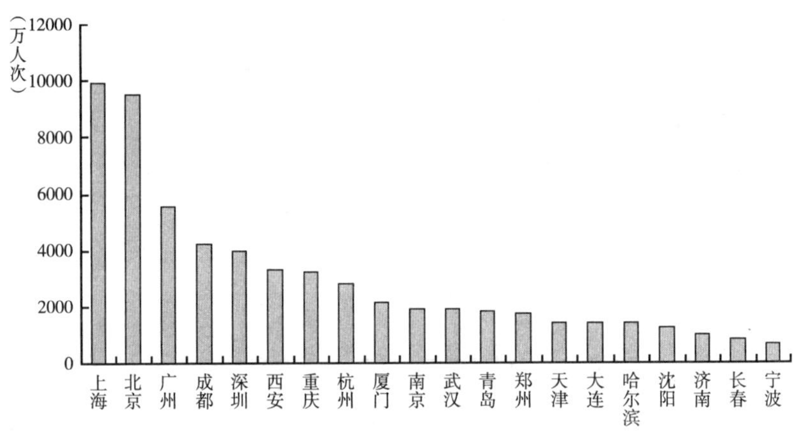

图5－11　2015年20个城市民航客运吞吐量对比

数据来源：中国民用航空局《2015年全国机场生产统计公报》。

四　货运量

货运量包括铁路货运量、公路货运量、水路货运量、民航货邮量，是指一个城市在一个自然年内分别通过铁路、公路、水路、民航等方式运输货物的数量。

从铁路货运量上来看，济南以15793.8万吨居前列，是天津的1.9倍、广州的3.3倍，远高于这两座港口城市。紧随其后的是北京、青岛、重庆，均高于1000万吨，深圳、上海、南京等沿海沿江城市铁路货运量相对较低。

从公路货运量上来看，重庆广阔的地域使得其公路货运量位列第一，达到87391万吨，是北京的4.6倍，广州紧随其后，达到71300万吨，这两个城市的公路货运量远高于其他城市。上海、天津分列货运量排名第三、四位，达到40627万吨和33724万吨。公路货运量高于20000万吨的城市有深圳、成都、杭州、青岛、沈阳、济南、宁波。在低于20000万吨的城市中，北京排名第一，达到19044万吨。

从水路货运量上来看，上海拥有绝对的优势，通江达海的绝佳条件是上海成为内陆航运和海上航运的节点城市，49770万吨的水路货运量超过其公路货运量和铁路货运量之和，是第二名广州水路货运量的2倍有余。广州作为我国又一大通江达海的口岸城市，珠江三角洲的货物通过广州远销海外，海外的进口货物通过广州进入内陆，造就其23006.7万吨的水路货运量。宁波舟山港作为中国第一大港[①]，使宁波的水路货运量排名前三。紧随其后的是重庆、南京、武汉、深圳、厦门等沿江沿海城市，相对来说，在这项指标上，内陆城市基本没有优势。

五　民航货邮吞吐量

民航货邮量是指一个城市在一个自然年内分别通过民航方式运输货物的数量。

从民航货邮吞吐量上来看，上海拥有我国最大的国际空港，我国最早的国际级新区（浦东新区）和最早的自由贸易试验区均

---

① 《2017年上半年中国港口排名揭晓》，http://www.ship.sh/news_detail.php?nid=26075，最后访问日期：2017年12月10日。

诞生在上海，外贸的发达程度远远高于其他城市，其航空货邮吞吐量位列全国第一，达到了370.9万吨，比第二名天津高了153.6万吨，是其的1.7倍。天津由于拥有滨海新区这一国家级新区、天津港这一对外贸易大港，天津机场的民航货邮吞吐量超过了北京、广州等传统空港大城，达到217.3万吨。北京、广州、深圳由于经济发达，尤其是外贸型经济实力较强，这三个城市的民航货邮吞吐量均超过了100万吨，分别达到192.6万吨、153.8万吨、101.4万吨。紧随其后的依次为成都、杭州、郑州、重庆、南京、西安，均在30万~50万吨，这也得益于这几个城市均设有综合保税区，其外贸进出口数字也相对较高。

六 人均高速公路里程

高速公路属于高等级公路，我国交通运输部《公路工程技术标准》规定，高速公路指“能适应年平均昼夜小客车交通量为25000辆以上、专供汽车分道高速行驶、并全部控制出入的公路”，反映了一个国家和地区的交通发达程度，一般限速在60~120千米/时。它是反映城市快速公路建设发展规模，也是考察某个地区公路运行效率等基础指标。

从人均高速公路里程来看，排在前五位的依次是青岛、天津、重庆、哈尔滨和大连。这5个城市面积均大于1万平方公里，但从高速公路总量上来看，除重庆由于地域面积远高于其他城市，高速公路等基础设施建设规模较大，达到了2526公里排名第一外，其余依次为天津、北京、广州、上海，均为经济发达地区，也表明了高速公路里程是一个地区的交通发达程度的标志。其他城市中，杭州、成都、武汉、南京、西安、沈阳的高速公路里程也均超过了500公里，但从人均上来说，除了上述排名前五的城市人均超过0.8公里/万人，南京、广州、沈阳均超过0.7公里/万人，表明这些城市在20个城市中高速公路资源竞争力较强（图5－12）。

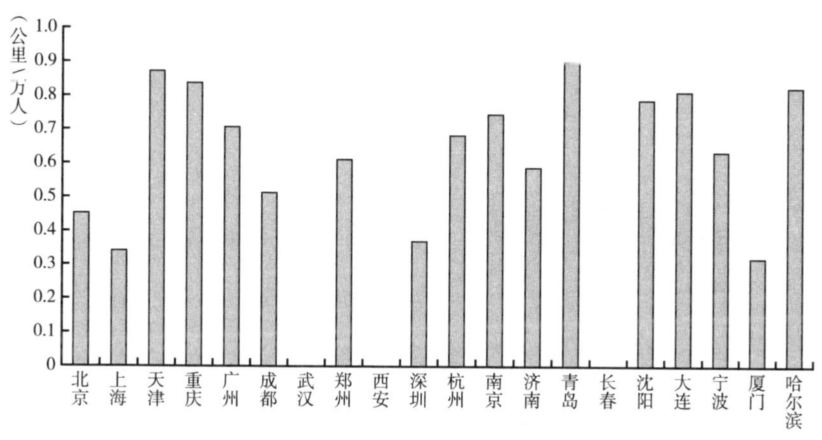

图5－12　20个城市人均高速公路里程

第六节　综合比较

一　用层次分析法确定指标权重

评价指标权重的确定是多目标决策的一个重要环节，是指标在评价过程中不同重要程度的反映，是评价过程中指标相对重要程度的一种主观评价和客观反映的综合度量。因此，权重的赋值必须做到科学和客观，这就要求寻求合适的权重确定方法。确定权重的方法有很多，如专家评分法、调查统计法、序列综合法、公式法、梳理统计法、层次分析法和复杂度分析法等，为避免评价中的主观因素影响，采用层次分析法来确定指标权重。

（一）整体设计

首先针对城市开放发展竞争力一级指标构建两两比较判断矩阵，分析出每项一级指标在共享竞争力上的权重；再对每个一级指标下的二级指标构建两两比较判断矩阵，分析出每项二级指标在一级指标评价中的权重，从而可以得出每项最细项评价指标对整体的影响程度。为使判断矩阵更加科学、规范，本研究设计了专家评分表，经研究城市开放治理方面的5位专家评分，按照最小原则确定了各个比较要素最终的重要程度，再依次计算层次权重值，即依据判断矩阵，计算特征向量和最大特征值并按照一致性检验步骤进行一致性检验，通过后即可获得每一层次各要素的权重值。最后汇总各个指标对总目标的权重，形成汇总表呈现。

（二）一级指标权重确定

首先对经济外向依存度、金融发展水平、国际交往、外向通道建设四项一级指标的权重进行层次分析。分别将经济外向依存度用字母A、金融发展水平用字母B、国际交往用字母C、外向通道建设用字母D表示，由5位研究城市开放治理方面的专家对四项一级指标的重要性进行评分比较，形成判断矩阵如表5－11所示。

表 5－11　开发发展竞争力一级指标判断矩阵

指标	A	B	C	D	一致性检验	权重
A	1/1	2/1	5/3	3/2	λ＝4.0076 CI＝0.0025 CR＝0.0028	0.3607
B	1/2	1/1	4/5	4/5		0.1817
C	3/5	5/4	1/1	3/4		0.2094
D	2/3	5/4	4/3	1/1		0.2482

表 5－11 反映出，经济外向依存度 A 的权重为 0.3607、金融发展水平 B 的权重为 0.1817、国际交往 C 的权重为 0.2094、外向通道建设 D 的权重为 0.2482。经济外向依存度的权重占比最高，为 36.07%，金融发展水平的权重最低，为 18.17%。

（三）二级指标权重确定

按照一级指标判断矩阵的分析计算方法和步骤，对经济外向依存度、金融发展水平、国际交往、外向通道建设 4 个一级指标下的二级指标权重进行层次分析。

1. 经济外向依存度

对经济外向依存度指标下的进出口总额（字母 A1 表示）、实际到位外商投资金额（字母 A2 表示）、旅游业创汇收入（字母 A3 表示）3 个二级指标进行比较分析，最终得到判断矩阵和其一致性比率，如表 5－12 所示，CR 为 0.0634，小于 0.01 的阈值，表明基础指标的判断矩阵数据有效，可以用来计算权重。

表 5－12　开放发展竞争力二级指标判断矩阵（经济外向依存度指标 A）

指标	A1	A2	A3	一致性检验	权重
A1	1/1	3/2	4/3	λ = 3.0736	0.4072
A2	2/3	1/1	2/1	CI = 0.03680	0.3569
A3	3/4	1/2	1/1	CR = 0.0634	0.2359

由此得到进出口总额 A1 的权重为 0.4072、实际到位外商投资金额 A2 的权重为 0.3569、旅游业创汇收入 A3 的权重为 0.2359。这说明进出口总额对经济外向依存度指标的贡献率最大，占比达 40.72%；其次为实际到位外商投资金额，占比为 35.69%；贡献率最小的是旅游业创汇收入，占比为 23.59%（见表 5－12）。这说明进出口总额对于一个城市的经济外向依存度影响最大，也是对城市开放发展竞争力产生影响的重要指标。

2. 金融发展水平

对金融发展水平指标下的金融机构存款余额（字母 B1 表示）、金融机构贷款余额（字母 B2 表示）、保费收入（字母 B3 表示）3 个二级指标进行比较分析，最终得到判断矩阵和其一致性比率，如表 5－13 所示，CR 为 0.0028，小于 0.1 的阈值，表明基础指标的判断矩阵数据有效，可以用来计算权重。

表 5－13　开放发展竞争力二级指标判断矩阵（金融发展水平指标 B）

指标	A1	A2	A3	一致性检验	权重
B1	1/1	2/3	3/4	λ = 3.0032	0.2600
B2	3/2	1/1	4/3	CI = 0.0016	0.4125
B3	4/3	3/4	1/1	CR = 0.0028	0.3275

由此得到金融机构存款余额 B1 的权重为 0.2600、金融机构贷款余额 B2 的权重为 0.4125、保费收入 B3 的权重为 0.3275。这说明金融机构贷款对金融发展水平指标的贡献率最大，占比达 41.25%；其次为保费收入，占比为 32.75%；贡献率最小的是金融机构存款余额，占比为 26%（见表 5－13）。这说明金融机构贷款余额对于一个城市的金融发展水平影响最大，也是对城市开放发展竞争力产生影响的重要指标。

3. 国际交往

对国际交往指标下的外国使领馆数量（字母 C1 表示）、国际友好城市数量（字母 C2 表示）两个二级指标进行比较分析，最终得到判断矩阵和其一致性比率（见表 5－14）。

表 5－14　开放发展竞争力二级指标判断矩阵（国际交往指标 C）

指标	C1	C2	一致性检验	权重
C1	1/1	3/2		0.60
C2	2/3	1/1		0.40

由此得出外国使领馆数量 C1 的权重为 0.60，国际友好城市数量 C2 的权重为 0.40。

4. 外向通道建设

对外向通道建设指标下的铁路客运量（字母 D1 表示）、公路客运量（字母 D2 表示）、民航吞吐量（字母 D3 表示）、货运量（字母 D4 表示）、民航货邮吞吐量（字母 D5 表示）、人均高速公路里程（字母 D6 表示）6 个二级指标进行比较分析，最终得到判断矩阵和其一致性比率，如表 5－15 所示，CR 为

0.0169，小于0.1的阈值，表明基础指标的判断矩阵数据有效，可以用来计算权重。

表5-15 开放发展竞争力二级指标判断矩阵（外向通道建设指标D）

指标	D1	D2	D3	D4	D5	D6	一致性检验	权重
D1	1/1	3/1	1/2	1/2	3/5	3/2	λ=6.1064 CI=0.0209 CR=0.0169	0.1406
D2	1/3	1/1	2/7	2/5	1/3	1/2		0.0644
D3	2/1	7/2	1/1	2/1	3/2	3/1		0.2928
D4	2/1	5/2	1/2	1/1	2/3	2/1		0.1813
D5	5/3	3/1	2/3	3/2	1/1	5/2		0.2225
D6	2/3	2/1	1/3	1/2	2/5	1/1		0.0984

由此得到铁路客运量D1的权重为0.1406、公路客运量D2的权重为0.0644、民航吞吐量D3的权重为0.2928、货运量D4的权重为0.1813、民航货邮吞吐量D5的权重为0.2225、人均高速公路里程D6的权重为0.0984（见表5-15）。

（四）所有指标在总指标体系的权重汇总

将一级指标对总目标体系的权重值与二级指标对一级指标的权重值相乘，并进行汇总，得到每一个二级指标对总目标体系的权重，结果如表5-16所示。从表5-16中的14个二级指标可以看出，权重排名前五位的分别为进出口总额A1、实际到位外商投资金额A2、外国使领馆数量C1、旅游业创汇收入A3、国际友好城市数量C2，其权重分别达到14.69%、12.87%、12.56%、8.51%、8.38%，这五项指标占总权重的57.01%，由此可见，在城市开放发展竞争力的表现上，这五项指标成为最重要的影响因素。

表 5－16　所有指标对总指标体系的权重汇总

	A	B	C	D	权重
	0. 3607	0. 1817	0. 2094	0. 2482	
A1	0. 4072				0. 1469
A2	0. 3569				0. 1287
A3	0. 2359				0. 0851
B1		0. 2600			0. 0472
B2		0. 4125			0. 0749
B3		0. 3275			0. 0595
C1			0. 6000		0. 1256
C2			0. 4000		0. 0838
D1				0. 1406	0. 0349
D2				0. 0644	0. 0160
D3				0. 2928	0. 0727
D4				0. 1813	0. 0450
D5				0. 2225	0. 0552
D6				0. 0984	0. 0244

二　综合评价法确定综合评价值

（一）数据标准化处理

将本章中的 14 项指标数据输入 SPSS 统计软件，使用 Z-score 标准化方法，得到 20 个城市在 14 项指标上的标准化数据。9 个国家中心城市和 11 个副省级城市（含计划单列市）开放发展竞争力数据标准化后的结果如表 5－17、表 5－18 所示。

（二）综合评价及结果分析

将表 5－17、表 5－18 中各指标标准化后的数据与表 5－16 中所有指标对总指标体系的权重相乘，获得 9 个国家中心城市和 11 个副省级城市（含计划单列市）开放发展竞争力得分数据。将每个城市在 14 项指标上的得分加总，即得到每个城市的开放发展竞争力综合得分，如表 5－19、表 5－20 所示。

表 5-17　9 个国家中心城市开放发展竞争力标准化后数据

二级指标 \ 城市	北京	上海	天津	重庆	广州	成都	武汉	西安	郑州
进出口总额	1.27128	2.19962	-0.16749	-0.44723	-0.05360	-0.69419	-0.77279	0.26626	-0.56965
实际到位外商投资金额	1.12103	2.07786	2.76318	0.72929	-1.01095	0.16053	0.12950	-0.45504	-0.48683
旅游业创汇收入	1.37731	2.07198	0.70731	-0.23064	1.93664	-0.53616	-0.29810	-0.46574	-0.98354
金融机构存款余额	3.02997	2.37844	-0.11658	-0.08569	0.39463	-0.04073	-0.36905	-0.42105	-0.44906
金融机构贷款余额	2.41691	2.63920	0.36846	0.20283	0.58819	0.16958	-0.21051	-0.47950	-0.56312
保费收入	2.96129	2.10952	-0.11148	0.24373	0.84110	0.42836	-0.33690	-0.52505	-0.29433
外国使领馆数量	3.75867	1.36309	-0.40965	-0.17009	0.86002	-0.05031	-0.31382	-0.33778	-0.40965
友好城市数量	2.01759	2.68640	-0.13748	0.90290	0.82859	0.23408	-0.28610	0.15977	-1.02923
铁路客运量	1.65290	0.85546	-0.58140	-0.59840	1.86604	0.52798	2.02983	0.36411	-0.55872
公路客运量	1.41948	-0.69924	-0.21955	2.10102	3.03393	-0.17545	-0.23695	0.01286	-0.23695
民航吞吐量	2.49030	2.64260	-0.60106	0.09020	0.96151	0.46614	-0.42420	0.11191	-0.48706
货运量	-0.75774	1.83285	0.41146	2.33530	2.13422	-0.51770	0.27151	0.20146	-0.58981
民航货邮吞吐量	1.29961	3.18088	1.56022	-0.39703	0.89022	-0.14485	-0.56933	-0.50887	-0.30734
人均高速公路里程	-0.33005	-0.70637	1.09659	0.97674	0.53281	-0.12665	-1.86592	0.20859	-1.86592

表 5-18　11 个副省级城市（含计划单列市）开放发展竞争力标准化后数据

二级指标＼城市	深圳	杭州	南京	济南	青岛	长春	沈阳	大连	宁波	厦门	哈尔滨
进出口总额	2.13454	-0.50271	-0.59621	-0.90580	0.04394	-0.87152	-0.87096	1.46930	0.38882	-0.38538	-0.93623
实际到位外商投资金额	-0.01878	0.08911	-0.57307	-0.88061	0.01505	-0.16549	-0.97155	-0.68430	-0.41547	-0.79069	-0.63277
旅游业创汇收入	1.56341	0.51892	-0.68875	-0.88911	-0.51294	-0.82025	-0.57295	-0.71887	-0.57330	0.03975	-0.92498
金融机构存款余额	0.68650	-0.02807	-0.13853	-0.53899	-0.59246	-0.67625	-0.54898	-0.56622	-0.49908	-0.73373	-0.68509
金融机构贷款余额	0.57513	0.27625	-0.06777	-0.66480	-0.71078	-0.84935	-0.66582	-0.71674	-0.38101	-1.03717	-0.88998
保费收入	0.65005	-0.18472	-0.37980	-0.64789	-0.58277	-0.83460	-0.62509	-0.61580	-0.63123	-0.88147	-0.58292
外国使领馆数量	-0.40965	-0.40965	-0.40965	-0.40965	-0.33778	-0.40965	-0.26591	-0.40965	-0.40965	-0.40965	-0.40965
友好城市数量	-0.58335	0.23408	-0.80629	-0.28610	-0.28610	-0.50904	-0.73198	-1.25217	-0.95492	-0.58335	0.38271
铁路客运量	-0.16701	-0.41957	-0.47215	1.10754	-0.99758	-0.83014	-0.48634	-1.05034	-0.60689	-1.07378	-0.56153
公路客运量	-0.57037	-0.07209	-0.37220	-0.70397	-0.62563	-0.46440	-0.15824	-0.39689	-0.43930	-0.70562	-0.49042
民航吞吐量	0.36995	-0.06450	-0.41572	-0.78424	-0.45248	-0.82112	-0.66351	-0.50718	-0.88612	-0.31444	-0.61100
货运量	-0.30598	-0.42840	-0.53322	-0.16644	-0.50472	-1.08429	-0.70990	0.04515	0.04788	-0.51171	-1.16993
民航货邮吞吐量	0.33734	-0.28413	-0.40441	-0.64181	-0.51309	-0.65025	-0.58273	-0.58800	-0.65131	-0.41496	-0.61016
人均高速公路里程	-0.61111	0.44917	0.66077	0.12797	1.18809	-1.86592	0.80817	0.88926	0.28511	-0.78331	0.93197

表 5-19　9 个国家中心城市开放发展竞争力得分

单位：分

二级指标 \ 城市	北京	上海	天津	重庆	广州	成都	武汉	西安	郑州
进出口总额	0.186688	0.323015	-0.024600	-0.065680	-0.007870	-0.101940	-0.113480	0.039100	-0.08365
实际到位外商投资金额	0.144307	0.267476	0.355695	0.093879	-0.130140	0.020665	0.016670	-0.058580	-0.06267
旅游业创汇收入	0.117197	0.176308	0.060186	-0.019630	0.164792	-0.045620	-0.025370	-0.039630	-0.08369
金融机构存款余额	0.143125	0.112349	-0.005510	-0.004050	0.018641	-0.001920	-0.017430	-0.019890	-0.02121
金融机构贷款余额	0.181139	0.197799	0.027615	0.015201	0.044083	0.012709	-0.015780	-0.035940	-0.04220
保费收入	0.176201	0.125519	-0.006630	0.014502	0.050047	0.025488	-0.020050	-0.031240	-0.01751
外国使领馆数量	0.472272	0.171271	-0.051470	-0.021370	0.108060	-0.006320	-0.039430	-0.042440	-0.05147
友好城市数量	0.169005	0.225029	-0.011520	0.075632	0.069408	0.019608	-0.023970	0.013383	-0.08621
铁路客运量	0.057685	0.029855	-0.020290	-0.020880	0.065123	0.018426	0.070839	0.012707	-0.01950
公路客运量	0.022703	-0.011180	-0.003510	0.033604	0.048525	-0.002810	-0.003790	0.000206	-0.00379
民航吞吐量	0.180978	0.192046	-0.043680	0.006555	0.069876	0.033876	-0.030830	0.008133	-0.03540
货运量	-0.034100	0.082488	0.018518	0.105101	0.096052	-0.023300	0.012219	0.009067	-0.02654
民航货邮吞吐量	0.071771	0.175665	0.086163	-0.021930	0.049163	-0.008000	-0.031440	-0.028100	-0.01697
人均高速公路里程	-0.008060	-0.017260	0.026795	0.023866	0.013019	-0.003090	-0.045590	0.005097	-0.04559
综合得分	1.880905	2.050377	0.407765	0.214811	0.658780	-0.062240	-0.267430	-0.168120	-0.59642

表 5－20　11 个副省级城市（含计划单列市）开放发展竞争力得分

单位：分

二级指标 \ 城市	深圳	杭州	南京	济南	青岛	长春	沈阳	大连	宁波	厦门	哈尔滨
进出口总额	0.313458	－0.073820	－0.08755	－0.133020	0.006453	－0.12798	－0.12790	0.215767	0.057098	－0.056590	－0.137490
实际到位外商投资金额	－0.002420	0.011471	－0.07377	－0.113360	0.001937	－0.02130	－0.12506	－0.088090	－0.053480	－0.101780	－0.081450
旅游业创汇收入	0.133033	0.044156	－0.05861	－0.075660	－0.043650	－0.06980	－0.04875	－0.061170	－0.048780	0.003382	－0.078710
金融机构存款余额	0.032428	－0.001330	－0.00654	－0.025460	－0.027990	－0.03194	－0.02593	－0.026750	－0.023570	－0.034660	－0.032360
金融机构贷款余额	0.043104	0.020704	－0.00508	－0.049820	－0.053270	－0.06366	－0.04990	－0.053720	－0.028560	－0.077730	－0.066700
保费收入	0.038679	－0.010990	－0.02260	－0.038550	－0.034580	－0.04966	－0.03719	－0.036640	－0.037560	－0.05245	－0.034680
外国使领馆数量	－0.051470	－0.051470	－0.05147	－0.051470	－0.042440	－0.05147	－0.03341	－0.051470	－0.051470	－0.05147	－0.051470
友好城市数量	－0.048860	0.019608	－0.06754	－0.023970	－0.023970	－0.04264	－0.06131	－0.104890	－0.079990	－0.04886	0.032058
铁路客运量	－0.005830	－0.014640	－0.01648	0.038652	－0.034810	－0.02897	－0.01697	－0.036660	－0.021180	－0.03747	－0.019600
公路客运量	－0.009120	－0.001150	－0.00595	－0.011260	－0.010010	－0.00743	－0.00253	－0.006350	－0.007030	－0.01129	－0.007840
民航吞吐量	0.026885	－0.004690	－0.03021	－0.056990	－0.032880	－0.05967	－0.04822	－0.044130	－0.064400	－0.02285	－0.044400
货运量	－0.013770	－0.019280	－0.02400	－0.007490	－0.022720	－0.04880	－0.03195	0.002032	0.002155	－0.02303	－0.052650
民航货邮吞吐量	0.018630	－0.015690	－0.02233	－0.035440	－0.028340	－0.03591	－0.03218	－0.032470	－0.035970	－0.02292	－0.033700
人均高速公路里程	－0.014930	0.010975	0.016146	0.003127	0.029031	－0.04559	0.019747	0.021729	0.006967	－0.01914	0.022772
综合得分	0.459809	－0.086150	－0.45599	－0.580710	－0.317320	－0.68483	－0.62158	－0.302800	－0.385770	－0.55687	－0.586230

将20个城市开放发展竞争力综合得分进行排序（如表5-21），可以得到在9个国家中心城市中开放发展竞争力排序由高到低依次是上海、北京、广州、天津、重庆、成都、西安、武汉、郑州，其中上海2.050377分、北京1.880905分，远高于其他7个国家中心城市，属于第一梯队。排在第三、第四、第五名的广州、天津、重庆得分分别为0.65878分、0.407765分、0.214811分，属于第二梯队。

在11个副省级城市（含计划单列市）中，开放发展竞争力排序由高到低依次是深圳、杭州、大连、青岛、宁波、南京、厦门、济南、哈尔滨、沈阳、长春。在这11个副省级城市中，深圳以0.459809分位列第一，在全部20个城市中排名第四，仅次于上海、北京、广州。

在全部20个城市的比较中，除了深圳位列第四，杭州位列第八，其他的副省级城市都排在国家中心城市后面，说明国家中心城市在对外开放程度上明显比其他城市更具有优势，充分发挥了对外交往中心的作用。

表5-21　20座城市开放发展竞争力得分

单位：分，位

城　市	得　分	排　名	城　市	得　分	排　名
北　京	1.880905472	2	杭　州	-0.086153044	8
上　海	2.050377145	1	南　京	-0.455991018	14
天　津	0.407765321	5	济　南	-0.580711617	16
重　庆	0.214811414	6	青　岛	-0.317320143	12
广　州	0.658780074	3	长　春	-0.684829085	20
成　都	-0.06223779	7	沈　阳	-0.621577934	19
武　汉	-0.267426226	10	大　连	-0.302796749	11
西　安	-0.168124468	9	宁　波	-0.385768294	13
郑　州	-0.596423605	18	厦　门	-0.55686786	15
深　圳	0.459808612	4	哈尔滨	-0.586230182	17

第七节　开放发展实践案例：成都市建设国际门户枢纽城市*

经济全球化是当今时代世界经济的重要特征，任何区域的发展都离不开全球资源、全球市场，谁距离世界最近，能够快捷而高效地通达全球，谁就能够赢得发展先机。法兰克福依托国际航空和欧洲铁路枢纽，构建形成高效便捷、畅达全球的“空铁联运”体系，成为全球最重要的国际交通枢纽之一。新加坡依托国际港口和国际航空枢纽，发展成为国际航运中心、国际贸易中心和国际旅游会议中心，是太平洋通往印度洋和全球到达东南亚南亚的门户。迪拜依托国际港口和国际航空枢纽，成为世界三大贸易中转中心之一，是全球到达中东地区的门户。[①] 新一轮对外开放重点在于构建陆海内外联动、东西双向互济开放格局。成都坚持在国家战略和世界城市体系中谋篇布局，积极发展更高层次开放型经济，加快建设泛欧泛亚国际门户枢纽城市和内陆开放经济高地。

一　以全球视野着力构建立体多向战略通道

历史上，成都就是“南方丝绸之路”的起点和南北丝绸之

* 本案例系成都市哲学社会科学重点研究基地“城乡治理现代化研究中心”2018 年度重点资助项目“建设全面体现新发展理念的城市研究”阶段性成果，案例执笔人：汪灏。

① 高玉强：《成都高水平规划建设西部国际门户枢纽　将全面提升在全国开放新格局中的战略地位》，《成都日报》2018 年 6 月 6 日。

路的连接点，著名的“蜀身毒道”就是古代西部地区连接中外的重要陆上商贸通道。[①] 建设国际门户枢纽城市，首先要依托国际空港、铁路港“双枢纽”，构建“空中丝绸之路走廊”和“国际陆海联运走廊”战略通道，形成以成都为核心的亚蓉欧“空中丝绸之路 + 陆上丝绸之路”立体多向战略通道体系。[②] 全面提升对外交通互联互通水平，重点在建设国家级国际航空枢纽、国际性铁路枢纽、国家级高速公路枢纽，构建通达全球、衔接高效、功能完善的国际性综合交通枢纽，进而充分发挥枢纽城市优势。

成都自 2011 年从“航空第五城”跃居且连续保持“航空第四城”地位。双流国际机场拥有 2 条跑道，长 3600 米，T1、T2 2 座航站楼，面积约 50 万平方米。2017 年底，通航航线 317 条，其中国内航线 193 条，国际（地区）航线 106 条，经停国内转国际航线 18 条。2017 年，双流国际机场年旅客吞吐量 4980 万人次，同比增长 8.2%，其中国际旅客吞吐量 512 万人次；年货运吞吐量 64.3 万吨，同比增长 5.1%。成都是亚太人口稠密地区的地理中心，具备强大的国际中转和分销优势，但中转能力不强，中转率仅为 5.3%，远低于国际枢纽中转率 30% 的水平。[③] 差距就是潜力，成都充分利用地理中心优势，以“一市两场”为载体，全面构建覆盖全球的国际航空干线网络，加快布

---

① 何一民：《对内对外开放的枢纽与古代成都的三次崛起——重新认识成都在中国历史上的地位与作用》，载《四川师范大学学报》（社会科学版）2016 年第 2 期。

② 李俊：《抢抓“一带一路”建设机遇，高水平打造西部国际门户枢纽城市》，《先锋》2018 年第 7 期。

③ 陈碧红、蒋君芳：《成都谋建“全球通”》，《四川日报》2018 年 6 月 6 日。

局“48 + 14 + 30”的国际航空客货运战略大通道。形成覆盖全球48个重要航空枢纽城市、经济中心城市的精品商务航线；形成覆盖法兰克福、芝加哥、辛辛那提、阿姆斯特丹等14个全球重要物流节点城市的国际全货运航线；形成30条服务对外交往、国际消费的优质文旅航线，提高到全球商务城市、新兴市场和旅游目的地的航班密度，实现至全球门户机场“天天有航班”。大力发展国际通程中转联运航线，重点培育欧洲与东亚、南亚、东盟、澳新间经成都中转的洲际航线，成为欧洲、非洲、中东到南亚、太平洋、大洋洲的中转首选地。[①]

当前，成都经济流向和外贸的主通道以东向的东亚和北美为主，约占全市外贸总量的60%，西向的欧洲约占20%、南向的东盟约占15%，北向占5%左右；联结通道单一，南向尚未开通往返直达国际班列，西向第二条国际开放通道暂未形成，北东南通道客货未分线，互联互通班列少，缺乏符合通道建设规律、对接国际产能合作的通道整体建设规划。[②] 通过落实四川省“四向拓展”战略，[③] 依托7条国际铁路通道和5条国际铁海联运通道，构建以成都为枢纽、联系太平洋和大西洋的新亚欧大陆桥。东向拓展“蓉欧 +”铁路班列货运通道，依托长江水道和沿江铁路打通联结长三角、珠三角等的东向通道，辐射日

① 杨富：《“空铁公水”四位一体　构建立体全面开放新格局》，《成都日报》2018年7月19日。

② 陈碧红、蒋君芳：《以“合唱”思维搞开放，服务全国全川》，《四川日报》2018年6月3日。

③ 四川省“四向拓展”战略谋划是指四川省委第十一届三次全会提出的“突出南向、提升东向、深化西向、扩大北向”。

韩、中国港澳台及美洲地区。西向在中欧班列、蓉欧快铁稳定运行的基础上，加快成都至西宁铁路、川藏铁路等建设，争取成格铁路纳入国家规划，开辟经霍尔果斯出境的第二条西向国际物流通道，形成经阿拉山口至蒂尔堡、经霍尔果斯至伊斯坦布尔的泛欧铁路大通道，打通进出印度洋阿拉伯海最近的铁海联运通道。南向着重打造蓉桂陆海通道，稳定运行经广西钦州联通东南亚、澳新、中东的铁海联运班列和经广西凭祥至越南河内的跨境铁路班列，适时开通经云南至东盟国家的泛亚班列，依托泛亚西线连接缅甸皎漂港，打造进出印度洋孟加拉湾最近的铁海联运通道，形成东中西三大泛亚铁海联运大通道。北向稳定开行经二连浩特直达蒙古国、俄罗斯、白俄罗斯的国际铁路运输通道，有效覆盖独联体国家，对接中蒙俄经济走廊。[①]

二 以自贸区为载体着力建强高能级开放平台

成都在国际门户枢纽城市建设中，纵深推进自贸区改革试验，争创内陆自由贸易港，统筹推进国际空港新城、临空经济区、国际铁路港建设，提升开放承载能力。中国（四川）自贸区 2017 年 4 月 1 日启动以来，成都片区已完成 166 项创新改革试验，新增企业 2.9 万户、新增注册资本 3976.2 亿元，其中新增外商投资企业 292 户，85% 集中在高端服务业领域，逐步成

① 杨富、刘金陈：《国内首个中欧班列（成都）开行量率先达 2000 列》，《成都日报》2018 年 6 月 29 日。

为高质量外资企业的集聚地。[①] 在自贸区建设中，成都主动与上海、广东等国内自贸区和新加坡、迪拜等自贸港对标，高位增强国际投资贸易平台功能，争取设立内陆自由贸易港，探索基于“两港”的陆空多式联运模式和国际贸易规则，加快构建符合国际惯例的涉外商贸服务体系，推动从以货物贸易为主向货物和服务贸易协调发展的“大平台经济”转变，力争到2022年，全市货物及服务贸易进出口总额达到1.2万亿元。[②]

成都大力推动货物贸易优化升级。长期以来，货物贸易在成都对外贸易中占据绝对优势，2017年货物贸易总额达3941.8亿元，占贸易总额的80.3%。深入分析货物贸易产业层次，以劳动密集型为主的加工贸易占比高达64.1%。[③] 成都以优化货物贸易结构为重点，依托海关特殊监管区，打造一批国际贸易综合服务平台，着力提升国际贸易“单一窗口”服务水平，健全国际贸易平台服务体系，不断完善口岸服务功能，构建航空、铁路、公路立体口岸开放格局；在中西部率先形成国际采购交易、综合保税、国际物流、国际会展、国际金融结算和国际财经资讯六大功能，基本形成比较完备的国际贸易中心核心功能框架。成都大力推动服务贸易创新发展。成都2017年服务贸易总额为968.1亿元，仅占贸易总额的19.7%，金融服务、信息服务等资本技术密集型服务业总量较小，服务贸易发展不足既

① 杨富、温珙竹、孟浩：《强化“四向拓展”推动“全域开放”面向全球构建高质量开放型经济体系》，《成都日报》2018年7月21日。

② 徐璨、胡清、王雪钰：《重磅“干货”吸引世界眼光》，《成都日报》2018年6月4日。

③ 张卓敏：《四川：构建全方位开放格局》，《国际商报》2018年8月1日。

是目前外贸的主要问题，也是未来的最大潜力。通过鼓励制造企业向“制造+服务”方向转变，重点发展金融、物流、信息、咨询等资本技术密集型服务；推动国际金融合作，加强与“一带一路”沿线国家的国际资本合作，打造“一带一路”金融服务中心、跨境供应链金融新通路和金融合作先行区。成都大力推动新兴贸易快速发展。从世界贸易格局来看，虽然新兴贸易总量占比很低，但发展迅速、增长强劲。要加快培育跨境电商、市场采购、外贸综合服务等新业态新模式，支持引进国内外知名、市场占有率高的跨境电商平台、供应链综合服务平台、第三方服务商等企业在蓉设立区域运营中心和物流分拨中心，形成外贸新增长点。[①]

三　以服务国家外交战略着力建设国际交往中心

党的十八大以来，成都市主动服务国家总体外交，成功举办或承办《财富》全球论坛、世界华商大会、G20财长和央行行长会议等重大国际会议，国际“朋友圈”“交往圈”持续扩大，在蓉领事机构达17个，国际友好城市达34个。客观分析，成都与世界城市、国际机构、经贸组织联系还不够紧密，2017年在蓉设领国家对蓉投资仅为18亿美元。通过主动承接国家主场外交和重大涉外会议，打造国家级国际交往承载地，加快建设对外交往中心，切实把外事资源优势转化为经贸合作优势，

① 刘世光：《把握新时代机遇　成都对外开放“谋”新格局》，http：//sc.cri.cn/20180606/ce817d8b-97d3-ba04-8058-f55187c6963b.html，最后访问日期：2018年10月29日。

更好服务区域全方位开放。建设国际资源集成转化高地，大力实施“国际资源引入”计划，吸引更多国际机构、跨国公司、旅游代表处等落户成都，高标准建设成都领馆区，争取更多国家在蓉设立领事机构，以经贸信息共享为重点完善驻蓉领馆和国际机构定期联系机制，以产业互补为方向实施全球友城优选计划，构建经贸机构合作伙伴网络，让驻蓉领馆、国际机构、国际友城成为外资企业关注成都之窗、进入成都之桥。[①]

持续提升“一带一路”交往中心及与有关国家合作园区的建设水平，加强外事外资外经资源的集成和共享。加快成都国际会议中心建设，提升国际交往承载能力，推动“一带一路”产业合作园建设亚欧文化交流中心，不断增强国际交往服务能力和水平。做深做精中德创新产业合作平台，探索与德国在科技创新、智能制造、智慧物流、生物医药等领域开展深入合作，在对德国扩大制造业和服务业开放领域先行先试，与德国探索金融开放合作的新机制和新模式。[②] 通过不断拓展国际交流合作渠道，精准实施对外文化交流活动和城市形象推广，特别是注重激发成都旅游、美食、文创等特色元素在国际交往中的活力，提升“经济外交”水平，放大“文化外交”影响，发挥“民间外交”作用，从而形成全方位、多层次、宽领域的对外交流合作新局面。

① 张卓敏：《四川：构建全方位开放格局》，《国际商报》2018 年 8 月 1 日。

② 卢伟：《以高水平开放引领四川迈向高质量发展新阶段》，《先锋》2018 年第 5 期。

第六章
共享发展竞争力比较

本章将从共享发展理念的视角，观察9个国家中心城市和11个副省级城市，分析这20个城市共享发展竞争力各项指标的差异性。然后对这20个城市共享发展竞争力进行综合比较，以期分析这些城市共享发展竞争力的水平。通过本章的比较、分析，可以清晰地看到各个城市在共享发展竞争力方面的优劣势，进而思考在后续的城市发展战略规划中如何继续发挥自己的优势，并就劣势部分进行改进，为各个城市政府顺应市民美好生活的需要、加快共享发展提供政策参考。

第一节　共享发展竞争力指标体系构建

党的十八大以来，以习近平同志为核心的党中央把人民放在最高位置，大力推进共享发展，提出了一系列新理念新思想新战略。习近平总书记关于共享发展理念的一系列重要论述也是指导城市共享发展的理论指引。

一　共享发展理念的科学内涵

习近平总书记在党的十八届五中全会上提出，“坚持共享发展，必须坚持发展为了人民、发展依靠人民、发展成果由人民共享，作出更有效的制度安排，使全体人民在共建共享发展中有更多获得感，增强发展动力，增进人民团结，朝着共同富裕方向稳步前进”。[①]

共享发展理念是习近平总书记在党的十八届五中全会上首次提出的，是中国特色社会主义的本质要求，其实质就是坚持以人民为中心的发展思想，体现的是逐步实现共同富裕的要求。

（一）共享发展理念就是要实现全民共享

习近平总书记指出，“共享发展是人人享有、各得其所，不是少数人共享、一部分人共享”。[②] 改革开放以来，我国经济社会发生了翻天覆地的变化，人民生活水平大幅提高，但毋庸讳言，“我国经济发展的‘蛋糕’不断做大，但分配不公问题比较突出，收入差距、城乡区域公共服务水平差距较大。在共享改革发展成果上，无论是实际情况还是制度设计，都还有不完善的地方”。[③] 为此，习近平总书记指出，“‘蛋糕’不断做大了，同时还要把‘蛋糕’分好。我国社会历来有‘不患寡而患不均’的观念。我们要在不断发展的基础上尽量

---

① 《中国共产党第十八届中央委员会第五次全体会议公报》（2015 年 10 月 29 日中国共产党第十八届中央委员会第五次全体会议通过），http：//www. xinhuanet. com//politics/2015 -10/29/c_ 1116983078. htm，最后访问日期：2018 年 10 月 5 日。

② 《习近平：在省部级主要领导干部学习贯彻党的十八届五中全会精神专题研讨班上的讲话》，2016 年 1 月 18 日，http：//jhsjk. people. cn/article/28337020，最后访问日期：2018 年 10 月 5 日。

③ 《习近平：在党的十八届五中全会第二次全体会议上的讲话》，2015 年 10 月 29 日，http：//jhsjk. people. cn/article/28002398，最后访问日期：2018 年 10 月 5 日。

把促进社会公平正义的事情做好，既尽力而为，又量力而行，努力使全体人民在学有所教、劳有所得、病有所医、老有所养、住有所居上持续取得新进展”。[①] 特别是要加大对困难群众的帮扶力度，“要把深度贫困地区作为区域攻坚重点，把贫困老年人、残疾人等作为群体攻坚重点，把因病致贫返贫和住房安全作为工作攻坚重点”[②]，坚决打赢农村贫困人口脱贫攻坚战，“确保到二〇二〇年所有贫困地区和贫困人口一道迈入全面小康社会”。[③]

（二）共享发展理念就是要实现全面共享

习近平总书记指出：“共享发展就要共享国家经济、政治、文化、社会、生态各方面建设成果，全面保障人民在各方面的合法权益”。[④] 共享不仅仅局限于经济物质领域，人民日益增长的美好生活需要也包括对社会生活的多个领域的各种各样的需求。为此，习近平总书记指出，“我们的人民热爱生活，期盼有更好的教育、更稳定的工作、更满意的收入、更可靠的社会保障、更高水平的医疗卫生服务、更舒适的居住条件、更优美的

① 《习近平：切实把思想统一到党的十八届三中全会精神上来》，《十八大以来重要文献选编》（上），中央文献出版社，2014，第553页。

② 《习近平：在十八届中央政治局第三十九次集体学习时的讲话》，http://theory.people.com.cn/n1/2018/0202/c40531-29802846.html，最后访问日期：2018年10月5日。

③ 《习近平：在中央扶贫开发工作会议上的讲话》，http://jhsjk.people.cn/article/29626301，最后访问日期：2018年10月5日。

④ 《习近平：在省部级主要领导干部学习贯彻党的十八届五中全会精神专题研讨班上的讲话》，http://jhsjk.people.cn/article/28337020，最后访问日期：2018年10月5日。

环境，期盼孩子们能成长得更好、工作得更好、生活得更好。人民对美好生活的向往，就是我们的奋斗目标”。[①] “要完善各项社会政策，努力提高就业、养老、教育、医疗、环境保护等公共服务水平和质量”。[②] 在全面建成小康社会的决胜阶段，要实现习近平总书记在中央扶贫开发工作会上提出的“到二〇二〇年实现‘两不愁、三保障’”[③] 的目标，就是要通过发展生产、易地搬迁、生态补偿、发展教育、社会保障兜底等途径与方式实现脱贫目标，使农村贫困人口与全国人民一道全面享有我国各个领域的建设发展成果。

（三）共享发展理念就是要实现共建共享

习近平总书记指出，“共建才能共享，共建的过程也是共享的过程。要充分发扬民主，广泛汇聚民智，最大激发民力，形成人人参与、人人尽力、人人都有成就感的生动局面”。[④] 马克思历史唯物史观告诉我们——人民群众是社会历史的创造者，是社会变革的决定力量。习近平总书记强调，要“充分调动人民群众的积极性、主动性、创造性，举全民之力推进中国特色

① 《习近平：在十八届中央政治局常委同中外记者见面时的讲话》，http：//jhsjk. people. cn/article/23756883，最后访问日期：2018 年 10 月 5 日。

② 《习近平：在中央经济工作会议上的讲话》，http：//jhsjk. people. cn/article/29805840，最后访问日期：2018 年 10 月 5 日。

③ 《习近平：在中央扶贫开发工作会议上的讲话》，http：//jhsjk. people. cn/article/29626301，最后访问日期：2018 年 10 月 5 日。

④ 《习近平：在省部级主要领导干部学习贯彻党的十八届五中全会精神专题研讨班上的讲话》，http：//jhsjk. people. cn/article/28337020，最后访问日期：2018 年 10 月 5 日。

社会主义事业，不断把‘蛋糕’做大”。[①] “我们的责任，就是要团结带领全党全国各族人民，继续解放思想，坚持改革开放，不断解放和发展社会生产力，努力解决群众的生产生活困难，坚定不移走共同富裕的道路”。[②]

（四）共享发展理念就是要实现渐进共享

习近平总书记指出，“一口吃不成胖子，共享发展必将有一个从低级到高级、从不均衡到均衡的过程，即使达到很高的水平也会有差别。我们要立足国情、立足经济社会发展水平来思考设计共享政策，既不裹足不前、铢施两较、该花的钱也不花，也不好高骛远、寅吃卯粮、口惠而实不至。”[③] 党的十九大报告明确指出，我国社会主要矛盾已经转化为人民日益增长的美好生活需要和不平衡不充分的发展之间的矛盾。这标志着社会主义初级阶段进入新的发展阶段，处于质量水平提高期、实现现代化的酝酿过渡期。共同富裕、人民生活水平和质量的普遍提高是一个循序渐进的过程，不可能一蹴而就。习近平总书记强调，“要通过深化改革、创新驱动，提高经济发展质量和效益，生产出更多更好的物质精神产品，不断满足人民日益增长的物

① 《习近平：在省部级主要领导干部学习贯彻党的十八届五中全会精神专题研讨班上的讲话》，http：//jhsjk. people. cn/article/28337020，最后访问日期：2018 年 10 月 5 日。

② 《习近平：同采访十八大的中外记者亲切见面时的讲话》，http：//jhsjk. people. cn/article/25549935，最后访问日期：2018 年 10 月 5 日。

③ 《习近平：在省部级主要领导干部学习贯彻党的十八届五中全会精神专题研讨班上的讲话》，http：//jhsjk. people. cn/article/28337020，最后访问日期：2018 年 10 月 5 日。

质文化需要”。[①]

全民共享、全面共享、共建共享、渐进共享。习近平总书记指出，“这四方面是相互贯通的，要整体理解和把握”。[②] 全民共享是目标，全面共享是内容，共建共享是基础，渐进共享是途径，贯穿的核心是以人民为中心的发展思想，体现的价值是共同富裕和公平正义。“落实共享发展是一门大学问，要做好从顶层设计到‘最后一公里’落地的工作，在实践中不断取得新成效”。[③]

二　共享发展竞争力指标体系构建

通过深入学习习近平总书记关于共享发展理念的一系列重要论述，本文在参考了前人研究并对国内外相关文献综述和评价进行梳理的基础上，形成了以教育、医疗、文化、就业 4 个关系城市共享发展竞争力为关键维度的评价体系。同时，将 4 个关键维度细分成若干指标进行再分析：一是教育发展，包括普通中学数、普通中学在校人数、普通中学专任教师数、普通高等学校数、普通高等学校在校人数、普通高等学校专任教师数、一流大学建设高校数、一流学科建设高校数、“双一流”建设学科数量等；二是医疗维度，包括医疗床位数、医疗技术人

① 《习近平：在省部级主要领导干部学习贯彻党的十八届五中全会精神专题研讨班上的讲话》，http：//jhsjk. people. cn/article/28337020，最后访问日期：2018 年 10 月 5 日。

② 《习近平：在省部级主要领导干部学习贯彻党的十八届五中全会精神专题研讨班上的讲话》，http：//jhsjk. people. cn/article/28337020，最后访问日期：2018 年 10 月 5 日。

③ 《习近平：在省部级主要领导干部学习贯彻党的十八届五中全会精神专题研讨班上的讲话》，http：//jhsjk. people. cn/article/28337020，最后访问日期：2018 年 10 月 5 日。

员数、每万人卫生技术人员数、每万人床位数等；三是文化维度，包括文化馆及群众艺术馆数、博物馆数、图书馆数、图书馆总藏书量数、档案馆数、艺术表演场馆数等；四是就业维度，包括城镇登记失业人数、失业率、就业总人数等。

按照上述指标体系构建思路，建立一级指标、二级指标如表 6－1 所示。接着采用专家评价法来对初步筛选的指标进行再筛选，进而提出相对合理、完善的评价指标体系。本章研究的是国家中心城市共享竞争力比较，根据研究目的，我们邀请了研究城市共享方面的 5 位专家学者并先后三次向他们发放调查问卷，通过对原始数据进行相关性分析，经过三轮筛选，最终形成了教育发展、医疗服务、文化建设、就业保障四个一级指标 22 个二级指标构成的国家中心城市共享竞争力的指标体系，如表 6－2 所示。

表 6－1　城市共享发展竞争力指标体系（专家评分前）

一级指标	二级指标	单位
教育发展	普通高等学校数	所
	普通高等学校在校人数	万人
	普通高等学校专任教师数	万人
	普通中学数	所
	普通中学在校人数	万人
	普通中学专任教师数	万人
	双一流大学数	所
	一流学科建设高校数	所
	教育投入	万元
医疗服务	医疗床位数	万张
	医疗技术人员数	万人
	每万人卫生技术人员	名
	每万人床位数	张

续表

一级指标	二级指标	单位
文化建设	文化馆及群众艺术馆数	个
	博物馆数	个
	图书馆数	个
	图书馆总藏量	万册
	电视台数量	座
	制作电视节日	套
就业保障	城镇登记失业人数	万人
	失业率	%
	就业总人数	万人

表 6-2　城市共享发展竞争力指标体系（专家评分后）

一级指标	二级指标	单位
教育发展	普通中学数	所
	普通中学在校人数	万人
	普通中学专仕教帅数	万人
	普通高等学校数	所
	普通高等学校在校人数	万人
	普通高等学校专任教师数	万人
	一流大学建设高校数	所
	一流学科建设高校数	所
	“双一流”建设学科数量	个
医疗服务	医疗床位数	万张
	医疗技术人员数	万人
	每万人卫生技术人员数	名
	每万人床位数	张
文化建设	文化馆及群众艺术馆数	个
	博物馆数	个
	图书馆数	个
	图书馆总藏书量数	万册
	档案馆数	个
	艺术表演场馆数	个
就业保障	城镇登记失业人员数	万人
	失业率	%
	就业总人数	万人

第二节　教育发展

在教育竞争力上，主要包括中等教育：普通中学数、普通中学在校人数、普通中学专任教师数；高等教育：普通高等学校数、普通高等学校在校人数、普通高等学校专任教师数；一流大学建设高校数、一流学科建设高校数、“双一流”建设学科数量9个二级指标，从普通高等学校数和普通中学数上看，这一数值越大说明城市对教育越重视。

一　中等教育

从普通中学数上看，9个国家中心城市相差较大，在样本城市中重庆的表现较为突出，重庆远远超过教育资源丰富的北京，排名第一，上海排名第二，超过北京。成都和武汉排名靠后，但成都在这项指标数量上超过武汉。新跻身于第9个“国家中心城市”的西安在这项指标上数量居中，与成都相近。广州在2011～2013年普通中学数低于成都，但在2013年加速扩大普通中学建设，并于2014年数量超过成都，呈逐渐增长趋势（见表6－3）。

表6－3　2011～2015年9个国家中心城市普通中学数

单位：所

年份＼城市	成都	武汉	北京	上海	广州	重庆	天津	郑州	西安
2011	494	380	769	869	472	1259	625	504	423
2012	498	374	760	871	478	1231	616	502	419
2013	497	369	757	865	494	1200	611	501	418
2014	494	365	766	870	500	1179	597	526	421
2015	494	361	768	888	510	1167	599	535	422

数据来源：2011～2016年各城市统计年鉴和公报，部分数据有缺失，经过统计计算得来。

从 9 个国家中心城市 2011 ~2015 年普通中等学校发展的趋势来看，各城市普通中等学校指标数值各不相同，重庆虽然在数量上排名第一，但是从 2011 年开始至 2015 年呈递减趋势，特别是 2012 ~2013 年递减幅度较大（见图 6 -1）

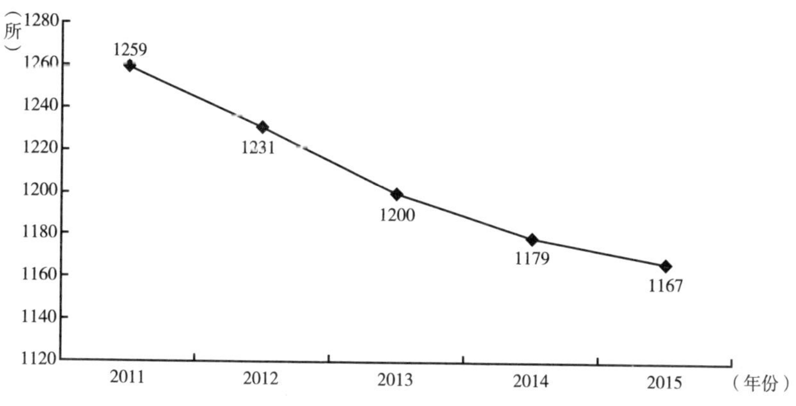

图 6 -1　2011 ~2015 年重庆普通中学数

成都和武汉虽然数量上在国家中心城市中排名靠后，但从发展趋势来看有所不同，武汉 2011 ~2015 年与重庆相同呈逐渐递减趋势（见图 6 -2），竞争力指标数值不断下降。

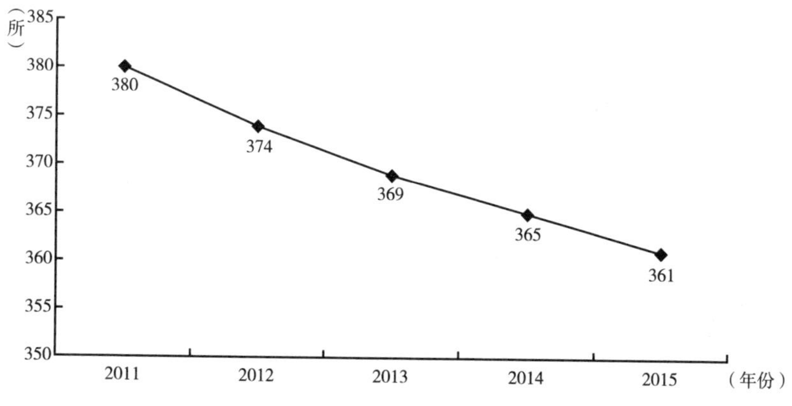

图 6 -2　2011 ~2015 年武汉普通中学数

成都与武汉的不同在于，成都5年内数值波动性不大，先增后减趋于平稳，从2011～2012年的数值可以看出，成都普通中等学校数量增加，在2013年和2014年数量有所下滑，至2014年趋于稳定（见图6－3）。

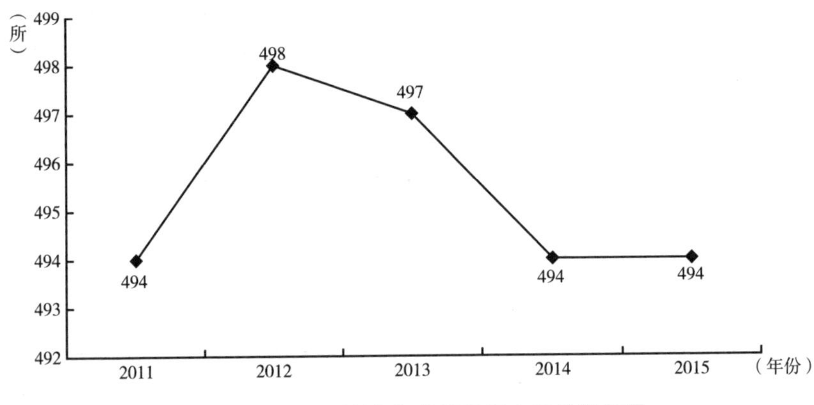

图6－3　2011～2015年成都普通中等学校数量

9个国家中心城市中，除了武汉、重庆、成都以外，郑州除2011～2013年数量有小幅减少外，2013～2015年呈稳定增长趋势（见图6－4），排名逐渐跃升，上升的动力来源于规模的不断扩大。

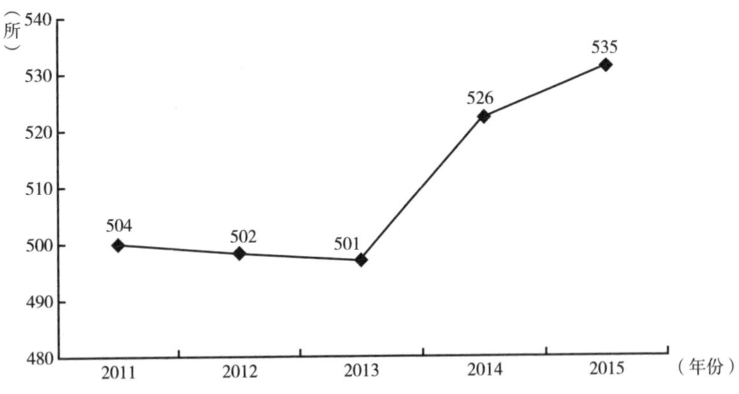

图6－4　2011～2015年郑州普通中等学校数量

2013～2015年，北京、上海、广州、郑州四个城市普通中等学校数量呈持续增长状态，四个城市相比较，上海排名第一，北京次之，广州数量虽然低于郑州，但从发展速度来看，广州与北京旗鼓相当（见图6－5）。由此可见，城市普通中等学校教育呈现较好的发展趋势，但竞争显得越来越激烈，如果一个城市教育竞争指数上升较慢就有可能被别的城市赶上并超过。

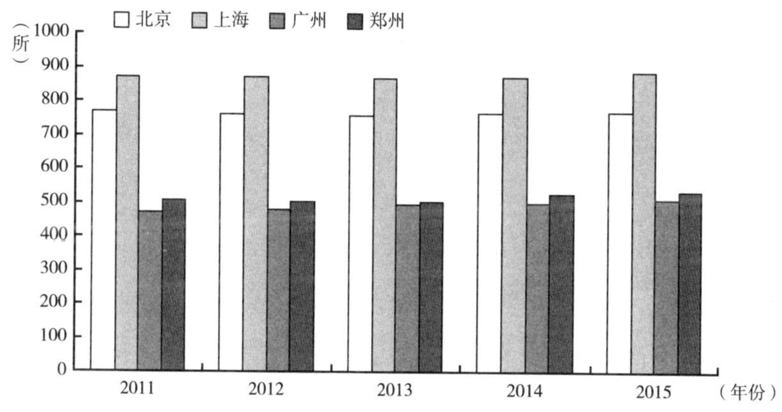

图6－5　2012～2015年北京、上海、广州、郑州普通中学校数变化趋势

从普通中学在校人数趋势来看，9个国家中心城市在2011～2015年除了广州以外都呈递减趋势。同时从普通中等学校专任教师数量对比来看，只有武汉普通中学专任教师数从2012年开始持续呈递减趋势，其他城市除重庆和北京在五年中有小幅递减外都呈持续增长趋势。

从数量上看，重庆普通中学在校人数与普通中学数成正比，排名第一，从普通中学数和普通中学专任教师数来看，重庆居首，远远超过北京、上海、广州、武汉，明显看出重

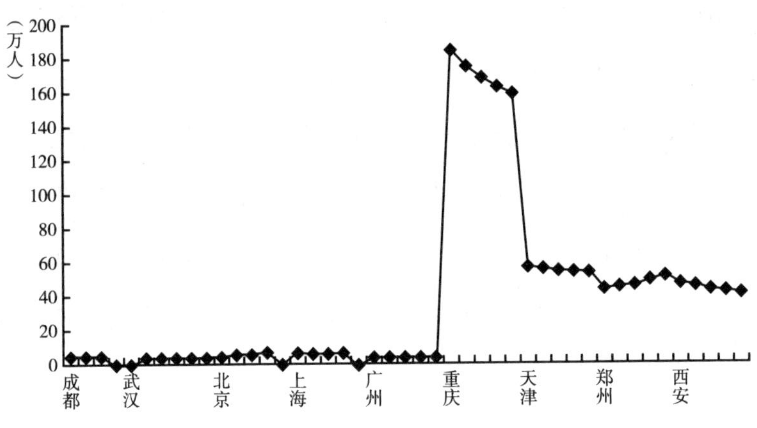

图 6－6　普通中学在校人数

庆对中等教育需求量较大。从指标看出，重庆和西安中等学校在校人数小幅度减少，但专任教师人数小幅度增加（见图 6－7）；相比之下，成都、武汉、北京、广州和上海普通中等学校数量、普通中等学校在校人数以及专任教师数从 2011 年开始到 2015 年出现了不同程度的下降。与普通中等学校数量不同，其他城市在此指标数量上排名发生变化，尤其是成都的在校生人数在 9 个样本城市中排名靠前，而扩大中等学校规模的郑州，在校人数和专职教师数上排名靠后。从中等学校数量上看，成都虽然中学在校人数不多，但注重师资力量发展并且招生规模较大，提高普通中学教育竞争力，郑州虽然规模逐渐扩大，但师资力量较弱。

二　高等教育

从普通高等教育来看，普通高等学校（简称“普通高校”），是由教育部或省级教育行政部门（含自治区、直辖市

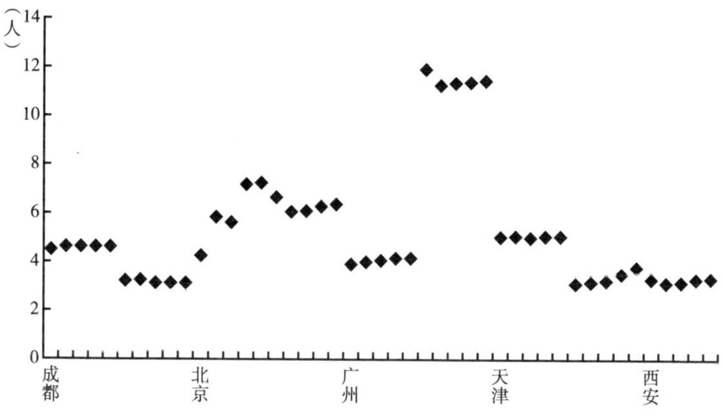

图 6－7 普通中等学校专任教师人数

等）主管的实行全日制高等教育的学校。从普通高等学校数来看，截至 2015 年底，本章研究的 9 个国家中心城市普通高等学校数由高到低排序为：北京、武汉、广州、上海、重庆、西安、成都、郑州、天津（表 6－4）。其中武汉和广州指标数量仅次于北京，远远超过其他 6 个城市。从 9 个城市 5 年发展的情况来看，普通高等学校数总体上处于一种上升态势，竞争力指数不断上升。普通高等学校数的增加说明城市教育呈现较好的发展趋势，但竞争显得越来越激烈，如果一个城市竞争指数上升较慢就有可能被别的城市赶上并超过，例如武汉和广州 2011 年、2013 年和 2014 年普通高等学校数相同，但在 2015 年的指标中，武汉超过广州，在 9 个国家中心城市中排名第二。成都普通高等学校数从 2011～2013 年呈现稳步增长的状态，但2013～2015 年三年当中，指标数量相同。相比之下，重庆从 2011 年的 59 所普通高等学校发展为 2015 年的 64 所；西安普通高等学校数发展平稳，到 2015 年与重庆只相差一所普通高等学校。郑州在相同年份从51所加速发展为56所，是9个国家中心城市中增加速度最快的城市。9个样本城市中唯有北京和上海在不同年份中普通高等学校数呈现递减状态。从指标变化趋势看，除天津外2013年指标呈现一个不同变化的状态，2014年开始有所稳定。从普通高等学校在校人数来看，2015年，广州排名第一，武汉第二，其次为西安、郑州、重庆、成都、北京、天津、上海。从数据明显看出，北京虽然普通高等学校数多，但是招生规模较小；成都、广州、重庆、西安、郑州招生规模相对较大。

从高等教育方面9个国家中心城市指标变化趋势看，2011～2012年指标呈现一个稳定的状态，但2012～2015年处于加速发展阶段（见表6－4）。从高等教育指标来看，大多城市的数据逐渐增长，但是波动性较大，2012～2014年部分城市有所下滑，从2014年开始增长，2014～2015年增长趋势加速。但高等教育从发展趋势上看，总体波动不大。高等教育发展具有更高的价值追求，与中等教育相比其转化周期更长，且具有滞后性，需要城市文化的长期积淀，也需要深厚的经济基础。确定城市高等教育的办学层次，增强服务本地能力，是产业结构以工业为主转向服务型为主时期对高等教育服务功能加强的需求，也是普通高等教育发展的自身要求。高等教育本身也会对城市文化形成引领和带动，处理好城市与高等教育之间的关系，促进两者协调发展、增强服务本地能力以获取更多的经济支持、增加竞争力、拓展发展空间是高教育改革的一个方向①。

① 刘峥、倪鹏飞：《中国城市教育竞争力发展研究——以30个样本城市为例》，《现代教育管理》2013年第2期。

表 6－4　2011～2015 年 9 个国家中心城市高等教育指标数据

单位：所，万人

城市	年份	普通高等学校数	普通高等学校在校人数	普通高等学校专任教师数
成都	2011	52	68.5639	4.5044
	2012	53	70.1701	4.8374
	2013	56	72.9338	4.7463
	2014	56	75.5767	4.8314
	2015	56	75.6000	5.4000
武汉	2011	79	92.0373	5.3999
	2012	79	94.6991	5.5016
	2013	80	96.6438	5.7038
	2014	80	96.2106	5.6494
	2015	82	95.6789	5.7205
北京	2011	89	57.8633	5.8735
	2012	91	58.1844	6.6026
	2013	89	58.9234	6.9625
	2014	89	59.4614	7.1079
	2015	90	59.3448	6.8506
上海	2011	66	51.1300	3.9600
	2012	67	50.6600	4.0100
	2013	68	50.4800	4.0300
	2014	68	50.6600	4.0600
	2015	67	51.1600	4.1600
广州	2011	79	89.6123	5.1776
	2012	80	89.6123	5.3706
	2013	80	93.9208	5.5416
	2014	80	98.3051	5.7196
	2015	81	104.3200	5.9100
重庆	2011	59	61.3026	3.3110
	2012	60	67.0174	3.5744
	2013	63	70.7610	3.7130
	2014	63	74.0534	3.8944
	2015	64	76.7114	3.9891

续表

城市	年份	普通高等学校数	普通高等学校在校人数	普通高等学校专任教师数
天津	2011	55	44.9702	2.8919
	2012	55	47.3114	2.9929
	2013	55	48.9919	3.0900
	2014	55	50.5795	3.1009
	2015	55	51.2900	3.1100
郑州	2011	51	66.5100	3.4000
	2012	53	69.8190	3.8000
	2013	56	74.7637	4
	2014	56	78.3240	4.1000
	2015	56	82.4152	4.1000
西安	2011	61	76.6000	4.2734
	2012	62	80.7000	4.4487
	2013	63	83.8000	4.6436
	2014	63	85.4000	4.6766
	2015	63	84.8000	4.7768

数据来源：2011～2016 年各城市统计年鉴和 2015 年国民经济和社会发展统计公报。

从城市高等教育指标数据上看，在时间、空间上递增趋势稳定，以代表性城市上海为例，在 2012～2013 年出现了一个下滑的阶段，这很可能与 2014 年因大量扩招造成的高校软硬件设施没有跟上所形成的教育质量以及竞争力下降有关，随后经过了高速增长，然后逐渐平缓。在样本城市中郑州的表现较为突出，2011～2015 年普通高等学校从 51 所增加到 56 所。上升的主要动力来源于规模的不断扩大，相对数量的提升较快。雷夫特里（Raftery）和霍特（Hout）提出的“最大限度地维持不平等”（Maximally Maintained Inequality，MMI）假设，比较系统地阐释了在工业化进程中教育扩张与教育分层之间的关系，指出除非较高阶层的入学需求已经处于饱和状态，否则教育扩张并不会影响到教育分层模式[①]。根据此假设类推可以认为，在较高地位城市高等教育需求没有得到满足之前，教育扩张不会影响到地位稍低的城市的需求。从 2015 年这 9 个国家中心城市来看，地域分布也相对较为均衡，反映出了高等教育在规划发展中根据地域规划相对均衡的特征。虽然北京仍然保持了第一的位置并和其他城市保持较大的差距，但是从发展趋势看，北京和其他城市的差距处于不断的缩小之中。从数量上看，北京、武汉、广州遥遥领先，重庆、天津、西安、郑州普通高等学校相对数量较少。

从普通高等学校在校人数来看，北京的教学文化资源丰富，历史上作为国家中心城市的北京，拥有了大量的教育人才，但从城市普通高等学校在校人数指标来看，广州作为我国改革开放较早的城市，普通高等学校在校人数最多，武汉紧随其后（见图 6－8 至图 6－10）。

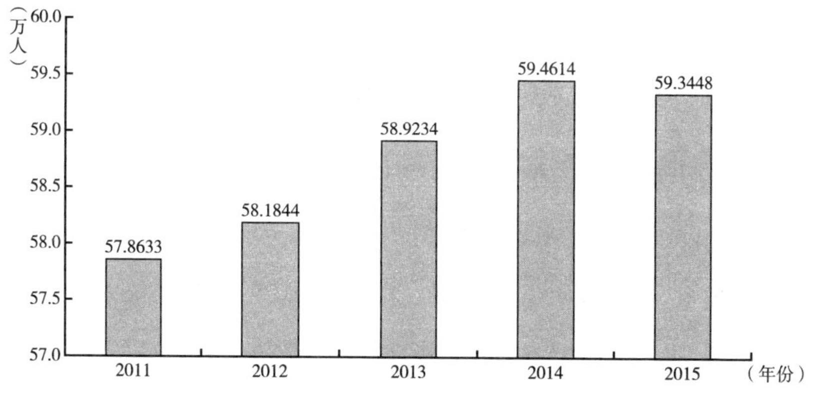

图 6－8　2011～2015 年北京普通高等学校在校人数

① 郝大海：《中国城市教育分层研究》，《中国社会科学》2007 年第 6 期。

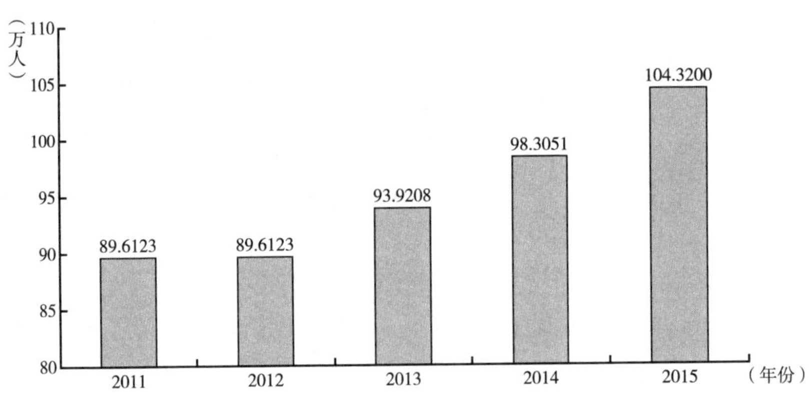

图 6－9　2011～2015 年广州普通高等学校在校人数

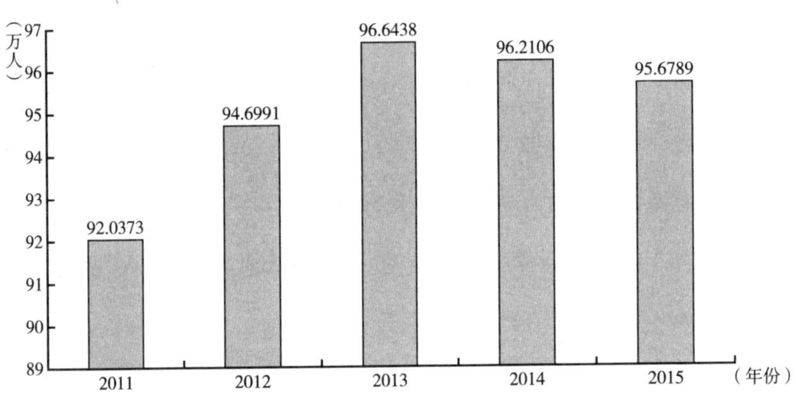

图 6－10　2011～2015 年武汉普通高等学校在校人数

从城市级别看，在 4 个直辖市中，北京、上海、天津教育竞争实力较强，5 年来地位稳固，没有发生太大变化；从普通高等学校在校人数来看，北京在 2014～2015 年、武汉在 2013～2014 年高等学校在校人数有小幅减少，西安 2011～2014 年指标数量稳定增加，但在 2015 年有小幅降低。广州、成都、郑州、重庆、天津都呈持续上涨趋势。

成都和郑州虽然普通高等学校的指标数量在 9 个国家中心

城市中排名靠后，但普通高校在校人数超过北京，分别排名第六和第四，并且每年平均增长人数超越排名第二的武汉。广州虽然普通高等学校数少于北京，但普通高等学校在校人数排名第一，并且每年高速增长。从高等教育相关指标来看，其中具有较强共享发展竞争力的国家中心城市主要是广州。只有北京在2012～2014年，普通高等学校由91所减少到89所，反观其他城市，在2011～2015年，郑州普通高等学校增加了5所，成都增加数量为4所；武汉在2013年和2015年普通高校数量有增加，但2014～2015年，普通高等学校在校生人数相差不大。而重庆与成都和广州相比，普通高等学校数增幅稍大。

从普通高等学校专任教师数指标来看，在9个国家中心城市中，广州和武汉教育竞争优势显著，其普通高等学校专任教师数远超上海，武汉2011年普通高等学校专任教师数已经超过广州，但2014年普通高等学校专任教师数小幅降低；广州普通高等学校专任教师数持续增长并超过武汉，仅次于北京，排名第二。郑州加大高等教育投入，在5年中指标数量增长明显，广州、北京、上海保持竞争优势，天津排名有所下降。从地域上看，天津和北京最近，但普通高等学校专任教师数在9个国家中心城市中排名最靠后。

三 “双一流”建设高校及建设学科

中国特色社会主义进入新时代，对教育事业发展提出了新要求。“加快一流大学和一流学科建设”被写入党的十九大报告，“双一流大学”建设必须以习近平新时代中国特色社会主义思想为指导，科学选择建设路径，适应新时代、谱写新篇章。我国一直高度重视高等教育，从1995年11月启动“211工程”“985工程”的20多年来，我国一直在为建设世界一流大学、建设高等教育强国不懈努力，而高等教育的发展又为国家各项事业发展提供了有力的人才保障。当前，站在新的历史方位加快推进“双一流大学”建设，恰逢全面建成小康社会进入决胜阶段、中国特色社会主义进入新时代的关键时期，意义尤为重大。“双一流大学”建设应该也必将为提高我国高等教育发展水平、增强国家核心竞争力奠定坚实基础，“双一流大学”是继“985工程”“211工程”之后，我国在高等教育领域的又一项重点建设工程[①]。最终共有42所一流大学建设高校和95所一流学科建设高校入围，现根据《教育部、财政部、国家发展改革委关于公布世界一流大学和一流学科建设高校及建设学科名单的通知》，根据公布的“双一流大学”建设高校及建设学科名单进行统计比较。

（一）总体分析

“双一流”并没有打破“211”“985”的既定格局，“一流学科建设高校”共计95所，可对应原来的“211”高校，原来的“211”大学（包含“985”）全部上榜，没有一所降级。其中71所为原“211”大学，并新增了24所非“211”大学。新增大学主要集中在中医药、文体艺术、理工三个领域的特色大学。“双一流”和“211”“985”不同，其一，“双一流”大学

① 杜玉清：《在新时代谱写“双一流”建设新篇章》，《人民日报》2017年11月19日。

的评选不是“一次定终身”，而是有竞争机制的，五年为一个周期，对成效明显的加大支持力度，对进展缓慢、缺乏实效的，提出警示并减小支持力度；其二，“双一流”分为“一流大学建设高校”与“一流学科建设高校”，根据名单，此次入选的一流大学共42所，分为A类和B类。其中A类36所，B类6所。从9个国家中心城市来看，北京有8所高校入选，分别是北京大学、中国人民大学、清华大学、北京航空航天大学、北京理工大学、中国农业大学、北京师范大学、中央民族大学；上海4所：复旦大学、同济大学、上海交通大学、华东师范大学；天津2所：南开大学、天津大学；广州2所：中山大学、华南理工大学；成都2所：四川大学、电子科技大学；西安2所：武汉2所：武汉大学、华中科技大学；重庆1所：重庆大学。其中属于国家中心城市的只有郑州的郑州大学入选新增B类。

（二）专项分析比较

1. 一流大学建设高校

从“双一流”工程认定的一流大学建设高校来看，根据名单可以看出，“双一流”工程认定的一流大学建设高校共计42个，全部出现在直辖市、省会城市、计划单列市，没有一个在普通地级市。

从图6－11来看，其中北京居于首位，上海一流大学建设高校数只有北京的二分之一；其次，天津、广州、成都、武汉、西安5个城市一流大学建设高校数相同，排名第三；重庆和郑州排名最后，其中郑州原本没有“985”高校，这次郑州大学入选“一流大学建设高校”B类，体现了国家对中西部地区的政策照顾。

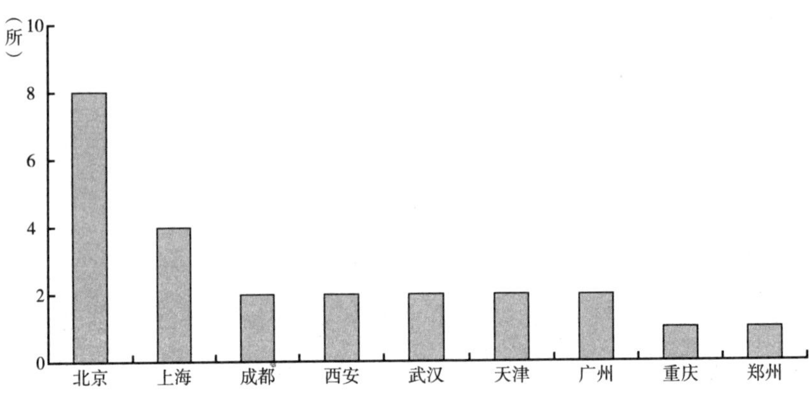

图 6-11　9 个国家中心城市一流大学建设高校比较

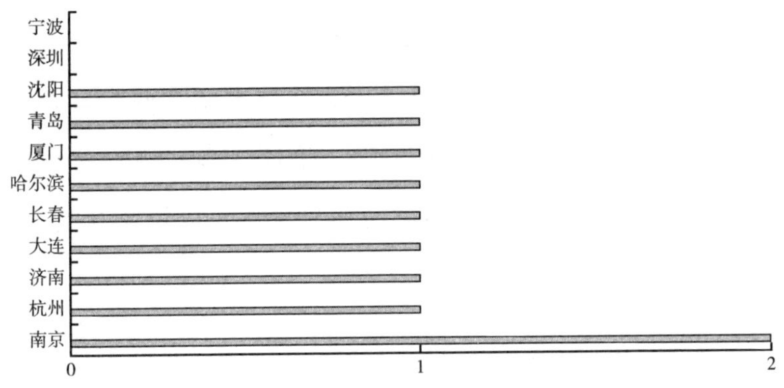

图 6-12　11 个副省级城市一流大学建设高校数比较

从图 6-12 来看，南京一流大学建设高校在 11 个副省级城市中排名首位，除了宁波和深圳以外，一流高校数量相差不大。

2. 一流学科建设高校数

从“双一流”工程认定的一流学科建设高校数来看，北京依然居于首位，上海依旧排名第二，但成都超过武汉，有 6 所一流学科建设高校，在 9 个国家中心城市中排名第三（见表 6-5、图 6-13），其中包括西南交通大学、西南石油大学、成都理工大学、四川农业大学、成都中医药大学、西南财经大学，广州虽然一流大学建设高校数与成都和武汉相同，但是在一流学科建设高校的数量上有一定差距。

表 6－5　9 个国家中心城市一流学科建设高校情况

排名	城市	一流学科建设高校（所）	具体名单
1	北京	22	北京交通大学、北京工业大学、北京科技大学、北京化工大学、北京邮电大学、北京林业大学、北京协和医学院、北京中医药大学、首都师范大学、北京外国语大学、中国传媒大学、中央财经大学、对外经济贸易大学、外交学院、中国人民公安大学、北京体育大学、中央音乐学院、中国音乐学院、中央美术学院、中央戏剧学院、中国政法大学、中国科学院大学
2	上海	10	华东理工大学、东华大学、上海海洋大学、上海中医药大学、上海外国语大学、上海财经大学、上海体育学院、上海音乐学院、上海大学、第二军医大学
3	成都	6	西南交通大学、西南石油大学、成都理工大学、四川农业大学、成都中医药大学、西南财经大学
3	西安	6	西北大学、西安电子科技大学、长安大学、陕西师范大学、第四军医大学、西安交通大学
4	武汉	5	中国地质大学、武汉理工大学、华中农业大学、华中师范大学、中南财经政法大学
5	天津	4	天津工业大学、天津医科大学、天津中医药大学、河北工业大学（隶属于河北省）
6	广州	3	暨南大学、广州中医药大学、华南师范大学
7	重庆	1	西南大学
8	郑州	0	

北京的北京中医药大学、首都师范大学、中国人民公安大学、中国音乐学院、中央美术学院、中央戏剧学院、中国

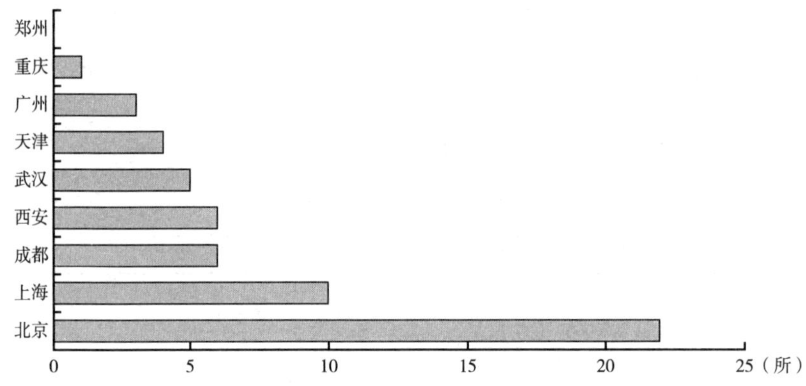

图 6－13　9 个国家中心城市一流学科建设高校情况

科学院大学；上海的上海海洋大学、上海中医药大学、上海体育学院、上海音乐学院；南京的南京邮电大学、南京林业大学、南京信息工程大学、南京中医药大学；成都的西南石油大学、成都理工大学、成都中医药大学；天津的天津工业大学、天津中医药大学；广州的广州中医药大学；杭州的中国美术学院；宁波的宁波大学为此前不在“211”“985”名单的大学，现纳入了“一流学科建设高校”。北京新增了 7 所，上海新增了 4 所，南京新增了 4 所，成都新增了 3 所，天津新增了 2 所，广州新增了 1 所，杭州新增了 1 所，宁波新增了 1 所。

从 11 个副省级城市来看，南京有 10 所一流学科建设高校，居于首位（图 6－14）。从各城市上榜学科数量来看，北京占据绝对优势，在各层次的学科数都高居首位，特别是北大、清华分别有 41 个和 34 个“双一流”建设学科入围，是名副其实的中国高校“霸主”，其中北大以文理医见长，而清华以理工和管理见长。上海在国家中心城市中排名第二，拔尖学科数量领先于其他地区，其中复旦大学和上海交大分别拥有 18 个和 17 个“双一流”建设学科，各有千秋。拥有 10 个“双一流”建设学科的高校还有南（京）大（15 个）、中国人大（14 个）、中科大（11 个）、中大（11 个）、北师大（11 个）、东（南）大（11 个）和武大（10 个），其中东大令人刮目相看。拥有较多一流学科的高校还有中国农大（9 个）、华中科大（8 个）、西交大（8 个）、北航（7 个）、哈工大（7 个）、同济（7 个）、川大（6 个）和东北师大（6 个）。可见，此次一流大学扩容，北京、上海、南京仍是最大赢家。

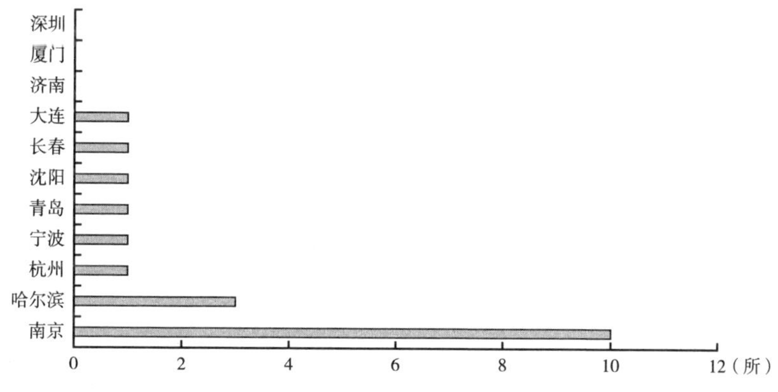

图 6－14　11 个副省级城市一流学科建设高校情况

如果把“一流大学建设高校”和“一流学科建设高校”加起来计算，如图 6－15、表 6－6 所示，与原来的“211”“985”格局相比，最大的不同是，成都的“双一流大学”总量达到 8 所。在 9 个国家中心城市中，北京新增 7 所“一流学科建设高校”，上海新增 4 所，成都紧随其后新增 3 所。在“一流学科建设高校”名单中新增大学主要集中在中医药、文体艺术、理工三个领域的特色大学，其中成都新增的西南石油大学、成都理工大学、成都中医药大学三所一流学科建设高校都不在之前的“211”“985”名单之内（见表6－5），但此次由于三所大学的地质学、中药学、石油与天然气工程三个专业入选“双一流”建设学科名单，成都“一流学科建设高校”排名由第四位上升至第三位，紧随上海取代了武汉原来的位置，天津的数量也超过了广州。

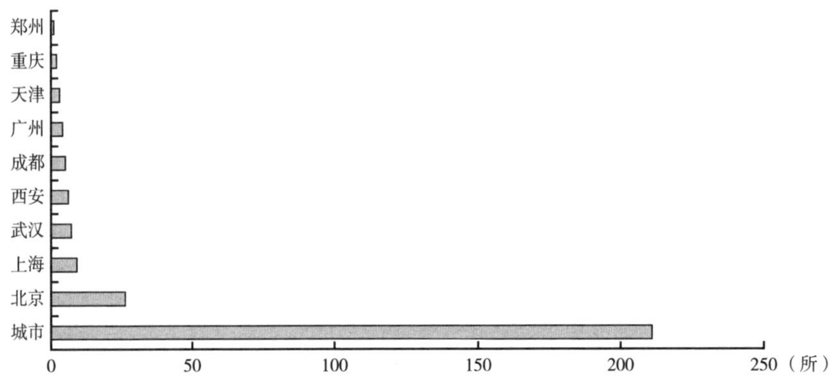

图6－15　9个国家中心城市“211”大学数量排名

表6－6　9个国家中心城市“211”高校名单

单位：所

排名	城市	数量	“211”大学名单
1	北京	26	北京大学、清华大学、北京师范大学、中央财经大学、北京航空航天大学、中国农业大学、北京理工大学、中央民族大学、北京交通大学、北京工业大学、北京科技大学、北京化工大学、北京邮电大学、北京林业大学、北京中医药大学、北京外国语大学、中国传媒大学、对外经济贸易大学、中央音乐学院、北京体育大学、中国政法大学、中国人民大学、华北电力大学、中国矿业大学（北京）、中国地质大学（北京）、中国石油大学（北京）

续表

排名	城市	数量	“211”大学名单
2	上海	9	上海交通大学、复旦大学、同济大学、上海大学、上海财经大学、华东理工大学、华东师范大学、东华大学、上海外国语大学
3	武汉	7	武汉大学、华中科技大学、武汉理工大学、中国地质大学（武汉）、中南财经政法大学、华中师范大学、华中农业大学
4	西安	6	西北大学、西安电子科技大学、长安大学、陕西师范大学、西北工业大学、西安交大
5	成都	5	四川大学、电子科技大学、西南交通大学、西南财经大学、四川农业大学
6	广州	4	中山大学、华南理工大学、暨南大学、华南师范大学
7	天津	3	南开大学、天津大学、天津医科大学
8	重庆	2	重庆大学、西南大学
9	郑州	1	郑州大学

结果显示，全国共137所高校的465个学科入选“双一流”建设项目。“双一流”建设学科分布在除军事学外的12大学科门类的108个学科。其中，工学门类有188个学科入选“双一流”建设学科，雄居各学科门类首位，占总数的40.43%；理学104个，列第二；医学42个，居第三；法学和农学各24个，并列第四；管理学21个，居第六；艺术学13个，居第八；经济学10个，居第九；历史学9个，居第十；教育学6个，居第十一；哲学5个，居第十二。另外，分析发现单个学科全国拟建设数量排位前二十位的学科为工学（9个）、理学（8个）、医学（3个）三个门类，可见工、理、医三类是我国竞争力最强的学科，也是未来建设的主攻方向，也能从侧面反映出当前世界竞争的核心领域。

再从“双一流”建设学科数来看，大学数量多，不代表师生人数多，更不代表“双一流”建设学科数。作为国家中心城市的成都与西安在“一流大学”和“一流学科建设高校”上数量相同，但在一流学科的数量上，武汉、广州、西安稍微领先，武汉一共有29个一流学科，比成都多15个。成都“双一流大学”和“一流学科建设高校”数量虽然与同级城市相差不大，但在“一流学科”这一指标上有一定距离（见图6－16、图6－17）。

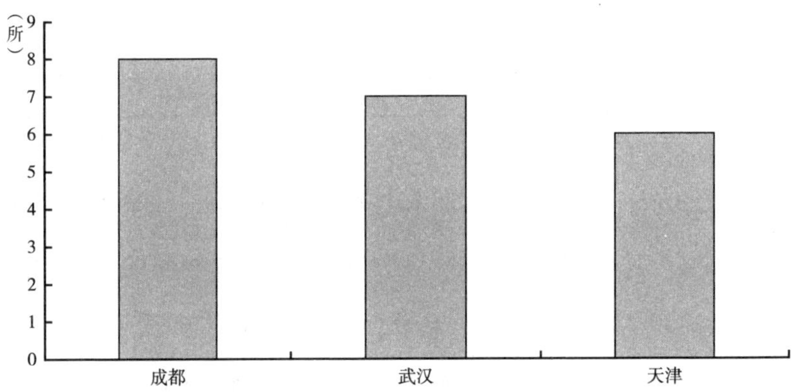

图6－16　成都、武汉、天津“双一流大学”数量

综上所示，不论是一流大学建设高校数量还是“双一流”建设学科数量，北京都以绝对领先的优势排名全国第一。武汉仅武汉大学就有10个“双一流”建设学科：理论经济学、法学、马克思主义理论、化学、地球物理学、生物学、测绘科学与技术、矿业工程、口腔医学、图书情报与档案管理。其中成都新增一流学科建设高校，表现出色，电子科技大学一级学科电子科学与技术也在2012年各高校学科排名中超过北大，具有良好的竞争优势（图6－18）。

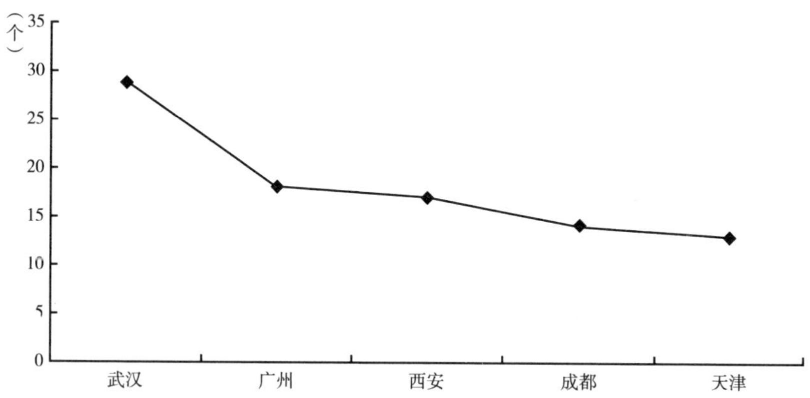

图 6－17　武汉、广州、西安、成都、天津一流学科数量

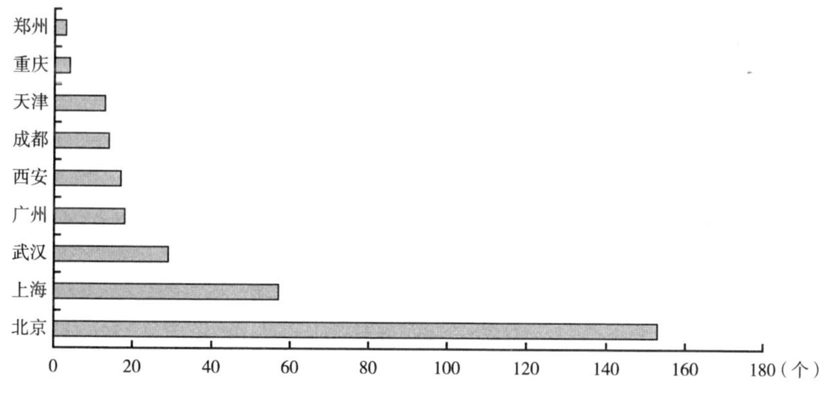

图 6－18　9 个国家中心城市“双一流”建设学科数排名

从副省级城市来看，杭州的“双一流”建设学科数稳居第一名。杭州的“双一流”建设学科有 19 个，其中 18 个在浙江大学，超过合肥、长沙、哈尔滨等城市的全部大学，显示杭州的高等教育实力曾长期被低估（图 6－19）。

综上所述，首先，此次“双一流大学”，北京、上海、南京是新增的“世界一流大学和一流学科建设高校及建设学科”最

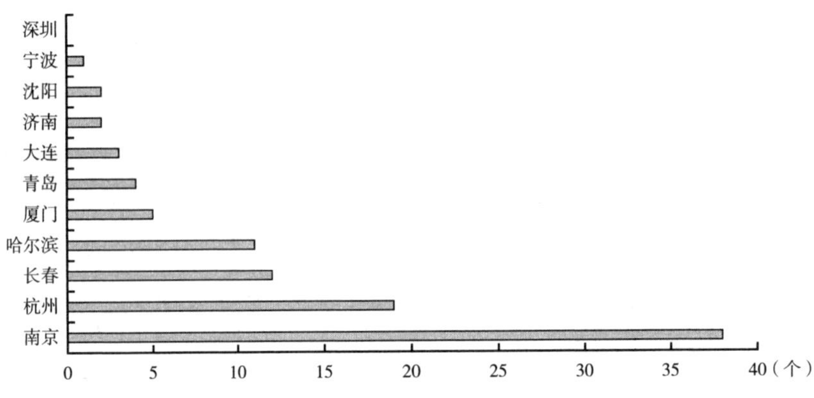

图 6－19　11 个副省级城市一流学科总数排名

多的城市；其次，“双一流”建设学科数量比“一流大学建设高校”数量更值得被重视。“一流大学建设高校”的名额可以通过国家政策获得，但“双一流”建设学科的名额主要靠高校自身的努力和投入，这就是为什么有的城市一流大学建设高校很多，但“双一流”建设学科寥寥无几；不论是在“211”“985”还是最新发布的“双一流”名单中，中国热门城市——深圳，都没有获得一个名额。中等教育重庆优势非常显著，明显超越其他 8 个国家中心城市。而中部武汉、郑州都呈下滑趋势。在 9 个二级指标中，只有中等教育出现这种情况。在“双一流”数据中看，成都表现突出，新增多个“一流学科建设高校”。成都市现有“双一流”建设学科包括数学、化学、材料科学与工程、基础医学、口腔医学、护理学、交通运输工程、电子科学与技术、信息与通信工程、石油与天然气工程、地质学、作物学、中药学、应用经济学 14 个。其中工学类 5 个，医学类 4 个，理学 3 个，农学 1 个，经济学 1 个，缺少哲学、文学、教育学、法学、历史学、管理学、军事学7个门类的“双一流”建设学科。此外，成都市无一学科全国独有，且现有“双一流”建设学科大多都面临激烈竞争，其中，材料科学与工程、化学、数学面临的竞争最大，全国有30所高校的材料科学与工程专业入选“双一流”建设学科项目，其次为化学与数学。相对优势较大的学科是石油与天然气工程、护理学，均排名全国前三。成都市入选的8所高校，除西南财大属财经类院校外，其余7校有大量理、工、医三类学科，且实力不弱。

第三节　医疗服务

医疗是一个地方公共服务能力的一种体现。公共服务能力就是公共服务主体能否意识到公共服务客体的需求并及时提供公共服务以及提供公共服务的水平如何。确切地说，公共服务能力是指公共服务主体为生产和提供优质的公共服务产品以满足公共服务客体的公共服务需求而具备的技能、技术和技巧。公共服务能力的强弱决定了公共服务主体在整个公共生活过程当中是否能够真正承担并办理好所有的公共服务事项。① 随着医疗卫生事业的深入发展，各个城市逐渐开始重视优化医疗资源配置，推行区域卫生规划，而医疗卫生服务就是造福人民，关系广大人民群众切身利益的一项最基本服务。人人享有基本卫生服务，人民群众健康水平不断提高，是人民生活质量改善的

① 徐智海：《建设服务型政府　提高海事公共服务能力》，《中国水运》2012年第5期。

重要标志，也是衡量城市公共服务能力和城市共享能力的重要指标。本节主要选取医疗卫生情况对9个国家中心城市和11个副省级城市进行比较，通过若干指标呈现出城市医疗竞争力的相关情况。在医疗指标方面，主要包括医疗床位数、医疗技术人员数、每万人卫生技术人员数、每万人床位数四个二级指标。

一 医疗床位数

医疗床位数即医疗床位资源，是医疗卫生服务的重要物质基础之一，也是衡量一个城市或地区卫生医疗服务公共能力的重要因素。简单而言，医疗床位数就是指单位时间内（通常为一年）可提供医疗救助的床位数量。

从医疗床位数上来看，2015年，9个国家中心城市，4个突破10万张大关，5个处于10万张以下，其中仅重庆一市的医疗床位总数就占到国家中心城市医疗床位总数的21.9%。在具体数据上，重庆医疗床位数17.7万张、上海12.3万张、北京11.2万张、成都10.8万张、广州8.2万张、郑州7.7万张、武汉6.8万张、天津6.4万张、西安5.1万张。通过比较可知，重庆的医疗床位数高出上海5.4万张，高出北京6.5万张，高出成都6.9万张，仅就4个突破10万张大关的国家中心城市来看，重庆在该项指标上表现强劲。横向比较来看，重庆的医疗床位数是上海的1.44倍、北京的1.58倍、成都的1.64倍、广州的2.16倍、郑州的2.3倍、武汉的2.6倍、天津的2.77倍、西安的3.47倍。可以看出，在该项指标上，重庆优势明显（见图6－20）。

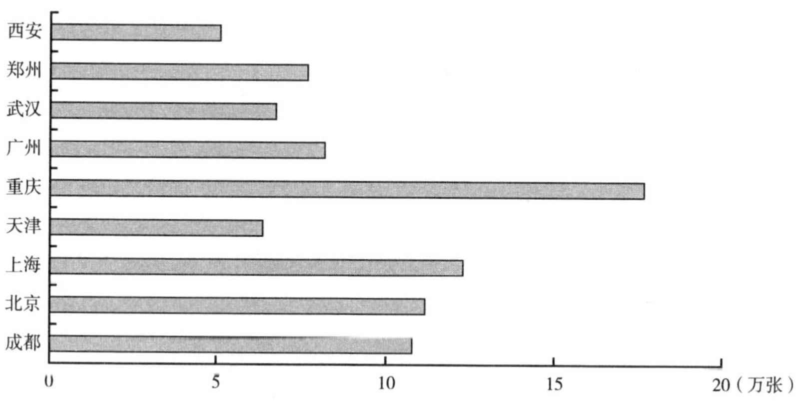

图 6－20　2015 年 9 个国家中心城市医疗床位数

从纵向上比较，2011 年医疗床位数突破 10 万张大关的仅有重庆和上海，这也说明重庆、上海重视医疗床位数的发展较早，可以推断，重庆、上海重视医疗卫生服务事业应该也是相对较早，这或与当时的地方政策、政府能动力有所关联。2011 年，据统计数据显示，9 个国家中心城市的医疗床位数，成都 7.3 万张、北京 9.7 万张、上海 10.7 万张、天津 4.9 万张、重庆 11.6 万张、广州 6.6 万张、武汉 4.3 万张、郑州 5.3 万张、西安 3.7 万张。截至 2015 年底，据统计数据显示，9 个国家中心城市的医疗床位数，成都 10.8 万张、北京 11.2 万张、上海 12.3 万张、天津 6.4 万张、重庆 17.7 万张、广州 8.2 万张、武汉 6.8 万张、郑州 7.7 万张、西安 5.1 万张。2015 年相比于 2011 年，成都增长 48%、北京增长 15.5%、上海增长 15%、天津增长 30.6%、重庆增长 52.5%、广州增长 24.2%、武汉增长 58.1%、郑州增长 45.3%、西安增长 37.8%。从增速上看，武汉由于基数小，增长迅猛，5 年中增速居于 9 个国家中心城市首位；重庆次之，成都排第三。尽管重庆有受基数较大的影响，在这5年中增速居第二位，但是，重庆以如此大的基数还保持如此快的增速，这对其他国家中心城市而言，压力巨大。综合而言，在该项指标上，中部地区的国家中心城市增速明显，武汉、重庆、成都、郑州均以超过或者接近50%的速度飞速发展。北京、上海、广州、天津、西安增速相对较缓（见表6－7）。

表6－7　2011～2015年9个国家中心城市医疗床位数

单位：万张

年份＼城市	成都	北京	上海	天津	重庆	广州	武汉	郑州	西安
2011	7.30	9.7	10.7	4.9	11.6	6.6	4.3	5.3	3.7
2012	8.50	10.0	11.0	5.4	13.1	7.1	4.8	5.8	4.1
2013	9.40	10.4	11.4	5.8	14.7	7.3	5.5	6.9	4.4
2014	10.10	11.0	11.8	6.1	16.0	7.7	6.0	7.5	4.7
2015	10.80	11.2	12.3	6.4	17.7	8.2	6.8	7.7	5.1

同时，对比9个国家中心城市和11个副省级城市2015年医疗床位数来看，国家中心城市中的重庆、上海、北京3个城市分列前三位，成都位列第四位，西安位列第十二位，其余的均列前九位；副省级城市中的哈尔滨位列第七位，超过国家中心城市中的武汉和天津。9个国家中心城市平均医疗床位数9.56万张，远高于20个城市平均医疗床位数6.79万张，从该项指标可见，9个国家中心城市在医疗投入上比副省级城市更大（见图6－21）。

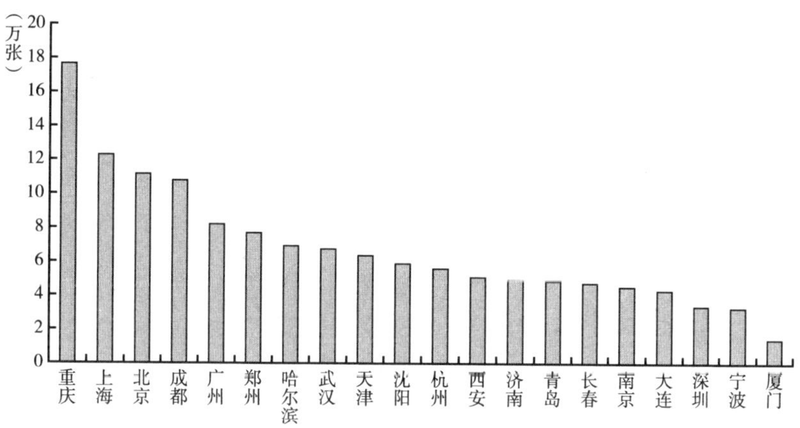

图 6－21　2015 年 20 个城市医疗床位数

二　医疗技术人员数

医疗技术人员即执业（助理）医师，是指具有“医师执业证”及其“级别”为“执业（助理）医师”且实际从事医疗、预防保健工作的人员，不包括实际从事管理工作的执业（助理）医师。执业（助理）医师类别分为临床、中医、口腔和公共卫生。[①]

从医疗技术人员数来看，2015 年，9 个国家中心城市按从多到少的顺序，依次是北京 25.7 万人、上海 17.6 万人、重庆 16.7 万人、广州 12.7 万人、天津 9.1 万人、郑州 8.5 万人、成都 5 万人、武汉 3.3 万人、西安 2.7 万人（见表 6－8）。根据数据可以看出，北京从业人数最多，西安最低，成都居于倒数第三位。在医疗技术人员数上看，从业人数最多的北京和从业人

① 国家卫生和计划生育委员会：《中国卫生和计划生育统计年鉴》，中国知网－中国经济社会大数据研究平台，http：//data. cnki. net/ Yearbook/single/N2017010032。

数最少的西安，二者比值高达9.5倍，与居于倒数第三的成都相比，也有大于4倍的差距。这些指标数据显示，北京作为老牌国家中心城市，医疗技术人力资源丰富，一旦床位大量扩张，亦有较为充裕的从业人员数为之保障。

根据以上两个指标数据可以看出，9个国家中心城市的医疗床位数和医疗技术人员数分配比例大有不同。从医疗技术人员数和医疗床位数比值看，成都0.46、北京2.29、上海1.43、天津1.42、重庆0.94、广州1.55、武汉0.49、郑州1.1、西安0.53（见图6－22）。

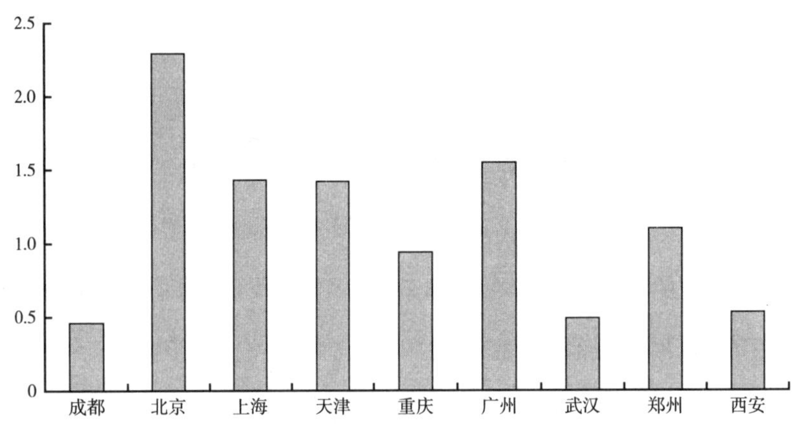

图6－22　2015年9个国家中心城市医疗技术人员数/医疗床位数

由图6－22可以看出，北京明显高于其他国家中心城市，广州次之，上海、天津、郑州大致相当。重庆居于中下游地位，西安、成都、武汉最低。通过比较可以看出，西安、成都、武汉从事医疗技术的人员数目与现有医疗床位数发展不均衡，相对医疗技术人员数的发展而言，医疗床位数的发展相对较快，二者配置不够均衡，在下一步城市的公共卫生服务能力提升上还应更加有所注重（见图6－22）。

而从纵向比较看，2011年，领跑医疗技术人员数的国家中心城市依然是北京。其中破10万人大关的城市分别是北京、上海、重庆、广州。根据年鉴数据显示，2011年医疗技术人员数，成都4.0万人、北京18.2万人、上海13.9万人、天津7.3万人、重庆12.0万人、广州10.1万人、武汉2.5万人、郑州5.7万人、西安2.2万人，从业人数最少的依然是武汉、成都、西安。2015年相比于2011年，成都增长25%、北京增长41.2%、上海增长26.6%、天津增长24.7%、重庆增长39.2%、广州增长25.7%、武汉增长32%、郑州增长49.1%、西安增长22.7%。从增长速度来看，西安、成都、天津、广州最慢（见表6－8）。

表6－8　2011～2015年9个国家中心城市医疗技术人员数

单位：万张

年份＼城市	成都	北京	上海	天津	重庆	广州	武汉	郑州	西安
2011	4.0	18.2	13.9	7.3	12.0	10.1	2.5	5.7	2.2
2012	4.3	22.0	14.6	7.7	13.2	10.7	2.6	6.4	2.3
2013	4.6	23.0	15.6	8.1	14.2	11.5	2.7	7.6	2.4
2014	4.8	24.3	16.4	8.5	15.4	12.1	3.0	8.2	2.5
2015	5.0	25.7	17.6	9.1	16.7	12.7	3.3	8.5	2.7

在该项指标值中，不论是从横向比较还是纵向比较来看，9个国家中心城市，居于相对靠后位置的均是西安、成都、武汉。可是结合5年来的增长速度进行再比较，可以发现武汉已有开始着力发展的趋势，而西安、成都增长相对缓慢。

同时，对比9个国家中心城市和11个副省级城市2015年医疗技术人员数来看，国家中心城市中的北京、上海、重庆、广州、天津5座城市分列前5位，郑州位列第六位，成都位列第十四位，武汉、西安分别列第十八、十九位。成都、武汉、西安的医疗技术人员数，均低于20个城市平均医疗技术人员数8.17万人，而北京的医疗技术人员数是20个城市平均数的3.14倍，上海、重庆是20个城市平均数的2倍。由此可见，9个国家中心城市在医疗技术人员数上有两极分化的趋势，成都、武汉、西安等地在这方面仍有较大差距（见图6－23）。

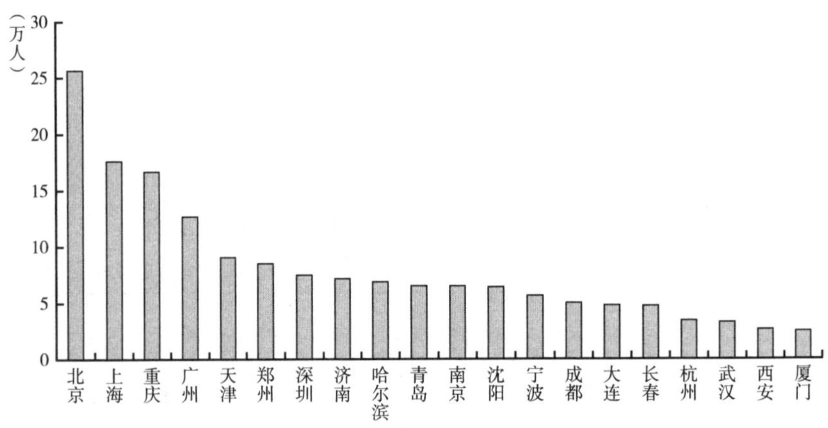

图6－23　2015年20个城市医疗技术人员数

三　每万人卫生技术人员数

卫生技术人员，是指卫生事业机构支付工资的全部固定职工和合同制职工中现任职务为卫生技术工作的人员。包括中医师、西医师、中西医结合高级医师、护师、中药师、西药师、检验师、其他技师、中医士、西医士、护士、助产士、中药剂士、西药剂士、检验士、其他技士、其他中医、护理员、中药剂员、西药剂员、检验员和其他初级卫生技术人员。不包括从事管理工作的卫生技术人员。①

从每万人卫生技术人员数上来看，2015年9个国家中心城市，成都92.2名、北京118.2名、上海73名、天津58.6名、重庆55.3名、广州49.8名、武汉86.5名、郑州89名、西安30.6名。除西安、重庆、广州低于全国平均水平，天津基本达到全国平均水平以外，其他几个国家中心城市在该项指标上都远远高于全国平均水平（见表6－7）。其中，成都高出0.58倍，北京高出1.02倍，上海高出0.25倍，武汉高出0.48倍，郑州高出0.52倍，天津基本持平，而西安、重庆、广州分别是平均线的52.3%、94.7%和85.2%。

表6－9　全国公共卫生能力情况

指标 ＼ 年份	2015	2011
卫生技术人员数（万人）	803	620
医疗卫生机构床位数（万张）	708	515
年末全国大陆总人口数（万人）	137462	134735
每万人卫生技术人员数（名）	58.42	46.02
每万人卫生机构床位数（张）	51.51	38.22

数据来源：《中华人民共和国国民经济公报》。

2011年9个国家中心城市每万人卫生人员数，成都87名、北京90.1名、上海59.3名、天津54.1名、重庆41.2名、广州43.8名、武汉78.2名、郑州64.2名、西安25.3名。通过

① 天津市统计局：《天津统计年鉴》，中国知网－中国经济社会大数据研究平台，http：//data.cnki.net/yearbook/single/N2017030051。

表6－10可以看出，在该项指标上，通过5年的发展，成都增长5.98%，北京增长31.2%，上海增长23.1%，天津增长8.3%，重庆增长34.2%，广州增长13.7%，武汉增长10.6%，郑州增长38.6%，西安增长20.9%。在增速上，我们可以看出重庆、郑州都相对较快，成都最慢。

表6－10　2011～2016年9个国家中心城市每万人技术人员数

单位：名

年份＼城市	成都	北京	上海	天津	重庆	广州	武汉	郑州	西安
2011	87	90.1	59.3	54.1	41.2	43.8	78.2	64.2	25.3
2012	94.0	106.2	61.4	54.4	44.7	45.5	83.1	71.1	27.0
2013	101.7	108.6	64.8	55.0	47.9	47.7	87.8	82.9	27.8
2014	106.6	112.9	67.6	55.9	51.5	48.3	95.4	87.0	28.8
2015	92.2	118.2	73.0	58.6	55.3	49.8	86.5	89.0	30.6

同时，对比9个国家中心城市和11个副省级城市2015年每万人卫生技术人员数来看，国家中心城市中的北京排名第一，成都、郑州、武汉分别列第四、第五、第六位，上海位列第九，天津、重庆、广州、西安分别列第十七、第十八、第十九、第二十位。从该项数据看，国家中心城市并无优势，甚至天津、重庆、广州、西安还排名后四位，可见仍需要在这方面加大投入力度（见图6－24）。

四　每万人床位数

每万人床位数，是指城市在一定时间范围内（通常为一年），城市医疗床位数/每万人城市人口数所得到的数值。每万人床位数可呈现医疗床位资源的供给情况、利用情况以及医疗

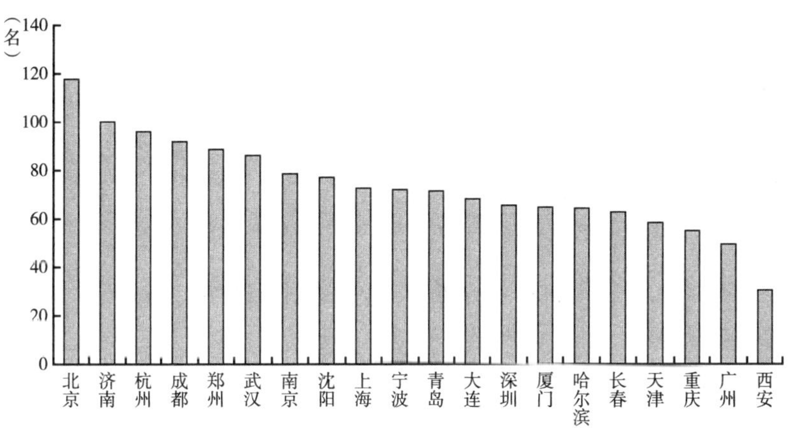

图 6－24　2015 年 20 个城市每万人卫生技术人员数

床位资源的配置现状。

从每万人床位数上来看，2015 年 9 个国家中心城市，成都 73.6 张、北京 51.4 张、上海 50.8 张、天津 41.2 张、重庆 58.6 张、广州 85.8 张、武汉 76.1 张、郑州 80.4 张、西安 59 张。广州、郑州最充裕，武汉次之，天津最低，其余国家中心城市居于中间位置，均在 50 张上下。可以看出，在该项指标上，城市经济体量并非与之形成必然的正相关关系。

纵向比较上，2011 年 9 个国家中心城市，成都 63.0 张、北京 48.2 张、上海 45.6 张、天津 36.5 张、重庆 39.6 张、广州 68.1 张、武汉 65.1 张、郑州 59.6 张、西安 43.8 张。通过表 6－11可以看出，在该项指标上，通过 5 年的发展，成都增长 16.8%，北京增长 6.63%，上海增长 11.4%，天津增长 12.8%，重庆增长 48%，广州增长 26%，武汉增长 17%，郑州增长 34.9%，西安增长 34.7%。在增速上，我们可以看出重庆、郑州、西安、广州相对较快，北京、上海相对较缓。尤其需要值得注意的是，在2011～2015 年这 5 年间，只有成都、武汉在该项指标上出现过上一年度比下一年度负增长的态势，且发生时段一致，均出现在 2014 年和 2015 年。

表 6－11　2011～2015 年 9 个国家中心城市每万人床位数

单位：张

年份＼城市	成都	北京	上海	天津	重庆	广州	武汉	郑州	西安
2011	63.0	48.2	45.6	36.5	39.6	68.1	65.1	59.6	43.8
2012	79.0	48.4	46.0	37.9	44.4	75.6	70.7	64.1	47.5
2013	79.4	49.2	47.3	39.2	49.6	77.9	71.2	74.8	51.5
2014	84.5	51.0	48.4	40.2	53.6	81.5	88.5	79.6	54.6
2015	73.6	51.4	50.8	41.2	58.6	85.8	76.1	80.4	59.0

同时，对比 9 个国家中心城市和 11 个副省级城市 2015 年每万人医疗床位数来看，国家中心城市中的广州、郑州分列第一、二位，武汉、成都位列第四、五位，西安、重庆、北京、上海、天津分别位列第十二、十三、十五、十六、十八位。9 个国家中心城市每万人医疗床位平均数 64.10 张，对比 20 个城市每万人医疗床位平均数 61.01 张差距不大，可见 9 个国家中心城市在这方面优势不是很大（见图 6－25）。

第四节　文化建设

广义的公共文化是指由国家公共部门提供的、以保障公众基本权利为前提的、以满足公共文化需求为主要目的、以传播人类文化成果为基本职责的、能促进社会进步和实现个人精神

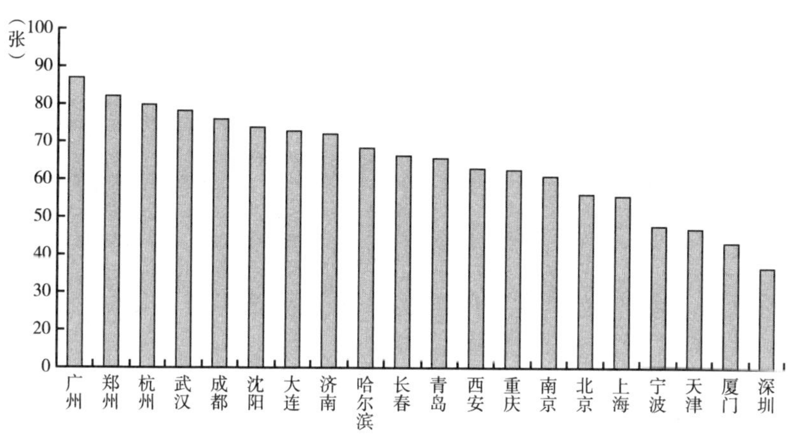

图 6－25　2015 年 20 座城市每万人床位数

文化追求的一切有益的社会信息总和，依托政府与图书馆、博物馆等公共文化机构来向社会大众提供公共文化产品的服务。[①] 文化引领功能，首先必须立足于文化产业规模之“大”，其次体现为文化传播面之“广”，必须依赖于文化创新之“强”，最后根植于历史文化之“久”，具有丰富的文化遗存和底蕴，这是文化品牌之源，如故宫、长城之于北京，埃菲尔铁塔之于巴黎，自由女神像之于纽约，等等，每年均吸引着无数游客纷至沓来。在本节中，主要选取文化建设方面的公共设施对 9 个国家中心城市和 11 个副省级城市进行比较，通过若干指标呈现出城市文化竞争力的相关情况。在指标上主要包括文化馆及群众艺术馆数、博物馆数、图书馆数、图书馆总藏书量数、档案馆数、艺术表演场馆数 6 个二级指标。

① 鞠巍、杨溢：《城市历史文化资源开发在公共文化服务均等化中的作用》，《中国战略新兴产业（优先出版）》，2017 年 3 月 8 日期。

一　文化馆及群众艺术馆数

文化馆及群众艺术馆，是指各级文化部门开展群众文化活动并给群众文娱活动提供场所的机构。目前我国各省份都有文化馆及群众艺术馆，并且随着社会经济发展和人们精神文化水平的提高，越来越多的文化馆及群众艺术馆将被建设。[①]

从文化馆及群众艺术馆数上来看，2015 年 9 个国家中心城市，成都 22 个、北京 20 个、上海 25 个、天津 19 个、重庆 41 个、广州 13 个、武汉 15 个、郑州 14 个、西安 16 个。通过比较，可以看出，在该项指标上重庆数量最多，上海次之，成都排在第三位，郑州、广州最末。

纵向比较上，2011 年 9 个国家中心城市，成都 23 个、北京 20 个、上海 27 个、天津 19 个、重庆 41 个、广州 14 个、武汉 15 个、郑州 14 个、西安 15 个。通过表 6－12 可以看出，在该项指标上，通过 5 年的发展，整体变化不大，西安增加 1 个，北京、天津、重庆、武汉、郑州持平，成都、上海、广州有所减少。

表 6－12　2011～2015 年 9 个国家中心城市文化馆及群众艺术馆情况

单位：个

年份＼城市	成都	北京	上海	天津	重庆	广州	武汉	郑州	西安
2011	23	20	27	19	41	14	15	14	15
2012	22	20	27	19	41	14	15	14	16

① 《文化馆》，https：//baike. baidu. com/item/% E6% 96% 87% E5% 8C% 96% E9% A6% 86；《群众艺术馆》，https：//baike. baidu. com/item/% E7% BE% A4% E4% BC% 97% E8% 89% BA% E6% 9C% AF% E9% A6% 86/980232。

续表

年份＼城市	成都	北京	上海	天津	重庆	广州	武汉	郑州	西安
2013	22	20	26	19	41	14	15	14	16
2014	22	20	25	19	41	14	15	14	16
2015	22	20	25	19	41	13	15	14	16

数据来源：2011～2016 年各个城市统计年鉴和公报。其中西安 2011 年文化馆、群众艺术馆数量为参考 2011～2016 年《西安统计年鉴》中的数据计算所得。

同时，对比 9 个国家中心城市和 11 个副省级城市 2015 年文化馆及群众艺术馆数来看，国家中心城市中的重庆排名第一位，上海、成都分别列第三、第四位，北京、天津、西安、武汉分别列第六、第七、第八、第九位，郑州位列第十一位，广州位列第十四。总体而言，国家中心城市的文化馆及群众艺术馆数对比其他副省级城市来说，还是较具优势的，这与城市重视群众性文化生活活动、重视群众性文化基础设施建设有很大关系（见图 6－26）。

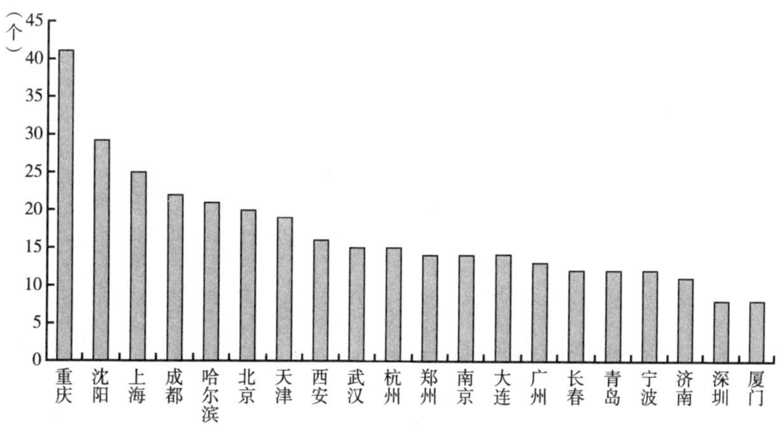

图 6－26　20 个城市文化馆及群众艺术馆数

二 博物馆数

博物馆，是指为了研究、教育、欣赏的目的，收藏、保护、展示人类活动和自然环境的见证物，向公众开放，非营利性、永久性社会服务机构，包括以博物馆（院）、纪念馆（舍）、科技馆、陈列馆等专有名称开展活动的单位。[①]

从博物馆数来看，2015 年 9 个国家中心城市，成都 33 个、北京 173 个、上海 99 个、天津 22 个、重庆 78 个、广州 33 个、武汉 57 个、郑州 31 个、西安 100 个。根据数据可以看出，北京的数量遥遥领先，西安、上海次之，天津排在最末。横向比较来看，北京的博物馆数是成都的 5.24 倍、上海的 1.75 倍、天津的 7.86 倍、重庆的 2.22 倍、广州的 5.24 倍、武汉的 3.04 倍、郑州的 5.58 倍、西安的 1.73 倍，可以看出，在该项指标上，北京优势明显。

纵向比较上，2011 年 9 个国家中心城市，博物馆数突破 100 个大关的仅有北京和上海。具体来看，成都 28 个、北京 162 个、上海 120 个、天津 19 个、重庆 39 个、广州 31 个、武汉 24 个、郑州 12 个、西安 85 个。通过表 6－13 可以看出，在该项指标上，5 年来，成都增长 17.8%、北京增长 6.8%、天津增长 15.8%、重庆增长 100%、广州增长 6.45%、武汉增长 137.5%、郑州增长 158%、西安同比增长 17.6%，只有上海同

① 国家统计局社会科技和文化产业统计司、中宣部文化体制改革和发展办公室：《中国文化及相关产业统计年鉴》，中国知网－中国经济社会大数据研究平台，http://data.cnki.net/Trade/yearbook/single/N200805211？Z＝Z019。

比减少 17.5%。可以看出，重庆、武汉、郑州虽然早期在该项指标上相对基础薄弱，但是后期发展飞速，有了明显跨越。

表 6－13 2011～2015 年 9 个国家中心城市博物馆情况

单位：个

年份＼城市	成都	北京	上海	天津	重庆	广州	武汉	郑州	西安
2011	28	162	120	19	39	31	24	12	85
2012	32	165	109	20	39	32	46	15	85
2013	65	167	100	20	71	33	53	21	100
2014	33	171	103	22	78	33	56	31	100
2015	33	173	99	22	78	33	57	31	100

数据来源：2011～2016 年各个城市统计年鉴和公报。

同时，对比 9 个国家中心城市和 11 个副省级城市 2015 年博物馆数来看，国家中心城市中的北京、西安、上海、重庆分别位列第一、第二、第三、第四位，武汉列第六位，成都、广州同时列第十一位，郑州、天津分别位列第十三、第十四位。总体而言，国家中心城市的博物馆数对比其他副省级城市来说，优势不太明显，根据排名前十的城市来看，国家中心城市在排名上都比较靠前，但是在名额上无任何优势，与 11 个副省级城市各占一半（见图 6－27）。

三 图书馆数

图书馆是指由各级文化部门主办的、面向社会公众开放并提供科学、文化等各种知识普及教育的机构[①]。

① 中华人民共和国文化部：《中华人民共和国文化部 2016 年文化发展统计公报》，中国知网经济社会大数据研究平台，http：//data. cnki. net/trade/yearbook/single/N2017110024 = Z019。

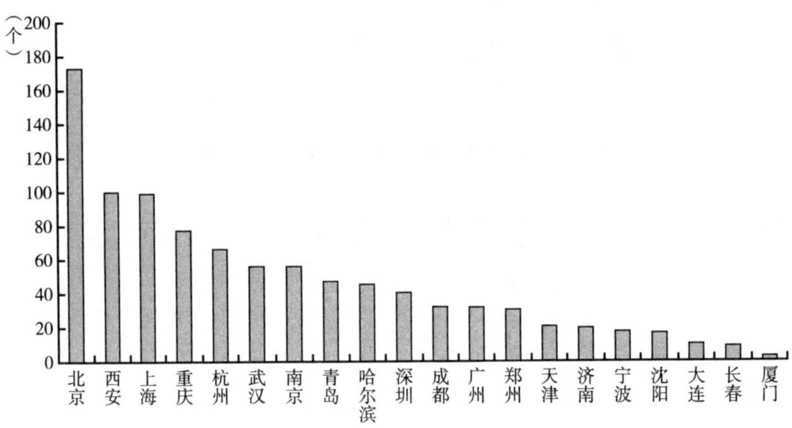

图 6－27　2015 年 20 个城市博物馆数

从图书馆数上来看，2015 年 9 个国家中心城市，成都 21 个、北京 25 个、上海 25 个、天津 31 个、重庆 43 个、广州 14 个、武汉 17 个、郑州 15 个、西安 13 个。根据数据可以看出，重庆拥有的图书馆数量最多，天津次之，北京、上海并列第三位，成都、武汉居于中间位置，西安最末。横向比较，重庆的图书馆数是成都的 2.05 倍、北京的 1.72 倍、上海的 1.72 倍、天津的 1.39 倍、广州的 3.07 倍、武汉的 2.53 倍、郑州的 2.87 倍、西安的 3.31 倍。

纵向比较，2011 年 9 个国家中心城市，成都 22 个、北京 25 个、上海 25 个、天津 31 个、重庆 43 个、广州 15 个、武汉 17 个、郑州 14 个、西安 15 个。5 年来，9 个国家中心城市在该项指标上都没有太大变化，具体来看，成都、广州减少 1 个，西安减少 2 个，北京、上海、天津、重庆、武汉均是没有变化，仅有郑州增加 1 个（表 6－14）。

表 6－14 2011～2015 年 9 个国家中心城市图书馆情况

单位：个

年份＼城市	成都	北京	上海	天津	重庆	广州	武汉	郑州	西安
2011	22	25	25	31	43	15	17	14	15
2012	22	25	25	31	43	15	17	14	15
2013	22	25	25	31	43	15	17	15	15
2014	21	25	25	31	43	15	17	15	15
2015	21	25	25	31	43	14	17	15	13

数据来源：2011～2016 年各个城市统计年鉴和公报。

同时，对比 9 个国家中心城市和 11 个副省级城市 2015 年图书馆数来看，国家中心城市中的重庆、天津分别列第一、第二位，北京、上海并列第三位，成都列第五位，武汉、郑州分别列第八、九位，广州列第十二位，西安列第十四位。总体而言，国家中心城市的图书馆数对比其他副省级城市来说，较具优势（见图 6－28）。

四 图书馆总藏书量

图书馆总藏书量，是指已编目的古籍、图书、期刊和报纸的合订本、手册、手稿，以及缩微制品、录像带、录音带、光盘等视听文献资料数量之和，不包括电子图书[①]。

从图书馆总藏书量上来看，2015 年 9 个国家中心城市，成都 1577 万册、北京 5943 万册、上海 7568 万册、天津 1697 万

① 中华人民共和国文化部：《中华人民共和国文化部 2016 年文化发展统计公报》，中国知网中国经济社会大数据研究平台，http：//data. cnki. net/trade/yearbook/Single/N2017110024？z＝Z019。

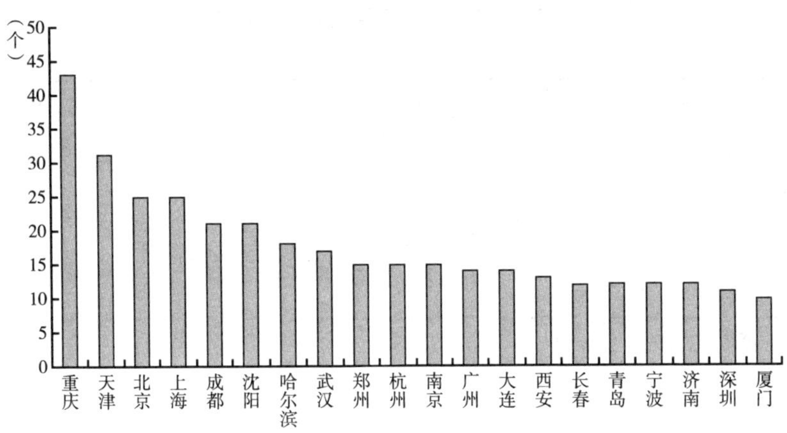

图 6－28　2015 年 20 座城市图书馆数

册、重庆 1304 万册、广州 2487 万册、武汉 1445 万册、郑州 636 万册、西安 652 万册。可以看出，在该项指标上，突破 5000 万册大关的仅有上海、北京，广州、天津、成都、武汉、重庆居于中间位置，西安、郑州仅在 650 万册左右，可以看出国家中心城市在该项指标上差距明显。横向比较上，具体而言，上海的图书馆总藏书量是成都的 4.8 倍、北京的 1.27 倍、天津的 4.46 倍、重庆的 5.80 倍、广州的 3.04 倍、武汉的 5.24 倍、郑州的 11.90 倍、西安的 11.60 倍。上海作为国家中心城市中位于长三角的特大型城市，优势明显。

纵向比较上，2011 年 9 个国家中心城市，成都 1539 万册，北京 5049 万册、上海 6893 万册、天津 1354 万册、重庆 1149 万册、广州 2093 万册、武汉 1146 万册、郑州 610 万册、西安 491 万册。通过表 6－15 可以看出，5 年来，在该项指标上，成都增长 2.5%、北京增长 17.7%、上海增长

9.8%、天津增长25.3%、重庆增长13.5%、广州增长18.8%、武汉增长26.1%、郑州增长4.3%、西安增长32.8%。可以看出，郑州、西安、成都增速与其他6个国家中心城市相比差距较大，成都增速甚至在9个国家中心城市中居于最末。

表6－15　2011～2015年9个国家中心城市图书馆总藏量情况

单位：万册

年份＼城市	成都	北京	上海	天津	重庆	广州	武汉	郑州	西安
2011	1539	5049	6893	1354	1149	2093	1146	610	491
2012	1642	5556	7202	1469	1129	2333	1183	647	612
2013	1909	5316	7239	1474	1129	2153	1224	599	665
2014	1952	5601	7363	1598	1242	2309	1326	604	629
2015	1577	5943	7568	1697	1304	2487	1445	636	652

数据来源：2011～2016年各个城市统计年鉴和公报。

同时，对比9个国家中心城市和11个副省级城市2015年图书馆总藏书量来看，国家中心城市中的上海、北京分别列第一、第二位，广州位列第四位，天津位列六位，成都、武汉、重庆分别列第八、第九、第十位，西安、郑州位列第十六、第十七位。可以看出，在该项指标上，国家中心城市整体优势明显，但是西安、郑州作为被确立时间最短的国家中心城市，在该项指标上，不具优势（见图6－29）。

五　档案馆数

档案馆，是指国家综合收集、保管档案，负责接收、征集、

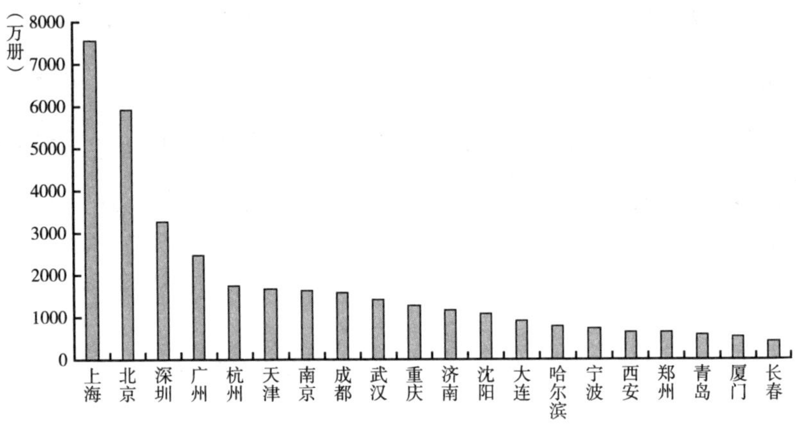

图 6-29　2015 年 20 个城市图书馆总藏书量

管理档案和开展档案利用的机构。档案馆属于党和国家的科学文化事业机构，是永久保管档案的基地，是科学研究和各方面工作利用档案史料的中心。①

从档案馆数来看，2015 年 9 个国家中心城市，成都 20 个、北京 18 个、上海 48 个、天津 20 个、重庆 40 个、广州 31 个、武汉 14 个、郑州 13 个、西安 14 个。通过数据可以看出，在该项指标上，上海最多，重庆次之，广州列第三位，成都、天津、北京居于中间位置，郑州最末。横向比较上，具体来看，上海的档案馆数是成都的 2.4 倍、北京的 2.67 倍、天津的 2.4 倍、重庆的 1.2 倍、广州的 1.55 倍、武汉的 3.43 倍、郑州的 3.69 倍、西安的 3.43 倍。

纵向比较上，2011 年 9 个国家中心城市，成都 20 个、北京 18 个、上海 40 个、天津 20 个、重庆 40 个、广州 31 个、武汉

① 王振威：《综合档案馆开展地方文献收集工作的思考》，《北京档案》2018 年第 9 期。

14 个、郑州 14 个、西安 14 个。在该项指标上，5 年来，9 个国家中心城市整体变化不大，具体来看，成都、北京、天津、重庆、武汉、西安没有变化，上海总体呈反抛物线递长的变化趋势，郑州略微有所降低，广州除 2012 年有所降低以外，整体维持不变的基本趋势（见表 6－16）。

表 6－16　2011～2015 年 9 个国家中心城市档案馆情况

单位：个

年份＼城市	成都	北京	上海	天津	重庆	广州	武汉	郑州	西安
2011	20	18	40	20	40	31	14	14	14
2012	20	18	37	20	40	30	14	14	14
2013	20	18	44	20	40	31	14	14	14
2014	20	18	47	20	40	31	14	13	14
2015	20	18	48	20	40	31	14	13	14

数据来源：2011～2016 年各个城市统计年鉴和公报。部分城市根据年鉴数据、城市总况等计算所得。

同时，对比 9 个国家中心城市和 11 个副省级城市 2015 年档案馆数来看，国家中心城市中的上海、重庆、广州分别列第一、第二、第三位，成都、天津并列第四位，北京位列第七位，武汉、西安列第九、第十位，郑州列第十三位。在该项指标上，国家中心城市对比其他副省级城市来看，较具优势（见图 6－30）。

六　艺术表演场馆数

艺术表演场馆，是指由文化部门主办或实行行业管理（经文化市场行政部门审批或已申报登记并领取相关许可证），有观众席、舞台、灯光设备，公开售票、专供文艺团体演出的文化

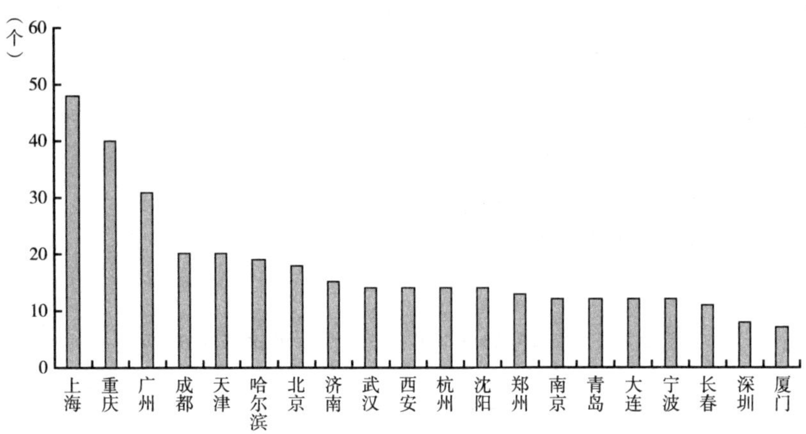

图 6－30　2015 年 20 个城市档案馆数

活动场所。[①]

从艺术表演场馆数来看，2015 年 9 个国家中心城市，成都 9 个、北京 54 个、上海 50 个、天津 50 个、重庆 22 个、广州 17 个、武汉 14 个、郑州 12 个、西安 17 个。通过数据可以看出，在该项指标上，北京、上海、天津均突破 50 个大关，其中北京列第一位，上海、天津并列第二位，重庆仅突破 20 个大关，列第四位，广州、西安、武汉、郑州居于中间位置，成都最末。横向比较上，具体而言，北京的艺术表演场馆数是成都的 6 倍、上海的 1.08 倍、天津的 1.08 倍、重庆的 2.45 倍、广州的 3.18 倍、武汉的 3.86 倍、郑州的 4.50 倍、西安的 3.18 倍。

纵向比较上，2011 年 9 个国家中心城市，成都 13 个、北京

① 国家统计局社会科技和文化产业统计司、中宣部文化体制改革和发展办公室：《中国文化及相关产业统计年鉴》，中国知网中国经济社会大数据研究平台，http：//data. cnki. net/Trade/yearbook/single/N2018050211？z = Z019。

68 个、上海 103 个、天津 57 个、重庆 46 个、广州 19 个、武汉 16 个、郑州 11 个、西安 17 个。在该项指标上，5 年来，成都呈逐年递减的变化趋势，北京、上海、天津各个年份变动较大，郑州、西安相对稳定，广州呈高低起伏的波浪形变化趋势，武汉两边高中间低，呈反抛物线变化趋势，重庆除 2015 年递增以外，其余年份均呈逐年递减的变化趋势。总的来看，9 个国家中心城市在该项指标上基本在递减，具体而言，成都减少 30.7%、北京减少 25.9%，上海减少 51.5%，天津减少 12.3%，重庆减少 52.2%，广州减少 10.5%，武汉减少 12.5%，郑州增长 9.1%，西安无变化。

表 6－17　2011～2015 年 9 个国家中心城市艺术表演场馆情况

单位：个

年份＼城市	成都	北京	上海	天津	重庆	广州	武汉	郑州	西安
2011	13	68	103	57	46	19	16	11	17
2012	12	96	117	35	31	13	13	11	17
2013	10	17	27	26	15	17	14	12	17
2014	9	17	24	28	15	18	14	12	17
2015	9	54	50	50	22	17	14	12	17

数据来源：2011～2016 年各个城市统计年鉴和国民经济和社会发展统计公报。

同时，对比 9 个国家中心城市和 11 个副省级城市（含计划单列市）2015 年艺术表演场馆来看，国家中心城市中的北京位列第一位，上海、天津并列第二位，重庆列第四位，广州、西安同时位列第五位，武汉列第七位，郑州列第九位，成都列第十三位。总体而言，国家中心城市的艺术表演场馆数量对比其他副省级城市来看，较具优势（见图 6－31）。

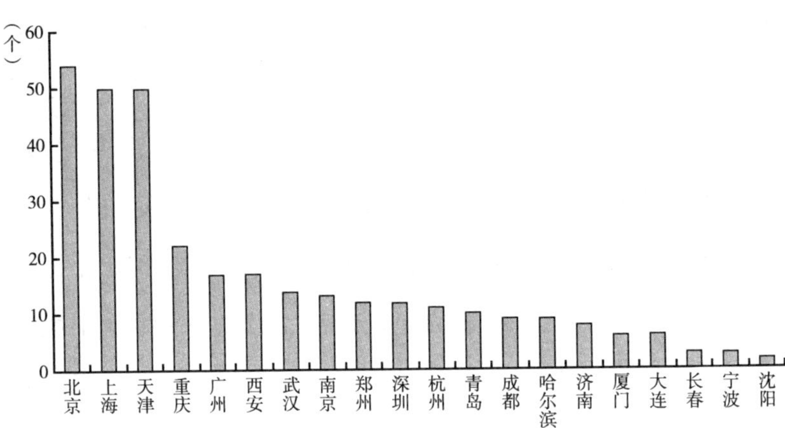

图 6-31　2015 年 20 个城市艺术表演场馆数

数据来源：2016 年各个城市统计年鉴和国民经济和社会发展统计公报。其中厦门、沈阳艺术表演场馆数量是根据《2016 文化发展统计分析报告》中统计的省况数据，分别除以两省地级市（含副省级城市）个数，计算平均所得。

第五节　就业保障

就业保障是国家社会保障工作的重要环节，是国家为了保障公民实现劳动权所采取的创造就业条件、扩大就业机会的各种措施的总称，事关劳动者合法权益的保护以及整个社会的和谐与稳定。在本节中，主要分为城镇登记失业人员数、失业率和就业总人数三个方面对 9 个国家中心城市和 11 个副省级城市（含计划单列市）进行比较，通过若干指标呈现出城市就业保障方面的相关情况。在指标上具体分为城镇登记失业人员数、失业率、就业总人数三个二级指标。

一　城镇登记失业人员数

城镇登记失业人员是指有非农业户口，在一定的劳动年龄

（16 岁至退休年龄）内，有劳动能力，无业且要求就业，并在当地劳动保障机构进行求职登记的人员。[①]

从城镇登记失业人员数上来看，2015 年 9 个国家中心城市，北京 9.16 万人、上海 24.81 万人、天津 10.21 万人、重庆 14.26 万人、广州 25.11 万人、成都 17.05 万人、西安 10.74 万人、武汉 14.7 万人、郑州 5.0 万人。广州城镇登记失业人员数量最多，上海次之，成都第三，武汉、西安、天津、北京居中，郑州最低。北京、上海和广州 3 个城市的数据相对比，除人口因素外，上海和广州的城镇登记失业人员分别为北京的 2.71 倍和 2.74 倍，反映了北京作为首都在促进就业、减少失业人口方面的调控机制较为合理。

纵向上比较，2011 年 9 个国家中心城市，北京 7.89 万人、上海 27.33 万人、天津 12.81 万人、重庆 12.96 万人、广州 31.61 万人、武汉 10.46 万人、西安 10.37 万人，成都、郑州未公布。2015 年对比 2011 年的数据，北京、重庆、西安的城镇登记失业人员数分别增加 1.27 万人、1.3 万人、0.37 万人，造成失业人员数量增加的原因一方面是因为城镇人口的增长，另一方面反映了就业岗位与就业人数之间的不匹配；上海、天津、广州的城镇登记失业人员分别减少 2.52 万人、2.6 万人、6.5 万人，其中，上海 5 年来登记失业人员数持续下降，一方面表明上海最大的经济中心城市和国际著名港口城市的经济增长快速，另一方面表明上海在促进就业方面做出了努力（见表 6－18）。

① 上海市统计局：《上海统计年鉴》，中国知网中国经济社会大数据研究平台，http：//data.cnki.net/yearbook/single/N2017020268。

表 6－18　2011～2015 年 9 个国家中心城市城镇登记失业人员数情况

单位：万人

年份＼城市	成都	北京	上海	天津	重庆	广州	武汉	郑州	西安
2011	—	7.89	27.33	12.81	12.96	31.61	10.46	—	10.37
2012	—	7.2	27.05	9.62	12.43	28.30	—	—	9.6
2013	—	6.81	26.37	9.65	12.07	30.50	—	—	10.13
2014	—	8.77	25.63	12.14	13.42	24.37	—	—	10.84
2015	17.05	9.16	24.81	10.21	14.26	25.11	14.7	5.0	10.74

数据来源：2011～2016 年各个城市统计年鉴和公报。

同时，对比 9 个国家中心城市和 11 个副省级城市 2015 年城镇登记失业人员数来看，国家中心城市中的广州、上海分别排名第一、第二位，成都、武汉、重庆分列第五、第六、第七位，西安排名第九位，天津、北京、郑州排名靠后，分列第十一、第十五、第十七位。由此可见，此项数据与城市人口有一定关系，但是北京在缓解就业压力方面做得比较好（见图 6－32）。

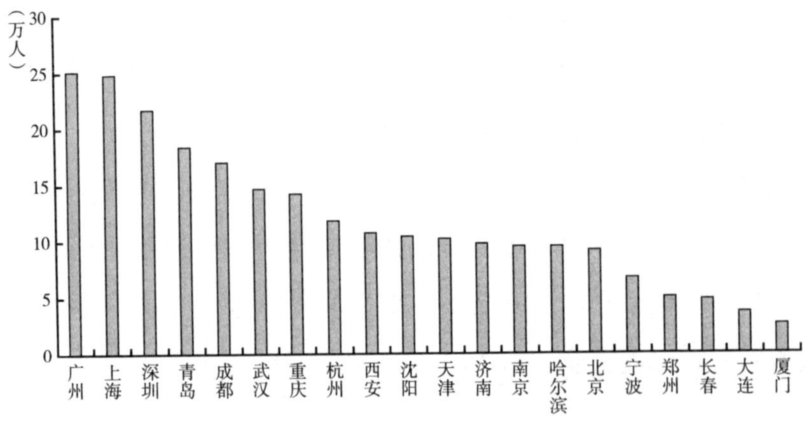

图 6－32　2015 年 20 个城市城镇登记失业人员数

二、失业率

失业率是指报告期末城镇登记失业人数占期末从业人员总数与期末实有城镇登记失业人数之和的比例。计算公式：城镇登记失业率＝期末实有城镇登记失业人数/（期末从业人员总数＋期末实有城镇失业人数）×100%。

从失业率来看，2015 年 9 个国家中心城市，成都为 3.19%、北京 1.39%、上海 4.10%、天津 3.50%、重庆 3.60%、广州 2.20%、武汉 3.08%、郑州 1.60%、西安 3.40%，通过比较可以看出，上海最高，北京最低，成都、武汉居于中间位置。从地域上看，北京、上海、天津、广州属于相对较发达或沿海区域，成都、重庆、武汉、郑州、西安属于中西部区域。在沿海或相对较发达区域中，北京最低，广州居于倒数第二，天津居于倒数第三，上海最高。在中西部区域中，郑州最低，武汉倒数第二，成都倒数第三，西安倒数第四，重庆最高。从平均失业率上看，9 个国家中心城市为 2.90%，相对较发达或沿海区域 4 个城市为 2.80%，中西部区域 5 个城市为 2.97%，从中能明显看出，中西部城市和沿海城市相比，在经济发展水平、企业生存状况、人力资源开发等方面相对较低，这些因素导致了中西部城市在失业率方面要高于沿海城市。

纵向上比较，2011 年 9 个国家中心城市，成都 2.97%、北京 1.39%、上海 4.20%、天津 3.60%、重庆 3.50%、广州 2.35%、武汉 3.94%、郑州 2.00%、西安 3.90%。通过表 6－19

可以看出，在该项指标上，2015 年数据相较 2011 年数据，成都增长 0.22 个百分点，北京持平，上海降低 0.10 个百分点、天津降低 0.10 个百分点、重庆增长 0.10 个百分点、广州降低 0.15 个百分点、武汉降低 0.86 个百分点、郑州降低 0.40 个百分点、西安降低 0.50 个百分点，成都、重庆失业率出现增长，北京失业率持平，其余 6 个城市的失业率均出现降低，其中武汉失业率降低最为明显，西安次之。从 5 年的数据趋势比较，上海、天津 5 年基本持平、变化不大，成都、北京、重庆出现反抛物线变化趋势，两端高中间低，广州出现波浪线、大小年的趋势，郑州出现抛物线变化趋势，中间高两端低，西安出现降低后持平趋势，只有武汉实现了失业率连续 5 年持续降低的趋势（见表 6－19）。

表 6－19　2011～2015 年 9 个国家中心城市年末失业率情况

单位：%

年份＼城市	成都	北京	上海	天津	重庆	广州	武汉	郑州	西安
2011	2.97	1.39	4.20	3.60	3.50	2.35	3.94	2.00	3.90
2012	2.89	1.27	4.20	3.60	3.30	2.41	3.81	2.00	3.50
2013	2.82	1.21	4.20	3.60	3.40	2.15	3.52	2.20	3.40
2014	2.87	1.31	4.20	3.60	3.50	2.26	3.15	1.37	3.40
2015	3.19	1.39	4.10	3.50	3.60	2.20	3.08	1.60	3.40

数据来源：2011～2016 各个城市统计年鉴和国民经济和社会发展统计公报。

同时，对比 9 个国家中心城市和 11 个副省级城市（含计划单列市）2015 年末城镇登记失业率来看，国家中心城市中的上海排第一位，重庆、天津、西安、成都、武汉排在前十位，只有广州、郑州、北京排在后十位。总体而言，国家中心城市的失业率对比副省级城市来说，还是比较高的，这与城市发展和就业人口的大量拥入有较大的关系（见图6－33）。

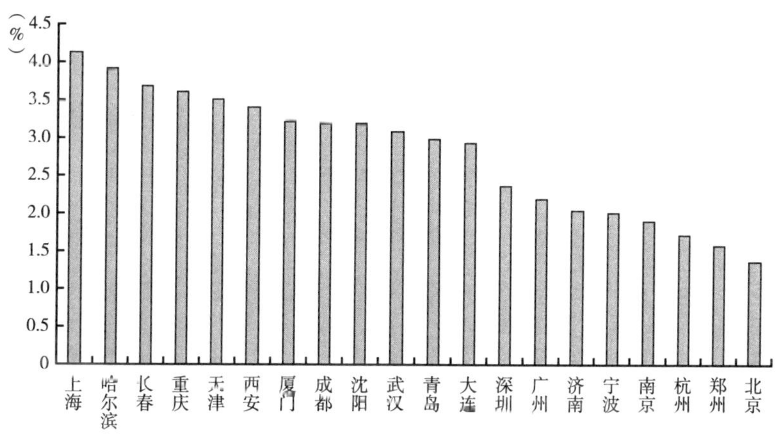

图6－33　2015年20个城市年末失业率

三　就业总人数

就业人员指在一定年龄以上，有劳动能力，为取得劳动报酬或经营收入而从事一定社会劳动的人员。具体指年满16周岁，为取得报酬或经营利润，在调查周内从事了1个小时（含1小时）以上劳动的人员；或由于学习，休假等原因在调查周内暂时处于未工作状态，但有工作单位或场所的人员；或由于临时停工放假、单位不景气放假等原因在调查周内暂时处于未工作状态，但不满三个月的人员[①]。

① 中华人民共和国国家统计局：《中国统计年鉴》，中国知网中国经济社会大数据研究平台，http：//data. cnki. not/yearbook/single/N2017100312.

从就业总人数上来看，2015 年 9 个国家中心城市，成都 826.41 万人、北京 1186.10 万人、上海 1361.51 万人、天津 896.80 万人、重庆 1707.37 万人、广州 810.99 万人、武汉 544.92 万人、郑州 559.60 万人、西安 528.06 万人，通过比较，可以看出重庆位列第一，就业人数最多，可以推断这与重庆作为直辖市，地域面积广，有很大关系。上海、北京作为老牌国家中心城市，位列第二和第三，天津、成都、广州居于中间位置，需要特别注意的是中部城市郑州、武汉、西安位列倒数后三位，从我国的地理位置来看，三个城市位于相邻的三个省份，并且都属于中原地带，这在一定程度上也反映出了就业和地理位置的关系。

纵向上比较，2011 年 9 个国家中心城市，成都 773.17 万人、北京 1069.70 万人、上海 868.42 万人、天津 763.16 万人、重庆 1585.16 万人、广州 743.18 万人、武汉 498.00 万人、郑州 490.80 万人，西安 495.99 万人。通过表 6－20 可以看出，在该项指标上，2015 年数据相较 2011 年，成都增长 6.9%，北京增长 10.9%，上海增长 56.8%，天津增长 17.5%，重庆增长 7.7%，广州降低 9.25%，武汉增长 9.42%，郑州增长 14%，西安增长 6.47%，其中位于沿海区域的上海，几乎可谓呈井喷式增长。位于中西部区域的成都、重庆、武汉、西安 4 座城市均维持在 10% 以下的增速，只有郑州，五年间增速达到 14%。从侧面也反应出成都、重庆、武汉、西安的就业机会还有一定的增长空间，人才引进政策可以大力实施。

表 6-20　2011～2015 年 9 个国家中心城市就业总人数情况

单位：万人

年份＼城市	成都	北京	上海	天津	重庆	广州	武汉	郑州	西安
2011	773.17	1069.70	868.42	763.16	1585.16	743.18	498.00	490.80	495.99
2012	793.75	1107.30	944.47	803.14	1633.14	751.30	506.40	509.30	514.57
2013	821.19	1141.00	1015.20	847.46	1683.51	759.93	522.24	538.10	530.71
2014	820.68	1156.70	1365.63	877.21	1696.94	784.84	530.44	545.50	532.92
2015	826.41	1186.10	1361.51	896.80	1707.37	810.99	544.92	559.60	528.06

数据来源：2011～2016 年各个城市统计年鉴和公报。

同时，对比 9 个国家中心城市和 11 个副省级城市（含计划单列市）2015 年就业总人数来看，国家中心城市中的重庆排第一位、上海排第二位、北京排第三位、天津排第五位、成都排第六位、广州排第七位、郑州排第十位、武汉排第十一位、西安排第十三位。总体而言，国家中心城市的就业总人数对比副省级城市来说，较具优势，这与城市重视人才、大力实施人才引进政策有很大关系（见图 6-34）。

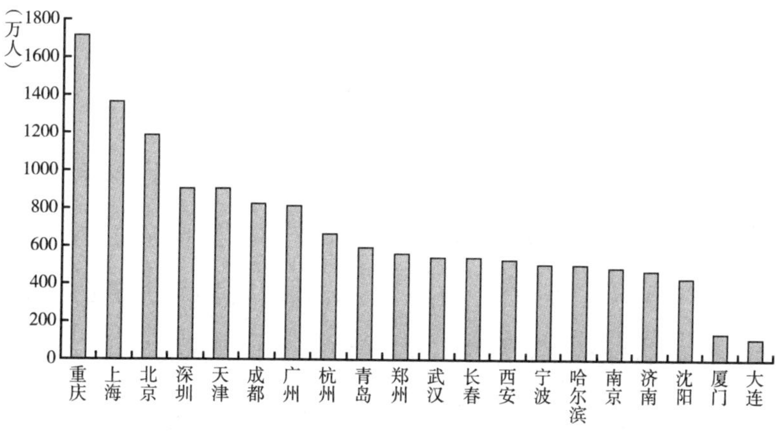

图 6-34　2015 年 20 个城市就业总人数

第六节　综合比较

通过以上的指标数据分析，我们对其指标权重进行综合评价比较。综合评价比较需要确定评价指标权重。评价指标权重确定是多目标决策的一个重要环节，是指标在评价过程中重要程度不同的反映，是评价过程中指标相对重要程度的一种主观评价和客观反映的综合度量。因此，权重的赋值必须做到科学和客观，这就要求寻求合适的权重确定方法。确定权重的方法有很多，例如专家评分法、调查统计法、序列综合法、公式法、梳理统计法、层次分析法和复杂度分析法等，为避免评价中的主观因素影响，本节拟采用层次分析法来确定指标权重，然后通过综合评价法确定综合评价值。

一　层次分析法确定指标权重

首先，针对城市共享发展竞争力一级指标构建两两比较判断矩阵，分析出每项一级指标在共享竞争力上的权重；其次，对每个一级指标下的二级指标构建两两比较判断矩阵，分析出每项二级指标在一级指标评价中的权重，从而可以得出每项最细项评价指标对整体的影响程度。为使判断矩阵更加科学、规范，本研究设计了专家评分表，经研究城市共享方面的5位专家评分，按照最小原则确定了各个比较最终的重要程度，再次，依次计算层次权重值，即依据判断矩阵，计算特征向量和最大特征值并按照一致性检验步骤进行一致性检验，通过后即可获得每一层次各要素的权重值。最后汇总各个指标对总目标的权重，形成汇总表呈现。

首先对教育发展、医疗服务、文化建设、就业保障四项一级指标的权重进行层次分析。分别将教育发展用字母A、医疗服务用字母B、文化建设用字母C、就业保障用字母D表示，由5位研究城市共享方面的专家对四项一级指标的重要性进行评分比较。

1/1表示两个指标重要性相等，3/1表示前一个指标稍微重要于后一个指标，5/1表示前一个指标重要于后一个指标，7/1表示前一个指标很重要于后一个指标，9/1表示前一个指标特别重要于后一个指标，而2/1、4/1、6/1、8/1表示前一个指标重要性介于1/1和3/1、3/1和5/1、5/1和7/1、7/1和9/1之间。反之，后一个指标与前一个指标的重要性比较就是上述数字的倒数。按照此方法，对5位研究城市共享方面专家的比较结果取最小值，形成判断矩阵，如表6-22所示。

表6-22 一级指标判断矩阵

指标	A	B	C	D	一致性检验	权重
A	1/1	5/3	3/2	4/1	λ=4.0959 CI=0.0320 CR=0.0355	0.4032
B	3/4	1/1	5/3	3/2		0.2693
C	1/2	2/3	1/1	2/1		0.2032
D	2/5	1/3	2/3	1/1		0.1244

将表6-22中的判断矩阵的每一列向量进行归一化处理，得到归一化的向量矩阵，如表6-23所示，然后将归一化后的向量矩阵各行求和并除以行数得到一列的特征向量矩阵，再用判断矩阵与特征向量矩阵相乘，得到一列结果矩阵，将结果矩

阵与特征向量矩阵相除后加总，再除以判断矩阵阶数 4 阶即得到一级指标判断矩阵的最大特征值 λ =4.0959。

表 6 -23　归一化后的向量矩阵、特征向量矩阵

指标	A	B	C	D	特征向量矩阵
A	0.3774	0.4545	0.3103	0.4706	0.4032
B	0.2830	0.2727	0.3448	0.1765	0.2693
C	0.1887	0.1818	0.2069	0.2353	0.2032
D	0.1509	0.0909	0.1379	0.1176	0.1244

按照层次分析法运用规则，我们需要验证判断矩阵逻辑是否合理，即各位专家的判断有无较大反差，以提高判断矩阵的准确性。如判断矩阵差异过大（即各位专家未形成大致统一的意见），则表明这次层次分析方法运用失败，需要再请专家进行评分，防止不同专家意见大相径庭造成的分析结果不准确。这里需要进行的是判断矩阵的一致性检验。按照层次分析法步骤，在判断矩阵的最大特征值 λ 计算出来后，需要计算一致性指标 CI（Consistency Index），即 CI = （λ - n）/（n - 1），n 为矩阵阶数，这次 CI =0.0320。

接着查表 6 -23 得到矩阵的平均随机一致性指标 RI =0.9，计算一致性比率 CR = CI/RI，得到 CR 的值为 0.0355，最后比较 CR 值的大小，CR 的值位于 0 与 0.1 之间，表明判断矩阵偏离程度不超过 10%，具有满意的一致性，判断矩阵有效。由此，由判断矩阵可以计算得出各项一级指标在总的指标体系中的权重，教育发展 A、医疗服务 B、文化建设 C、就业保障 D 在总指标体系中的权重依次为 0.4032、0.2693、0.2032、0.1244，说明教育发展对国家中心城市共享发展竞争力的占比最大，达到40.32%，其次为医疗服务，占比为26.93%，再次为文化建设，占比达20.32%，而占比最少的为就业保障，占比仅为12.44%，表明国家中心城市共享发展竞争力大小主要还是反映在城市各类教育水平和能力上。

表 6－24　共享发展竞争力平均随机一致性指标

矩阵阶数 n	1	2	3	4	5	6	7	8	9
RI	0	0	0.58	0.9	1.12	1.24	1.32	1.41	1.45

按照一级指标判断矩阵的分析计算方法和步骤，对教育发展下的普通中学数（字母 A1 表示）、普通中学在校人数（字母 A2 表示）、普通中学专任教师数（字母 A3 表示）、普通高等学校数（字母 A4 表示）、普通高等学校在校人数（字母 A5 表示）、普通高等学校专任教师数（字母 A6 表示）、一流大学建设高校数（字母 A7 表示）、一流学科建设高校数（字母 A8 表示）、“双一流”建设学科数量（字母 A9 表示）9 个二级指标进行比较分析，最终得到判断矩阵和其一致性比率，如表6－25所示，CR 为 0.0654，小于 0.1 的阈值，表明教育指标的判断矩阵数据有效，可以用来计算权重。由此得到普通中学数 A1 的权重为 0.0256、普通中学在校人数 A2 的权重为 0.0559、普通中学专任教师数 A3 的权重为 0.0755，普通高等学校数 A4 的权重为 0.0856，普通高等学校在校人数 A5 的权重为 0.1070，普通高等学校专任教师数 A6 的权重为 0.1370，一流大学建设高校数 A7 的权重为 0.1498，一流学科建设高校数 A8 的权重为 0.1711，“双一流”建设学科数量 A9 的权重

为0.1925，说明“双一流”建设学科数量指标对教育发展指标的贡献率最大，占比为19.25%，其次为一流学科建设高校数指标，占比达17.11%，一流大学建设大学数指标，占比为14.98%，普通高等学校专任教师数指标，占比为13.70%，普通高等学校在校人数指标，占比为10.70%，普通高等学校数指标，占比为8.56%，普通中学专任教师数指标，占比为7.55%，普通中学在校人数指标，占比为5.59%，贡献率最少的为普通中学数指标，占比为2.56%，这说明不仅要建设世界一流大学，更要重视建设世界一流学科，吸引高端人才，这在很大程度上影响了城市整体共享竞争力的大小。

表6-25　共享发展竞争力二级指标判断矩阵（教育指标A）

指标	A1	A2	A3	A4	A5	A6	A7	A8	A9	权重	一致性检验
A1	1/1	1/2	1/3	1/4	3/5	1/6	1/7	1/8	1/9	λ=9.7478 CI=0.0948 CR=0.0654	0.0256
A2	2/1	1/1	2/3	2/1	2/5	1/3	2/7	1/4	2/9		0.0559
A3	3/1	3/2	1/1	3/4	5/3	1/2	3/7	3/8	1/3		0.0755
A4	4/1	2/1	4/3	1/1	4/5	2/3	4/7	1/2	4/9		0.0856
A5	5/1	5/2	5/3	5/4	1/1	5/6	5/7	5/8	5/9		0.1070
A6	6/1	3/1	2/1	3/2	6/5	1/1	7/5	3/4	2/3		0.1370
A7	7/1	7/2	7/3	7/4	7/5	7/6	1/1	7/8	7/9		0.1498
A8	8/1	4/1	8/3	2/1	8/5	4/3	8/7	1/1	8/9		0.1711
A9	9/1	9/2	3/1	9/4	9/5	3/2	9/7	9/8	1/1		0.1925

按照一级指标判断矩阵的分析计算方法和步骤，对医疗服务指标下的医疗床位数（字母B1表示）、医疗技术人员数（字母B2表示）、每万人卫生技术人员数（字母B3表示）、每万人床位数（字母B4表示）4个二级指标进行比较分析，最终得到判断矩阵和其一致性比例，如表6-26所示，CR为0.0573，小于0.1的

阈值，表明医疗指标的判断矩阵数据有效，可以用来计算权重。由此得到医疗床位数 B1 的权重为 0.1150、医疗技术人员数 B2 的权重为 0.1805、每万人卫生技术人员数 B3 的权重为 0.3944，每万人床位数 B4 的权重为 0.3102，说明每万人卫生技术人员数指标对医疗指标的贡献率最大，占比为 39.44%，其次为每万人床位数指标，占比达 31.02%，医疗技术人员数指标，占比为 18.05%，贡献率最少的为医疗床位数指标，占比为 11.50%，这说明每万人卫生技术人员数作为一种衡量城市公共服务能力强弱的医疗资源要素，在很大程度上影响了城市整体共享竞争力的大小。

表 6－26　共享发展竞争力二级指标判断矩阵（医疗指标 B）

指标	A	B	C	D	一致性检验	权重
B1	1/1	1/3	1/2	1/3	λ＝4.1547 CI＝0.0516 CR＝0.0573	0.1150
B2	2/1	1/1	1/3	2/3		0.1805
B3	4/1	2/1	1/1	4/3		0.3944
B4	4/1	3/2	2/3	1/1		0.3102

按照一级指标判断矩阵的分析计算方法和步骤，对文化建设指标下的文化馆及群众艺术馆数（字母 C1 表示）、博物馆数（字母 C2 表示）、图书馆数（字母 C3 表示）、图书馆总藏书量数（字母 C4 表示）、档案馆数（字母 C5 表示）、艺术表演场馆数（字母 C6 表示）6 个二级指标进行比较分析，最终得到判断矩阵和其一致性比率，如表 6－27 所示，CR 为 0.0662，小于 0.1 的阈值，表明文化指标的判断矩阵数据有效，可以用来计算权重。由此得到文化馆及群众艺术馆数 C1 的权重为 0.1552、博物馆数 C2 的权重为 0.2295、图书馆数 C3 的权重为 0.2014、图书馆总藏书量数 C4

的权重为0.2405，档案馆数C5的权重为0.0658，艺术表演场馆数C6的权重为0.1076。说明图书馆总藏书量数指标对文化指标的贡献率最大，占比达24.05%，其次为博物馆数指标，占比为22.95%，图书馆数指标，占比达20.14%，文化馆及群众艺术馆数指标，占比达15.52%，艺术表演场馆数指标，占比达10.76%，贡献率最少的为档案馆数指标，占比为6.58%，这说明图书馆藏书量作为城市文化发展的重要指标因素，反映了一座城市对知识文化的重视程度，这在一定程度上影响了城市共享竞争力的大小。

表6-27　二级指标判断矩阵（文化指标C）

指标	D1	D2	D3	D4	D5	D6	一致性检验	权重
C1	1/1	4/5	3/4	1/2	3/1	3/2	λ=6.4107 CI=0.0821 CR=0.0662	0.1552
C2	4/3	1/1	1/2	5/6	5/1	5/2		0.2295
C3	4/3	4/5	1/1	2/3	4/1	2/1		0.2014
C4	2/1	6/5	3/2	1/1	3/1	3/1		0.2405
C5	2/3	1/5	1/2	1/3	1/1	1/2		0.0658
C6	2/3	2/5	1/2	2/3	2/1	1/1		0.1076

按照一级指标判断矩阵的分析计算方法和步骤，对就业指标下的城镇登记失业人员数（字母D1表示）、失业率（字母D2表示）、就业总人数（字母D3表示））3个二级指标进行比较分析，最终得到判断矩阵和其一致性比率，如表6-28所示，CR为0.0925，小于0.1的阈值，表明就业指标的判断矩阵数据有效，可以用来计算权重。由此得到城镇登记失业人数D1的权重为0.1813、失业率D2的权重为0.4912，就业总人数D3的权重为0.3275，说明失业率作为衡量城市就业情况的重要指标因素，在一定程度上影响了城市共享竞争力的大小。

表 6-28　二级指标判断矩阵（就业指标 D）

指标	A1	A2	A3	一致性检验	权重
D1	1/1	1/3	2/3	λ = 3.1073	0.1813
D2	3/1	1/1	3/2	CI = 0.0536	0.4912
D3	2/1	2/3	1/1	CR = 0.0925	0.3275

注：二阶矩阵不需要进行处理，直接确定权重。

将一级指标对总目标体系的权重值与二级指标对一级指标的权重值相乘，并进行汇总，得到每一个二级指标对总目标体系的权重，结果如表 6-29 所示。从表 6-29 中的 22 个二级指标可以看出，权重排名前三位的分别为每万人卫生技术人员数 B3、每万人床位数 B4、“双一流”建设学科数量 A9，其权重分别达到 10.62%、8.35%、7.76%，这三项指标占总权重的 26.73%，由此可见，在国家中心城市共享竞争力的表现上，城市的整体共享能力——每万人卫生技术人员数、每万人床位数、“双一流”建设学科数量成为最重要的三个影响因素。

表 6-29　所有指标对总指标体系的权重汇总

指标	A	B	C	D	权重
	0.4032	0.2693	0.2032	0.1244	
A1	0.0256				0.0103
A2	0.0559				0.0225
A3	0.0755				0.0304
A4	0.0856				0.0345
A5	0.1070				0.0431
A6	0.1370				0.0552
A7	0.1498				0.0604
A8	0.1711				0.0690
A9	0.1925				0.0776
B1		0.1150			0.0310
B2		0.1805			0.0486
B3		0.3944			0.1062

续表

指标	A	B	C	D	权重
	0.4032	0.2693	0.2032	0.1244	
B4		0.3102			0.0835
C1			0.1552		0.0315
C2			0.2295		0.0466
C3			0.2014		0.0409
C4			0.2405		0.0489
C5			0.0658		0.0134
C6			0.1076		0.0219
D1				0.1813	0.0225
D2				0.4912	0.0611
D3				0.3275	0.0407

二　综合评价法确定综合评价值

将本章中的22项指标数据输入SPSS统计软件，使用Z-score标准化方法，得到20个城市在22项指标上的标准化数据，由于普通中学数、普通中学在校人数、普通中学专任教师数、普通高等学校数、普通高等学校在校人数、普通高等学校专任教师数、一流大学建设高校数、一流学科建设高校数、“双一流”建设学科数量、医疗床位数、医疗技术人员数、每万人卫生技术人员数、每万人床位数、文化馆及群众艺术馆数、博物馆数、图书馆数、图书馆总藏书量数、档案馆数、艺术表演场馆数、就业总人数等20项指标与城市共享竞争力均呈现正相关，即数值越大，竞争力越强；城镇登记失业人员数、失业率与城市共享竞争力呈现负相关，即数值越小，竞争力越强。9个国家中心城市和11个副省级城市共享竞争力数据标准化后的结果如表6－30和表6－31所示。

表 6－30　9 个国家中心城市共享发展竞争力标准化后数据

指标 \ 城市	北京	上海	天津	重庆	广州	成都	武汉	郑州	西安
普通中学数(所)	1.263	1.702	0.645	2.724	0.319	0.260	－0.226	0.410	－0.003
普通中学在校人数(万人)	0.369	0.628	0.231	3.305	0.157	0.254	－0.469	0.148	－0.141
普通中学专任教师数(万人)	1.050	0.739	0.264	2.574	－0.052	0.106	－0.425	－0.181	－0.360
普通高等学校数(所)	1.767	0.742	0.207	0.608	1.366	0.252	1.411	0.252	0.564
普通高等学校在校人数(万人)	0.207	－0.079	－0.074	0.812	1.775	0.774	1.474	1.011	1.094
普通高校专任教师数(万人)	1.869	0.261	－0.367	0.159	1.307	1.002	1.194	0.225	0.630
一流大学建设高校数(所)	3.147	2.124	0.077	－0.435	0.077	0.077	0.077	－0.435	0.589
一流学科建设高校数(所)	3.456	1.184	0.047	－0.521	－0.142	0.426	0.237	－0.710	0.237
“双一流”建设学科数量(个)	3.864	1.070	－0.211	－0.473	－0.065	－0.182	0.255	－0.502	－0.095
医疗床位数(万张)	1.170	1.463	－0.107	2.899	0.372	1.064	0.000	0.239	－0.453
医疗技术人员数(万人)	2.998	1.612	0.158	1.458	0.774	－0.544	－0.835	0.055	－0.937
每万人卫生技术人员数(名)	2.254	－0.044	－0.776	－0.943	－1.223	0.932	0.642	0.770	－2.199
每万人床位数(张)	－0.627	－0.667	－1.293	－0.157	1.618	0.822	0.985	1.265	－0.131
文化馆及群众艺术馆数(个)	0.377	1.016	0.249	3.061	－0.518	0.633	－0.262	－0.390	－0.134
博物馆数(个)	3.074	1.253	－0.642	0.736	－0.372	－0.372	0.219	－0.421	1.277
图书馆数(个)	0.887	0.887	1.627	3.105	－0.468	0.394	－0.099	－0.345	－0.592
图书馆总藏书量数(万册)	2.234	3.115	－0.068	－0.281	0.360	－0.133	－0.205	－0.643	－0.635
档案馆数(个)	0.029	2.901	0.220	2.135	1.274	0.220	－0.354	－0.450	－0.354
艺术表演场馆数(个)	2.367	2.116	2.116	0.353	0.038	－0.466	－0.151	－0.277	0.038
城镇登记失业人数(万人)	－0.424	1.937	－0.272	0.348	1.982	0.772	0.409	－1.059	－0.191
失业率(%)	－1.712	1.581	0.852	0.973	－0.728	0.475	0.341	－1.457	0.730
就业总人数(万人)	1.292	1.748	0.540	2.647	0.317	0.357	－0.375	－0.337	－0.419

表 6-31　11 个副省级城市（含计划单列市）共享发展竞争力标准化后数据

指标＼城市	深圳	杭州	南京	沈阳	长春	青岛	厦门	大连	宁波	哈尔滨	济南
普通中学数(所)	-0.322	-1.273	-0.731	-0.468	-0.673	-0.475	-1.134	-0.984	-0.490	0.220	-0.764
普通中学在校人数(万人)	-0.226	-1.251	-0.713	-0.573	1.590	-0.314	-0.830	-0.881	-0.554	-0.259	-0.472
普通中学专任教师数(万人)	-0.495	-1.200	-0.736	-0.673	2.284	-0.363	0.128	-1.117	-0.705	-0.143	-0.697
普通高等学校数(所)	-1.709	-0.506	0.118	0.163	0.341	-1.174	-1.531	-0.907	-1.620	-0.016	-0.328
普通高等学校在校人数(万人)	-1.549	-0.205	-1.617	-0.207	0.343	-0.739	-1.307	-0.852	-1.320	0.452	0.007
普通高校专任教师数(万人)	-1.937	-0.500	0.642	-0.580	0.115	-1.077	0.560	-1.129	-1.722	-0.273	-0.380
一流大学建设高校数(所)	-0.947	-0.435	0.077	-0.435	-0.947	0.077	-0.435	-0.435	-0.947	-0.435	-0.435
一流学科建设高校数(所)	-0.710	-0.521	1.184	-0.521	-0.521	-0.521	-0.710	-0.521	-0.521	-0.142	-0.710
“双一流”建设学科数量(个)	-0.589	-0.036	0.517	-0.531	-0.240	-0.473	-0.444	-0.502	-0.560	-0.269	-0.531
医疗床位数(万张)	-0.905	-0.320	-0.612	-0.240	-0.551	-0.506	-1.437	-0.665	-0.931	0.026	-0.506
医疗技术人员数(万人)	-0.116	-0.800	-0.287	-0.304	-0.586	-0.287	-0.971	-0.578	-0.424	-0.219	-0.167
每万人卫生技术人员(名)	-0.410	1.141	0.256	0.180	-0.552	-0.110	-0.450	-0.272	-0.079	-0.471	1.354
每万人床位数(张)	-2.044	1.102	-0.281	0.658	0.113	0.064	-1.561	0.587	-1.241	0.260	0.528
文化馆及群众艺术馆数(个)	-1.157	-0.262	-0.390	1.527	-0.645	-0.645	-1.157	-0.390	-0.645	0.505	-0.773
博物馆数(个)	-0.175	0.465	0.194	-0.765	-0.962	-0.002	-1.110	-0.913	-0.741	-0.052	-0.692
图书馆数(个)	-0.838	-0.345	-0.345	0.394	-0.715	-0.715	-0.961	-0.468	-0.715	0.025	-0.715
图书馆总藏书量数(万册)	0.791	-0.020	-0.102	-0.381	-0.737	-0.661	-0.693	-0.467	-0.571	-0.562	-0.340
档案馆数(个)	-0.929	-0.354	-0.546	-0.354	-0.642	-0.546	-1.025	-0.546	-0.546	0.124	-0.259
艺术表演场馆数(个)	-0.277	-0.340	-0.214	-0.907	-0.844	-0.403	-0.655	-0.655	-0.844	-0.466	-0.529
城镇登记失业人数(万人)	1.469	-0.027	-0.377	-0.239	-1.091	0.970	-1.430	-1.262	-0.800	-0.378	-0.339
失业率(%)	-0.558	-1.287	-1.092	0.463	1.046	0.244	0.511	0.159	-0.959	1.338	-0.922
就业总人数(万人)	0.564	-0.068	-0.515	-0.666	-0.384	-0.244	-1.436	-1.496	-0.467	-0.483	-0.573

表 6－32　9 个国家中心城市共享发展竞争力得分

指标 \ 城市	北京	上海	天津	重庆	广州	成都	武汉	郑州	西安
普通中学数(所)	0.013	0.018	0.007	0.023	0.003	0.003	－0.002	0.004	0.000
普通中学在校人数(万人)	0.008	0.014	0.005	0.074	0.004	0.006	－0.011	0.003	－0.003
普通中学专任教师数(万人)	0.032	0.022	0.008	0.073	－0.002	0.003	－0.013	－0.006	－0.011
普通高等学校数(所)	0.061	0.026	0.007	0.021	0.047	0.009	0.049	0.009	0.019
普通高等学校在校人数(万人)	0.009	－0.003	－0.003	0.035	0.077	0.033	0.064	0.044	0.047
普通高校专任教师数(万人)	0.103	0.014	－0.020	0.009	0.072	0.055	0.066	0.012	0.035
一流大学建设高校数(所)	0.190	0.128	0.005	－0.026	0.005	0.005	0.005	－0.026	0.036
一流学科建设高校数(所)	0.239	0.082	0.003	－0.036	－0.010	0.029	0.016	－0.049	0.016
“双一流”建设学科数量(个)	0.300	0.083	－0.016	－0.037	－0.005	－0.014	0.020	－0.039	－0.007
医疗床位数(万张)	0.036	0.045	－0.003	0.090	0.012	0.033	0.000	0.007	－0.014
医疗技术人员数(万人)	0.146	0.078	0.008	0.071	0.038	－0.026	－0.040	0.003	－0.046
每万人卫生技术人员(名)	0.239	－0.005	－0.082	－0.100	－0.130	0.099	0.068	0.082	－0.234
每万人床位数(张)	－0.052	－0.056	－0.108	－0.013	0.135	0.069	0.082	0.106	－0.011
文化馆及群众艺术馆数(个)	0.012	0.032	0.008	0.097	－0.016	0.020	－0.008	－0.012	－0.004
博物馆数(个)	0.143	0.058	－0.030	0.034	－0.017	－0.017	0.010	－0.020	0.060
图书馆数(个)	0.036	0.036	0.067	0.127	－0.019	0.016	－0.004	－0.014	－0.024
图书馆总藏书量数(万册)	0.109	0.152	－0.003	－0.014	0.018	－0.007	－0.010	－0.031	－0.031
档案馆数(个)	0.000	0.039	0.003	0.029	0.017	0.003	－0.005	－0.006	－0.005
艺术表演场馆数(个)	0.052	0.046	0.046	0.008	0.001	－0.010	－0.003	－0.006	0.001
城镇登记失业人数(万人)	0.010	－0.044	0.006	－0.008	－0.045	－0.017	－0.009	0.024	0.004
失业率(%)	0.105	－0.097	－0.052	－0.059	0.044	－0.029	－0.021	0.089	－0.045
就业总人数(万人)	0.053	0.071	0.022	0.108	0.013	0.015	－0.015	－0.014	－0.017
综合得分	1.843	0.742	－0.124	0.515	0.240	0.276	0.237	0.160	－0.234

表 6－33　11 个副省级城市共享发展竞争力得分

指标＼城市	深圳	杭州	南京	沈阳	长春	青岛	厦门	大连	宁波	哈尔滨	济南
普通中学数(所)	-0.003	-0.013	-0.008	-0.005	-0.007	-0.005	-0.012	-0.010	-0.005	0.002	-0.008
普通中学在校人数(万人)	-0.005	-0.028	-0.016	-0.013	0.036	-0.007	-0.019	-0.020	-0.012	-0.006	-0.011
普通中学专任教师数(万人)	-0.015	-0.037	-0.022	-0.021	0.070	-0.011	0.004	-0.034	-0.021	-0.004	-0.021
普通高等学校数(所)	-0.059	-0.017	0.004	0.006	0.012	-0.041	-0.053	-0.031	-0.056	-0.001	-0.011
普通高等学校在校生人数(万人)	-0.067	-0.009	-0.070	-0.009	0.015	-0.032	-0.056	-0.037	-0.057	0.019	0.000
普通高校专任教师人数(万人)	-0.107	-0.028	0.035	-0.032	0.006	-0.059	0.031	-0.062	-0.095	-0.015	-0.021
一流大学建设高校数(所)	-0.057	-0.026	0.005	-0.026	-0.057	0.005	-0.026	-0.026	-0.057	-0.026	-0.026
一流学科建设高校数(所)	-0.049	-0.036	0.082	-0.036	-0.036	-0.036	-0.049	-0.036	-0.036	-0.010	-0.049
“双一流”建设学科数量(个)	-0.046	-0.003	0.040	-0.041	-0.019	-0.037	-0.034	-0.039	-0.043	-0.021	-0.041
医疗床位数(万张)	-0.028	-0.010	-0.019	-0.007	-0.017	-0.016	-0.044	-0.021	-0.029	0.001	-0.015
医疗技术人员数(万人)	-0.006	-0.039	-0.014	-0.015	-0.028	-0.014	-0.047	-0.028	-0.021	-0.011	-0.008
每万人卫生技术人员(名)	-0.043	0.121	0.027	0.019	-0.059	-0.011	-0.048	-0.029	-0.008	-0.050	0.144
每万人床位数(张)	-0.171	0.092	-0.023	0.055	0.009	0.005	-0.131	0.049	-0.104	0.022	0.044
文化馆及群众艺术馆数(个)	-0.036	-0.008	-0.012	0.048	-0.020	-0.020	-0.036	-0.012	-0.020	0.016	-0.024
博物馆数(个)	-0.008	0.022	0.009	-0.036	-0.045	0.000	-0.052	-0.043	-0.035	-0.002	-0.032
图书馆数(个)	-0.034	-0.014	-0.014	0.016	-0.029	-0.029	-0.039	-0.019	-0.029	0.001	-0.029
图书馆总藏书量数(万册)	0.039	-0.001	-0.005	-0.019	-0.036	-0.032	-0.034	-0.023	-0.028	-0.027	-0.017
档案馆数(个)	-0.012	-0.005	-0.007	-0.005	-0.009	-0.007	-0.014	-0.007	-0.007	0.002	-0.003
艺术表演场馆数(个)	-0.006	-0.007	-0.005	-0.020	-0.018	-0.009	-0.014	-0.014	-0.018	-0.010	-0.012
城镇登记失业人数(万人)	-0.033	0.001	0.008	0.005	0.025	-0.022	0.032	0.028	0.018	0.009	0.008
失业率(%)	0.034	0.079	0.067	-0.028	-0.064	-0.015	-0.031	-0.010	0.059	-0.082	0.056
就业总人数(万人)	0.023	-0.003	-0.021	-0.027	-0.016	-0.010	-0.058	-0.061	-0.019	-0.020	-0.023
综合得分	-0.691	0.030	0.041	-0.189	-0.288	-0.404	-0.731	-0.485	-0.625	-0.213	-0.101

三　综合评价及结果分析

将表6－30、表6－31中各指标标准化后的数据与表6－29中所有指标对总指标体系的权重相乘，获得9个国家中心城市和11个副省级城市共享发展竞争力得分数据，将每个城市在22项指标上的得分加总（呈负相关的已处理），即得到每个城市的共享发展竞争力综合得分，如表6－32、表6－33所示。

通过分析比较表6－32、表6－33中各项指标得分值，可以发现各个城市的共享发展竞争力主要优势指标如表6－34所示。在9个国家中心城市中，北京、上海、重庆、成都的优势指标最多，分别为16项、13项、10项、9项，而其他城市均不超过6项。在11个副省级城市中，南京的优势指标最多，为5项，杭州优势指标次之，为4项，而其他城市均不超过3项。

表6－34　20个城市共享竞争力主要优势指标

分类	城　市	主要优势指标
9个国家中心城市	北　京	普通中学数、普通中学专任教师数、普通高等学校数、普通高校专任教师数、一流大学建设高校数、一流学科建设高校数、“双一流”建设学科数量、医疗床位数、医疗技术人员数、每万人卫生技术人员数、博物馆数、图书馆数、图书馆总藏书量数、艺术表演场馆数、失业率、就业总人数
	上　海	普通中学数、普通中学在校人数、一流大学建设高校数、一流学科建设高校数、“双一流”建设学科数量、医疗床位数、医疗技术人员数、文化馆及群众艺术馆数、博物馆数、图书馆总藏量数、档案馆数、艺术表演场馆数、就业总人数
	天　津	图书馆数、档案馆数、艺术表演场馆数、就业总人数
	重　庆	普通中学数、普通中学在校人数、普通中学专任教师数、医疗床位数、医疗技术人员数、文化馆及群众艺术馆数、图书馆数、档案馆数、艺术表演场馆数、就业总人数

续表

分类	城市	主要优势指标
9个国家中心城市	广州	普通高等学校数、普通高等学校在校人数、普通高等学校专任教师数、医疗技术人员数、每万人床位数、档案馆数
	成都	普通高等学校在校人数、普通高等学校专任教师数、一流学科建设高校数、医疗床位数、每万人卫生技术人员数、每万人床位数、文化馆及群众艺术馆数、档案馆数、就业总人数
	武汉	普通高等学校数、普通高等学校在校人数、普通高等学校专任教师数、“双一流”建设学科数量、每万人卫生技术人员数、每万人床位数
	郑州	普通高等学校在校人数、每万人床位数、城镇登记失业人员数、失业率
	西安	普通高等学校在校人数、一流大学建设高校数、博物馆数
11个副省级城市	深圳	图书馆总藏书量数、失业率、就业总人数
	杭州	每万人卫生技术人员数、每万人床位数、博物馆数、失业率
	南京	普通高等学校专任教师数、一流学科建设高校数、“双一流”建设学科数量、城镇登记失业人数、失业率
	沈阳	每万人卫生技术人员数、每万人床位数、文化馆及群众艺术馆数
	长春	普通中学在校人数、普通中学专任教师数、城镇登记失业人员数
	青岛	一流大学建设高校数
	厦门	普通高等学校专任教师数、城镇登记失业人员数
	大连	每万人床位数、城镇登记失业人员数
	宁波	城镇登记失业人员数、失业率
	哈尔滨	普通中学数、普通高等学校在校人数、医疗床位数
	济南	每万人卫生技术人员数、每万人床位数、失业率

分指标来看，在普通中学数上，重庆以0.028分位列第一，上海第二，北京第三，西安、武汉分别倒数第一、倒数第二。说明在普通中学建设上，重庆、上海、北京均具有竞争优势，西安、武汉相对较弱，在未来的国家中心城市发展中，需要适当加强建设。11个副省级城市，哈尔滨以0.002分位列第一，其余均为负分，杭州以-0.013分排在最末。20个城市在该项指标上的排名从高到低依次为重庆、上海、北京、天津、郑州、

广州、成都、哈尔滨、西安、武汉、深圳、沈阳、青岛、宁波、长春、南京、济南、大连、厦门、杭州。

在普通中学在校人数上，重庆以 0.074 分位遥遥领先于其他国家中心城市，上海排第二、北京排第三、成都排第四，西安、郑州分别以 -0.003 分、0.003 分排倒数第一和倒数第二。11 个副省级城市，长春以 0.036 分位列第一，其余均为负分，杭州以 -0.028 分排在最末。20 个城市在该项指标上的排名从高到低依次为重庆、长春、上海、北京、成都、天津、广州、郑州、西安、深圳、哈尔滨、青岛、武汉、济南、宁波、沈阳、南京、厦门、大连、杭州。

在普通中学专任教师数上，重庆以 0.078 分位列第一，北京排第二，上海排第三，天津排第四，成都排第五，广州、郑州、西安、武汉为负分。11 个副省级城市，长春以 0.070 分位列第一，厦门第二，仅有 0.004 分，其余均为负分，杭州、大连以 -0.037 分和 -0.034 分分别排倒数第一和倒数第二。20 个城市在该项指标上的排名从高到低依次为重庆、长春、北京、上海、天津、厦门、成都、广州、哈尔滨、郑州、西安、青岛、武汉、深圳、沈阳、济南、宁波、南京、大连、杭州。

在普通高等学校数上，北京以 0.061 分远高于其他国家中心城市，武汉排第二，广州排第三，成都、郑州以 0.009 分并列倒数第二，天津以 0.007 分排最末。11 个副省级城市，长春以 0.012 分列第一，沈阳以 0.006 分排第二，深圳以 -0.059 分排最末。20 个城市在该项指标上的排名从高到低依次为北京、武汉、广州、上海、重庆、西安、长春、成都、郑州、天津、沈阳、南京、哈尔滨、济南、杭州、大连、青岛、厦门、宁波、深圳。

在普通高等学校在校人数上，广州以 0.077 分排第一，武汉第二、西安排第三、郑州排第四，天津、上海排最末，为负分。11 个副省级城市，哈尔滨以 0.019 分位列第一，长春排第二，其他居于中间位置，南京以 -0.070 分排倒数第一。20 个城市在该项指标上的排名从高到低依次为广州、武汉、西安、郑州、重庆、成都、哈尔滨、长春、北京、济南、天津、上海、杭州、沈阳、青岛、大连、厦门、宁波、深圳、南京。

在普通高等学校专任教师数上，北京以 0.103 分位列第一，广州排第二，武汉排第三，成都排第四，天津排最末，为负分。11 个副省级城市，南京以 0.035 分位列第一，厦门以 0.031 分位列第二，长春以 0.006 分位列第三，其余均为负分，深圳以 -0.107 分排在倒数第一。20 个城市在该项指标上的排名从高到低依次为北京、广州、武汉、成都、南京、西安、厦门、上海、郑州、重庆、长春、哈尔滨、天津、济南、杭州、沈阳、青岛、大连、宁波、深圳。

在一流大学建设高校数上，北京以 0.190 分位列第一，上海以 0.128 分位列第二，西安第三，重庆、郑州以 -0.026 分排在最末。11 个副省级城市，南京、青岛以 0.005 分排在第一，其余均为负分，深圳、长春、宁波以 -0.057 分排在倒数第一。20 个城市在该项指标上的排名从高到低依次为北京、上海、西安、天津、广州、成都、武汉、南京、青岛、重庆、郑州、杭州、沈阳、厦门、大连、哈尔滨、济南、深圳、长春、宁波。

在一流学科建设高校数上，北京以 0.239 分远高于其他国家中心城市，列第一。上海以 0.082 分列第二，成都以 0.029 分列第三，广州、重庆得分最低，仅为 -0.010 分和 -0.036 分。11 个副省级城市，南京以 0.082 分位列第一，其余皆为负分，济南以 -0.049 分排倒数第一。20 个城市在该项指标上的排名从高到低依次为北京、上海、南京、成都、武汉、西安、天津、广州、哈尔滨、重庆、杭州、沈阳、长春、青岛、大连、宁波、郑州、深圳、厦门、济南。

在“双一流”建设学科数量上，北京以 0.300 分列第一，上海以 0.083 分列第二，武汉以 0.020 分位列第三，其余皆为负分。11 个副省级城市，南京以 0.040 分位列第一，其余皆为负分，深圳以 -0.046 分排倒数第一。20 个城市在该项指标上的排名从高到低依次为北京、上海、南京、武汉、杭州、广州、西安、成都、天津、长春、哈尔滨、厦门、重庆、青岛、郑州、大连、沈阳、济南、宁波、深圳。

在医疗床位数上，重庆以 0.090 分排列第一，上海排第二，北京排第三，成都排第四，武汉、天津、西安排倒数。说明在医疗床位数上，武汉、天津、西安竞争力较弱，这或与城市发展方向有一定关系。11 个副省级城市，哈尔滨以 0.001 分位列第一，其余均为负分，厦门以 -0.044 分排最末。20 个城市在该项指标上的排名从高到低依次为重庆、上海、北京、成都、广州、郑州、哈尔滨、武汉、天津、沈阳、杭州、西安、济南、青岛、长春、南京、大连、深圳、宁波、厦门。

在医疗技术人员数上，北京以 0.146 分遥遥领先于其他国家中心城市，上海排第二，重庆排第三，西安、武汉分别以 -0.046 分、-0.040 分，排倒数第一和倒数第二。这反映出西安、武汉在该项指标上不具竞争优势，还需加大力度进行资源配备，而北京、上海作为老牌国家中心城市，医疗技术人员充裕，具有很强的竞争优势。11 个副省级城市，深圳以 -0.006 分列第一，济南以 -0.008 分列第二，厦门以 -0.047 分排最末，其他居于中间位置。20 个城市在该项指标上的排名从高到低依次为北京、上海、重庆、广州、天津、郑州、深圳、济南、哈尔滨、青岛、南京、沈阳、宁波、成都、大连、长春、杭州、武汉、西安、厦门。

从每万人卫生技术人员数来看，北京以 0.239 分列第一，成都排第二，但得分仅有 0.099 分。这表明北京在公共卫生接待能力、处理能力上具有绝对的竞争优势。11 个副省级城市，济南以 0.144 分列第一，杭州以 0.121 分列第二，其他居于中间位置，长春以 -0.059 分排最末。20 个城市在该项指标上的排名从高到低依次为北京、济南、杭州、成都、郑州、武汉、南京、沈阳、上海、宁波、青岛、大连、深圳、厦门、哈尔滨、长春、天津、重庆、广州、西安。

从每万人床位数来看，广州以 0.135 分列第一，郑州排第二，为 0.106 分，武汉排第三，成都排第四。说明在每万人床位数上，广州、郑州保障充裕，具有竞争优势。11 个副省级城市，杭州以 0.092 分列第一，沈阳以 0.055 分列第二，深圳以 -0.171 分排最末，其他居于中间位置。20 个城市在该项指标上的排名从高到低依次为广州、郑州、杭州、武汉、成都、沈阳、大连、济南、哈尔滨、长春、青岛、西安、重庆、南京、北京、上海、宁波、天津、厦门、深圳。

文化馆及群众艺术馆数来看，重庆以 0.097 分列第一，上海第二，但得分仅为 0.032 分，成都以 0.020 分列第三，北京、天津居于中间位置，其余国家中心城市皆为负分，广州以 -0.016 分排最末。11 个副省级城市，沈阳以 0.048 分列第一，哈尔滨以 0.016 分列第二，其余皆为负分，厦门以 -0.036 分排在倒数第一。20 个城市在该项指标上的排名依次为重庆、沈阳、上海、成都、哈尔滨、北京、天津、西安、武汉、杭州、郑州、南京、大连、广州、长春、青岛、宁波、济南、深圳、厦门。

在博物馆数上看，北京以 0.143 分位列第一，西安以 0.060 分列第二，上海第三，重庆第四，武汉第五，其余皆为负分，天津以 -0.030 分排最末。其他 11 个副省级城市，杭州以 0.022 分位列第一，南京以 0.009 分位列第二，其余居于中间位置，厦门、长春分别以 -0.052 分、-0.045 分排在倒数第一和倒数第二。20 个城市在该项指标上的排名从高到低依次为北京、西安、上海、重庆、杭州、武汉、南京、青岛、哈尔滨、深圳、广州、成都、郑州、天津、济南、宁波、沈阳、大连、长春、厦门。

在图书馆数上看，重庆以 0.127 分位列第一，天津以 0.067 分列第二，北京、上海并列第三，成都排第四，西安排最末。11 个副省级城市，沈阳以 0.016 分列第一，哈尔滨以 0.001 分列第二，其余皆为负分，厦门以 -0.039 分排最末。20 个城市在该项指标上的排名从高到低依次为重庆、天津、北京、上海、成都、沈阳、哈尔滨、武汉、郑州、杭州、南京、广州、大连、西安、长春、青岛、宁波、济南、深圳、厦门。

从图书馆总藏书量数来看，上海以0.152分位列第一，北京排第二，广州排第三，天津排第四，西安、郑州均以-0.031分并列最末。11个副省级城市，深圳以0.039分列第一，杭州以-0.001分列第二，南京以-0.005分列第三，长春以-0.036分排最末。20个城市在该项指标上的排名依次为上海、北京、深圳、广州、杭州、天津、南京、成都、武汉、重庆、济南、沈阳、大连、哈尔滨、宁波、西安、郑州、青岛、厦门、长春。

从档案馆数来看，上海以0.039分列第一，重庆以0.029分列第二，广州以0.017分列第三，天津、成都均以0.003分并列第四，北京第五，其余皆为负分，郑州排最末。11个副省级城市，哈尔滨以0.002分列第一，济南以-0.003分列第二，杭州、沈阳以-0.005分并列第三，厦门排最末。20个城市在该项指标上的排名从高到低依次为上海、重庆、广州、天津、成都、哈尔滨、北京、济南、武汉、西安、杭州、沈阳、郑州、南京、青岛、大连、宁波、长春、深圳、厦门。

在艺术表演场馆数来看，北京以0.052分位列第一，上海、天津以0.046分并列第二，重庆排第四，广州、西安并列排第五，其余皆为负分，成都排在最末。11个副省级城市，南京以-0.005分列第一，深圳以-0.006分列第二，杭州排第三，沈阳排最末。20个城市在该项指标上的排名从高到低依次为北京、上海、天津、重庆、广州、西安、武汉、南京、郑州、深圳、杭州、青岛、成都、哈尔滨、济南、厦门、大连、长春、宁波、沈阳。

从城镇登记失业人员数来看，郑州因为城镇登记失业人员相对较少，所在在该项指标上，郑州以 0.024 分列第一，北京排第二，天津排第三。说明在该项指标上郑州、北京、天津较具竞争优势。11 个副省级城市，厦门以 0.032 分列第一，大连以 0.028 分列第二，其他居于中间位置，深圳以 -0.033 分排最末。20 个城市在该项指标上的排名从高到低依次为厦门、大连、长春、郑州、宁波、北京、哈尔滨、南京、济南、天津、沈阳、西安、杭州、重庆、武汉、成都、青岛、深圳、上海、广州。

从失业率来看，北京以 0.105 分，成为当之无愧的第一，郑州、广州次之。北京、广州因为经济发达，就业岗位多，具有竞争优势。而郑州同样因为城镇登记从业人员相对少，因而体量较小，所以也较具竞争优势。11 个副省级城市，杭州以 0.079 分列第一，南京排第二，为 0.067 分，其他居于中间位置，哈尔滨以 -0.082 分排最末。20 个城市在该项指标上的排名从高到低依次为北京、郑州、杭州、南京、宁波、济南、广州、深圳、大连、青岛、武汉、沈阳、成都、厦门、西安、天津、重庆、长春、哈尔滨、上海。

从就业总人数来看，重庆以 0.108 分列第一，上海以 0.071 分列第二，北京排第三，天津排第四，成都排第五，广州排第六，其余皆为负分。11 个副省级城市，深圳以 0.023 分列第一，杭州以 -0.003 分位列第二，大连以 -0.061 分居于倒数第一。20 个城市在该项指标上的排名从高到低依次为重庆、上海、北京、深圳、天津、成都、广州、杭州、青岛、郑州、武汉、长春、西安、宁波、哈尔滨、南京、济南、沈阳、厦门、大连。

将20个城市共享发展竞争力综合得分进行排序（表6－35），9个国家中心城市中共享发展竞争力排序由高到低依次是北京、上海、重庆、成都、广州、武汉、郑州、天津、西安，其中北京1.843分，属于第一梯队。上海由于普通中学数、普通中学在校人数、一流大学建设高校数、一流学科建设高校数、“双一流”建设学科数量、医疗床位数、医疗技术人员数、文化馆及群众艺术馆数、博物馆数、图书馆总藏书量、档案馆数、艺

表6－35　20个城市共享发展竞争力得分

分类	城　市	共享发展竞争力	分类排名	总排名
9个国家中心城市	北　京	1.843	1	1
	上　海	0.742	2	2
	天　津	－0.124	8	11
	重　庆	0.515	3	3
	广　州	0.240	5	5
	成　都	0.276	4	4
	武　汉	0.237	6	6
	郑　州	0.160	7	7
	西　安	－0.234	9	14
11个副省级城市	深　圳	－0.691	10	19
	杭　州	0.030	2	9
	南　京	0.041	1	8
	沈　阳	－0.189	4	12
	长　春	－0.288	6	15
	青　岛	－0.404	7	16
	厦　门	－0.731	11	20
	大　连	－0.485	8	17
	宁　波	－0.625	9	18
	哈尔滨	－0.213	5	13
	济　南	－0.101	3	10

术表演场馆数、就业总人数等指标上均占一定优势，因而以0.742分排在第二位。重庆由于普通中学数、普通中学在校人数、普通中学专任教师数、医疗床位数、医疗技术人员数、文化馆及群众艺术馆数、图书馆数、档案馆数、艺术表演场馆数、就业总人数等指标较具竞争优势，因而以0.515分排在第三位。这两个城市属于第二梯队。成都由于普通高等学校在校人数、普通高等学校专任教师人数、一流学科建设高校数、医疗床位数、每万人卫生技术人员数、每万人床位数、文化馆及群众艺术馆数、档案馆数、就业总人数等指标相对较高，以0.276分排在第四位。广州由于普通高等学校数、普通高等学校在校人数、普通高等学校专任教师数、医疗技术人员数、每万人床位数、档案馆数等指标相对较高，因而以0.240分排在第五位。武汉由于普通高等学校数、普通高等学校在校人数、普通高等学校专任教师数、"双一流"建设学科数量、每万人卫生技术人员数、每万人床位数等指标相对较高，因而以0.237分排在第六位。郑州由于普通高等学校在校人数、每万人床位数、城镇登记失业人员数、失业率等指标相对较高，因而以0.160分排在第七位。这4个城市属于第三梯队。天津、西安综合得分为负分，尤其西安远低于其他国家中心城市，表明在国家中心城市中，这两个城市共享竞争力是远低于整体平均水平的，在建设国家中心城市的进程中需要加快共享发展，提升其共享发展竞争力水平。

在11个副省级城市中，共享竞争力排序由高到低依次是南京、杭州、济南、沈阳、哈尔滨、长春、青岛、大连、宁波、深圳、厦门。在这 11 个副省级城市中，南京、杭州以 0.041 分、0.030 分位列第一梯队，其综合得分已经超过天津、西安两个国家中心城市，表明南京、杭州已经具备成为国家中心城市的共享发展实力。济南以 -0.101 分超过了天津、西安两个国家中心城市，位列第二梯队，表明济南在副省级城市的共享竞争力上具有较强竞争力，但与建设国家中心城市的共享竞争力要求还有一定差距，需要进一步完善。沈阳、哈尔滨分别以 -0.189 分、-0.234 分超过了西安 1 个国家中心城市，位列第三梯队，表明这两个城市有一定的共享竞争力，但与靠前的城市还有较大差距。排在第四梯队的城市依次为长春 -0.288 分、青岛 -0.404 分、大连 -0.485 分、宁波 -0.625 分、深圳 -0.691 分、厦门 -0.731 分。

在全部 20 个城市的比较中，排名前 10 位的城市除了分别排名在第八、九、十位的南京、杭州、济南，其他全部为国家中心城市，说明国家中心城市在共享发展程度上明显比其他城市更具有优势。

第七节　共享发展实践案例：成都市郫都区战旗村乡村振兴实践*

2018 年 2 月 12 日，习近平总书记视察了成都市郫都区唐昌镇战旗村并作了重要讲话。战旗村按照“产业兴旺、生态宜居、乡风文明、治理有效、生活富裕”乡村振兴战略的总要求，在村

* 本案例改编自李友民《乡村振兴：成都市郫都区战旗村的成效与启示》，载《中共成都市委党校学报》2018 年第 4 期，案例执笔人：汪灏。

党总支的带领下，以党建引领基层治理创新，采取深化改革、发展现代农业产业、整治居住环境、树立文明村风、增加居民收入等措施，取得了实实在在的成效，走在了四川乡村振兴的前列。

一 战旗村推进乡村振兴战略的主要做法

（一）发挥好村党支部战斗堡垒作用，以基层党建引领乡村振兴

发挥战斗堡垒作用首先必须用先进的理论武装头脑。战旗村党支部坚持理论学习制度化、常态化，与郫都区委党校合作，通过党课、“党员夜校”等途径深学细悟习近平新时代中国特色社会主义思想，把“两学一做”落到实处，强化党的群众路线教育活动和党风廉政建设工作，专项治理“微腐败”，推进基层党务公开，接受村民监督，增强了村党支部的吸引力、凝聚力、号召力和战斗力。以突出的成绩荣获中共四川省委表彰的“全省创先争优先进基层党组织”和中共成都市委表彰的“成都市先进基层党组织”的称号。

能否解决制约农村经济社会发展中的难题，是衡量村党支部战斗堡垒作用强弱的标准之一。例如，深化农业供给侧结构性改革和发展现代农业，都需要将土地集中规模化经营。如何将农民手中的承包地的经营权收上来，这是一大难题，解决不好，不仅影响乡村振兴战略的实施，还会产生新的社会矛盾。战旗村的经验是支部书记和委员们率先将自家的承包地的经营权交给村上，并耐心细致地向村民讲明集中规模化经营的好处与愿景，组建村土地股份合作社，实行土地“三权分置”改革，

通过带头与科学的群众工作方法，很快就将全村 529 户的承包地的经营权收上来，为发展现代农业创造了基本条件，也被到过战旗村考察的人认为是值得学习借鉴的一大亮点。

（二）因地制宜发展特色产业，以就业吸引和留住人才

战旗村先后引进、培育了榕珍菌业等蘑菇种植企业和满江红、富友等调味品加工企业，现有各类企业 16 家。这些企业立足于当地特有的自然条件，走绿色发展之路，创立著名品牌，在市场上有较高知名度，发展潜力大。战旗村有劳动力人口近 1000 人，80% 左右的人能在当地就业。有村民算过这笔账，在村里的月收入三千元相当在城里的四五千元，而且还能照顾家里的老人和小孩，收入的性价比要比外出打工高。正因如此，战旗村的青壮年劳动力大部分是在本村就业，此外，还吸纳了一些外来务工者。村企空壳化和农村空心化是乡村凋敝的表象。乡村振兴必须有产业和人才。产业是重点，人才是关键。没有现代农业企业，就难以留住人才，没有人才，乡村何时才能振兴？乡村振兴必须解决好产业兴旺和人才聚焦的问题，战旗村通过发展适应乡村特点和社会需要的现代农业产业，引进、培育有竞争力有诚信的企业，以充分的就业和高性价比的收入吸纳、留住人才。

（三）抓住用好惠农政策机遇，以改革激发“三农”活力

党的十八大以来，战旗村深入实施了农村集体产权制度改革、耕地保护补偿制度改革、农用地流转履约保证保险制度改革、集体资产股份制度改革、农村产权交易制度改革。通过深

化改革，村集体的产权和村民的承包权、收益权等得到确立和保护，全村 1704 名自然人都成为村集体资产的股东，村集体资源变成可用于扩大再生产的资本。深化改革进一步激发了农业生产要素的活力。战旗村的经济社会发展展现出可持续、有后劲的良好势头。

农村经济社会的发展需要惠农政策的支持。改革开放以来，中央、省、市、县先后出台一系列的惠农政策。可为什么一些自然条件、地缘位置、劳动力数量并不比其他村差的村，“三农问题”仍然突出？战旗村的经验告诉我们，不等不靠，因势而为，主动作为，以改革行动使惠农政策落地、生根、开化、结果。例如，2015 年 1 月中央出台了《关于农村土地征收、集体经营性建设用地入市、宅基地制度改革试点工作的意见》，郫县被列入 15 个试点县之一。战旗村及时用好文件精神，率先将闲置的 13.4 亩村集体经营性建设用地入市交易，被媒体称为敲响集体经营性建设用地入市“第一槌”。

二　战旗村推进乡村振兴战略的主要成效

（一）战旗村村民都住上了让城里人羡慕的宽敞舒适的住房

战旗村村民都已经居住在新型社区里，有低层别墅式楼房 401 套，建筑面积 7.45 万平方米，多层楼房 171 套，建筑面积 1.45 万平方米，共计 8.90 万平方米。户均 168 平方米，人均 52 平方米。不仅住房面积大，而且居住条件好。家家户户都像城里人那样用上了自来水、天然气、光纤等，房前屋后花木成荫，花香萦绕，整洁的沥青路连通各家各户，幼儿园、小学、卫生所、阅览室、文化广场等基本公共服务设施相对齐全。漫步其中，仿佛走在大都市里的高档小区，让人羡慕！

（二）战旗村居民人均可支配收入高于全国、四川省、成都市、郫都区农村居民的平均水平

战旗村通过发展村集体经济和现代农业，在保障充分就业的基础上，实现了村民可支配收入较高增长。2016 年战旗村居民人均可支配收入为 18560 元，2017 年增长到 26053 元，一年就增加了 7493 元，年增长 40.4%，这在全省和全国都是靠前的。2017 年战旗村居民人均可支配收入高出郫都区农村居民可支配收入平均水平 1993 元、高出成都市农民平均水平 5755 元、高出四川省农民平均水平 13826 元、高出全国农民平均水平 12621 元。通过收入的高速增长，战旗村实现了乡村生活富裕。

表 6－36　2017 年战旗村居民人均可支配收入与全国、四川省、成都市、郫都区农村居民可支配收入比较

单位：元

年份＼地区	战旗村	郫都区	成都市	四川省	全国
2017	26053	24060	20298	12227	13432

数据来源：战旗村的数据来自战旗村年度工作总结报告和实地调查数据，其他来自相关统计局的统计公告。

（三）战旗村集体经济发展走在全省前列

2017 年，战旗村集体资产达 4600 万元，村集体收入为 462

万元。与2016年的4120万元集体资产相比，一年增加了480万元，增长率为11.7%。高于四川省和成都市2017年8.1%的地区生产总值增长率。这一数据说明了战旗村集体资产实现了较快增长。2017年，经四川省委农工委同意，由四川村社发展促进会牵头，西南财经大学、四川农业大学共同评选产生的首届“四川省百强名村”和“四川省集体经济十强村”名单出炉，战旗村分别以排名第二和第八的成绩荣获“四川省百强名村”和“四川省集体经济十强村”称号。由此可说，战旗村集体经济发展走在了全省的前列。

（四）战旗村村风文明建设走在全国前列

改革开放以来，战旗村始终坚持物质文明和精神文明两手一起抓和两手都要硬的方针，在实现集体经济和村民收入快速增长的同时，也实现了村风文明的高质量发展。现在战旗村的村风既有淳朴、勤劳、友善、尊老、尚德等优秀传统文化的内涵，又有爱国、守法、敬业、创新、进取等当代社会主义精神文明的气质。村民表现出的祥和幸福、乐观向上的精神面貌，给每一位到过战旗村的人留下了深刻印象。战旗村先后荣获“全国社会主义精神文明单位”、“全国文明村”①、省级“四好

① 全国文明村是中央精神文明建设指导委员会命名表彰的一个全国性的荣誉称号。当选全国文明村一定是在推动当地经济社会协调发展，特别是在精神文明建设中成效突出、大家公认的村。截至2017年底，已经开展了五届评选表彰活动。战旗村是在第三届评选表彰中荣获“全国文明村”称号的。

村”[①] 称号。习近平总书记到战旗村视察时，对村风文明建设所取得的成绩给予了肯定和赞誉。

（五）战旗村的乡村振兴示范作用明显

战旗村曾获四川省和成都市的“新农村建设示范村”称号，在社会主义新农村建设过程中发挥了积极示范作用。党中央提出实施乡村振兴战略以来，因其产业、生态、村风、治理、环境、住房等方面不凡的成绩和知名度，吸引来自全国各地各级的领导干部考察学习，2017 年接待 100 余批次 5000 多人。自从习近平总书记视察起，至 2018 年 4 月 9 日不到两个月的时间里，就接待考察学习者 200 多批次 10000 多人次，所接待的批次和人数是 2017 年全年的 2 倍多。2017 年战旗村承办了首届四川村长论坛暨村社发展大会，全省各级党委或政府分管领导、四川百强名村及集体经济十强村负责人等 450 余人参加了会议，实地考察了战旗村。通过接待考察学习者和承办大型会议，战旗村进一步扩大了影响、发挥了示范作用。

三　战旗村推进乡村振兴战略的主要启示

通过对战旗村的做法与成效总结分析，可以得出以下几点启示。

① 从 2016 年 9 月起，四川在全省全面开展以“住上好房子、过上好日子、养成好习惯、形成好风气”为主要内容的“四好村”创建活动，由省委和省政府给予命名和表彰。战旗村获第一批省级“四好村”称号。

（一）弘扬社会主义核心价值观，以文明村风增加农民幸福感

社会主义核心价值观是文明村风的灵魂，树立文明村风必须弘扬社会主义核心价值观。战旗村通过举办文化节、“农民夜校”、农民健身运动会和开展读书、广场舞、节日庆典等形式多样的活动，宣传弘扬社会主义核心价值观，将社会主义核心价值观融入各类文化活动之中，以文化活动培育文明村风，以社会主义核心价值观统引文明村风建设。

人的幸福感不仅要有物质上的获得，更包含精神上的感知，二者缺一不可。精神上的感知与当地的社会风气呈正相关，风气好，人的感知就好；风气差，人的感知就差。知足、感恩、创造、奉献是每一个人幸福感的精神层面的要素。战旗村以丰富多彩的文化活动为载体，将社会主义核心价值观植入其中，歌唱“共产党好！中国特色社会主义好！改革开放好！”，树立了以知党情报党恩为特质的文明村风，村民都非常珍惜今天来之不易的幸福生活，正以健康向上、积极奉献的精神状态迈入新时代。弘扬社会主义核心价值观，以文明村风增加农民幸福感，是战旗村给我们的启示之一。

（二）加大公共产品供给，以均等化的基本公共服务缩小城乡差距

战旗村抓住推行农民集中居住的时机，在新型社区里规划和建设了幼儿园、小学、卫生所、阅览室、文化广场、老年活动中心等基本公共服务设施，让村民的孩子能就近入托、入学、看病、读书、参与文化活动等。随着村集体经济的发展，战旗

村从村集体经济收益中拿出一部分利润，为每位村民购买城乡居民医疗保险，每一个季度给60～80岁的老人发150元、80～100岁的老人发300元、100岁以上的老人发900元的养老补助，提高了村民的福利待遇。

城乡之间的差距不仅指城乡居民可支配收入的差距，也包含基本公共服务数量和质量的差距。就收入而言，战旗村居民的可支配收入与城镇居民的差距已经较小了，2017年四川省和成都市的城镇居民人均可支配收入分别为30727元、38918元，与战旗村居民的人均收入比分别为1.18和1.49。现在，战旗村居民的最主要诉求已经不在收入上了，而是要让子女接受更好的教育、村民有健康丰富的文化活动、老人有颐养天年的基本保障，也就是说，最主要的需求是基本公共服务。村集体经济具有一定范围的公共性，从其收益中拿出一部分用于村民的教育、医疗、文体、养老等方面，扮演好公共产品供给者的角色，与最主要的基本公共服务供给者——政府积极配合，不断满足村民对美好生活的需要，这是战旗村给我们的启示之二。

（三）强化村级治理，以良好生态环境凸显农村魅力

战旗村大力实施生态保护与修复工程，关闭淘汰了低效益有污染的村办肥料厂、预制厂等企业，发展以苗木、花卉、果蔬种植为主的观光农业产业，打造修建集农业观光、旅游度假、婚庆摄影、学习培训等功能为一体的“第五季妈妈农庄”“第五香境”“乡村十八坊”项目，走绿色发展之路。战旗村是成都市二类水源保护区，家禽家畜养殖业已不适合水环境的保护要

求，通过村两委耐心细致的工作和村民的配合支持，基本淘汰养殖业并加大河流沿岸环境整治力度，有效地改善了水环境。以四川省和成都市推进城乡环境综合整治工作为契机，战旗村大力实施居住环境治理，建立责任制度和运行机制，治安有人管、垃圾有人扫、绿化有人做，经过综合治理之后，战旗村以良好的生态环境吸引大批城里人来此旅游观光度假，节假日期间更是游人如织。

望得见山、看得见水、记得住乡愁是人们对山美、水美、人美的故乡的深深眷恋，也是人们对生态宜居美丽乡村的深情向往。良好的生态环境是乡村的魅力所在。战旗村贯彻落实“绿水青山就是金山银山”的理念，淘汰污染企业，发展绿色产业，保护修复水环境，大力实施综合环境治理，营造了美观、整洁、清新、宜人的乡村人居环境，这是战旗村给我们的启示之三。

后　记

党的十八大以来，习近平总书记顺应时代和实践发展的新要求，坚持以人民为中心的发展思想，鲜明提出要坚定不移贯彻创新、协调、绿色、开放、共享的新发展理念，引领我国发展全局发生历史性变革。新发展理念集中体现了我们党对新的发展阶段基本特征的深刻洞察和科学把握，标志着我们党对经济社会发展规律的认识达到了新的高度，是我国经济社会发展必须长期坚持的重要遵循。

习近平总书记2018年春节前亲临四川视察指导，明确支持成都建设全面体现新发展理念的城市。把新发展理念贯穿城市规划建设管理和改革发展的各方面、全过程，着力推动城市高质量发展，是运用习近平中国特色社会主义思想指导城市工作的具体体现。如何评价实践效果，关键是构建一套能够体现五大发展理念的指标体系来科学系统评价城市竞争力。本书通过梳理习总书记关于新发展理念的重要论述，运用了层次分析法、综合评价法等研究方法，科学构建了全面体现新发展理念的城市竞争力指标体系，并采集20个中国主要城市2015年的截面数据，对中国城市贯彻落实新发展理念成效进行监测评价和比较研究，在全国属于首创。

本书是2016年度中共成都市委党校（成都行政学院、成都市社会主义学院）重点学科研究项目最终成果，得到了成都市哲学社会科学重点研究基地“城乡治理现代化研究中心”的资助。本书在调研、撰写、出版过程中，得到中共成都市青白江区委党校、中共成都市武侯区委党校等单位的大力帮助，社会科学文献出版社为本书的编辑出版给予了大力支持。在此，谨对所有给予本书帮助支持的单位和同志表示衷心感谢。

本书由中共成都市委党校公共管理教研部主任汪灏副教授进行总体框架设计、研究方法选择、调研组织，各章具体分工如下：汪灏（第一章、第五章）、夏楠（第二章）、李甲奇（第三章）、王胡林（第四章）、罗颖（第六章）。每章最后选择的成都市全面体现新发展理念的五个实践案例，分别由汪灏、王胡林、李甲奇编写。

由于水平所限，书中难免有疏漏和错误之处，敬请广大读者对本书提出宝贵意见，汪灏 e-mail：632659143@ qq. com。

汪　灏

2018年11月8日于成都望江楼

图书在版编目(CIP)数据

全面体现新发展理念的城市竞争力比较研究 / 汪灏等著. --北京：社会科学文献出版社，2019.3
ISBN 978-7-5097-8818-9

Ⅰ.①全… Ⅱ.①汪… Ⅲ.①城市-竞争力-对比研究-中国 Ⅳ.①F299.2

中国版本图书馆CIP数据核字（2018）第289138号

全面体现新发展理念的城市竞争力比较研究

著　　者／汪　灏等

出 版 人／谢寿光
项目统筹／邓泳红
责任编辑／吴　敏

出　　版／社会科学文献出版社·皮书出版分社（010）59367127
地址：北京市北三环中路甲29号院华龙大厦　邮编：100029
网址：www.ssap.com.cn
发　　行／市场营销中心（010）59367081　59367083
印　　装／三河市尚艺印装有限公司

规　　格／开　本：787mm×1092mm　1/16
印　张：26　字　数：280千字
版　　次／2019年3月第1版　2019年3月第1次印刷
书　　号／ISBN 978-7-5097-8818-9
定　　价／98.00元